sel

Yoshiyuki Miura

Dirk Klomann

Jörg-Tilmann Hinz

np

Renate Wolff

Michael Sellmann

Gert Rappenecker

Heimo Zobernig

Ricardo Saro

rschner

Ian Hamilton Finlay

Rudolf Herz

Stefanie Busch

Manuel Marín

Anna Werkmeister

or Kopystiansky

Inges Idee

Jan Svenungsson

Elisabeth Wagner

TRAK Wendisch

Babak Saed

Ulrike Drasdo

Christiane Möbus

Kunst am Bau

Projekte des Bundes 2000–2006

Herausgegeben vom Bundesministerium für Verkehr, Bau und Stadtentwicklung

Bundesministerium
für Verkehr, Bau
und Stadtentwicklung

Inhaltsverzeichnis

Ausgewählte Kunst-am-Bau-Projekte 2000–2006

»Ansehen fördert die Künste!«

Marcus Tullius Cicero

»Ich möchte Sie einladen, sich an den Diskussionen über Aufgabe und Stellenwert von Kunst am Bau aus der Sicht der Akteure aus Politik, Kunst, Architektur und Wissenschaft zu beteiligen.«

Wolfgang Tiefensee

Hochwertige Bauqualität, nachhaltiges Bauen und Kunst am Bau sind untrennbare Bestandteile der Baukultur unseres Landes. Kunst am Bau ist immer eine öffentliche Kunst, für deren Entwicklung die Bundesregierung Verantwortung übernimmt. Mit der Publikation »Kunst am Bau – Projekte des Bundes 2000–2006« wollen wir beispielhaft über dieses für den Bauherrn Bund wichtige Thema berichten und zur öffentlichen Auseinandersetzung anregen.

Dieses Buch bildet den Auftakt einer Reihe, die Kunst am Bau bei Bundesbauten erstmalig projektübergreifend vorstellt. Ich freue mich sehr, Ihnen mit dieser Veröffentlichung die große Bandbreite und das herausragende Niveau der Kunstprojekte des Bundes aus dem Zeitraum 2000 bis 2006 zeigen zu können. Die vorgestellten Beispiele reichen von Wandmalereien und Wandbildern über Skulpturen und Installationen bis hin zu Medienarbeiten und Videokunstbeiträgen. Diese Vielfalt spiegelt eine weit über die Hauptstadt Berlin hinausgehende, lebendige Kunst- und Baukulturlandschaft wider.

Das Buch will die zentrale Bedeutung von Kunst am Bau, die Interpretation der Architektur durch visuelle Angebote zum Erleben und Reflektieren, sowie das Selbstverständnis unserer Demokratie als Bauherrin aufzeigen. Ziel ist die Förderung von Kunst am Bau über eine intensive Beschäftigung und über das Aufzeigen zahlreicher Facetten wie: soziokulturelle Bereicherung, nationale Visitenkarte, Zeitzeugnis, Selbstverständnis der Kulturnation, Dekoration und Entertainment.

Kunstobjekte in und am Gebäude vermitteln neben ästhetischen Werten auch historische, soziale und politische Bezüge zu Standorten und Nutzern. Die fortschreitende Globalisierung fördert zunehmend den Wunsch nach Schaffung individueller Identifikationsmerkmale und baukulturell wichtiger Impulse. Kunst am Bau soll, wie die repräsentativen Beispiele im Buch zeigen, auf allen Ebenen der Gesellschaft und in den verschiedensten Institutionen von Regierungs-, Verwaltungs- und Forschungsgebäuden bis hin zu Kindertagesstätten, Lust auf eine lebenswert gebaute Umwelt machen.

Ich bin überzeugt, dass Kunst am Bau als soziokultureller Aspekt des nachhaltigen Bauens fester Bestandteil von Bundesbauten sein muss. Der Bund versteht deshalb Kunst am Bau als Ausdruck und Teil seiner baukulturellen Verantwortung. In seiner daraus erwachsenden Vorbildfunktion wirbt er um ein starkes Engagement für Kunst am Bau.

Dass Kunst von Können kommt, zeigen beispielhaft die ausgewählten Projekte aus der gesamten Bundesrepublik in dieser Publikation. Allen an der Erstellung Beteiligten sei auf diesem Wege für ihr großes Engagement und ihren unermüdlichen Einsatz gedankt. Mit dem Dank möchte ich die Einladung verbinden, sich an den Diskussionen über Aufgabe und Stellenwert von Kunst am Bau aus der Sicht der Akteure aus Politik, Kunst, Architektur und Wissenschaft zu beteiligen. So lassen sich Vielfalt und Reichtum der Kunst am Bau entdecken, die mit der Vermittlung unterschiedlichster Eindrücke und Stimmungen zur Lust auf künstlerische Ausgestaltung einlädt.

Wolfgang Tiefensee

Bundesminister für Verkehr, Bau und Stadtentwicklung

Per Kirkeby
Skulpturen, 1999|2000
Bundesrat, Berlin

Kunst am Bau – eine Aufgabe mit hohem Anspruch und mit Zukunft

Einführung

Der Bauherr Bund steht mit seinen Bauwerken national wie international in einer besonderen baukulturellen Verantwortung. Die Bauten des Bundes sind nationale Visitenkarten, die baupolitische Ziele abbilden und mit der Kunst am Bau einen wichtigen baukulturellen Beitrag leisten.

Kunst am Bau ist eine besondere öffentliche Kunstform. Künstlerische Idee und Bauaufgabe bilden eine unabdingbare Einheit. Das jeweils Spezifische in der Architektur und in seiner Funktion wird auf unverwechselbare Art und Weise reflektiert. Kunst-am-Bau-Projekte berücksichtigen die beim Bauen über die primären Nützlichkeitserwägungen hinausgehenden Aspekte und Gestaltungsfragen. Der Orts- und Objektbezug dieser Kunstform trägt dazu bei, Akzeptanz und Identifikation mit dem Bauwerk zu stärken sowie in der Öffentlichkeit Aufmerksamkeit herzustellen und Standorten ein zusätzliches Profil zu geben. Die hohe Wertschätzung gegenüber dieser Thematik zeigt der Bund mit seiner über sechzigjährigen Tradition als Auftraggeber von Kunst am Bau und seinem erklärten Willen, Kunst am Bau zu stärken.

Längst hat der Bund auf die veränderten Rahmenbedingungen zur Förderung von Kunst am Bau reagiert. Der Entfall verbindlich vorgegebener prozentualer Fördersummen zur Kunst am Bau in den Richtlinien für die Durchführung von Bauaufgaben des Bundes, der Wandel der Bauaufgaben hin zu mehr Umbau und Sanierungen im Bestand, die Privatisierungstendenzen und die Neustrukturierung der Bauverwaltung stellen neue Herausforderungen insbesondere im Hinblick auf den Erhalt traditionell hoher baukultureller Standards. Mit der Einführung der Leitfäden »Nachhaltiges Bauen« (2001) und »Kunst am Bau« (2005) sowie den »Richtlinien für die Durchführung von Zuwendungsbaumaßnahmen« (2007) wird den Veränderungen Rechnung getragen. Auch zukünftig soll Kunst am Bau als festes Element des staatlichen Bauauftrages gefördert werden.

Das Bundesministerium für Verkehr, Bau und Stadtentwicklung verfolgt mit großem Einsatz die Stärkung von Kunst am Bau in der öffentlichen Wahrnehmung. Die lebendige Auseinandersetzung mit Kunst am Bau ist mannigfaltig. Sie umfasst die praktische Umsetzung bei Bundesbaumaßnahmen, die Werkstattgespräche, den umfassenden Dokumentationsaufbau aller Kunstprojekte beim Bundesbau und die Beauftragung von Expertisen zur Analyse von Grundsatzfragen über Aufgaben und Wirkungen von Kunst am Bau. Es wird gezielt zum internen und externen Dialog über diese Kunstform angeregt. Zeitgleich werden projektübergreifende Grundsatzfragen zur Verbesserung der Verfahren und Wissensgrundlagen zu dieser Thematik behandelt. Dieser Prozess dient sowohl der Qualitätskontrolle als auch der stetigen Information über diese individuelle Form künstlerischer Ausgestaltung von Bauwerken. Die von unserem Haus herausgegebene Buchreihe zu Kunst am Bau bei Bundesbauten veranschaulicht die Ergebnisse dieses Prozesses mit ihren hohen gestalterischen Qualitäten und möchte bei anderen Bauherren für ein entsprechendes Engagement für Kunst am Bau werben.

Erste Erfolge dieser Bemühungen sind bereits sichtbar. Der Stellenwert von Kunst am Bau in der Öffentlichkeit und das Interesse gegenüber dieser Kunstgattung steigt. Architekten und Künstler nehmen Kunst am Bau zunehmend als Herausforderung an. Kunst am Bau wird mehr und mehr als ein attraktives Betätigungsfeld angesehen, welches öffentlich, im außermusealen Bereich zumeist für die Lebensdauer eines Gebäudes dauerhaft wirkt. Trotzdem sehe ich weiterhin Handlungsbedarf. Zum einen, weil erst langsam auch zeitgenössische künstlerische Ausdrucksformen in die Kunst am Bau Eingang finden. Die künstlerischen Potentiale von Kunst am Bau sind häufig mangels fehlender Kunstvermittlung noch nicht ausgereizt. Zum anderen

»Der Stellenwert von Kunst am Bau in der Öffentlichkeit und da
Künstler nehmen Kunst am Bau zunehmend als Herausforderun

aus monetären Gründen. Kunst am Bau läuft trotz zunehmenden Interesses in der Öffentlichkeit und in Fachkreisen Gefahr, im Kontext einer rein pragmatischen, rationalen und utilitaristischen Betrachtung des öffentlichen Planens und Bauens als lästiger – und damit zu tilgender – Kostenfaktor angesehen zu werden. Hierunter fällt auch vielfach der Handlungsbedarf bei der Präsentation der Kunst-am-Bau-Projekte.

Dem möchte das Bundesministerium für Verkehr, Bau und Stadtentwicklung mit der folgenden Dokumentation von ausgewählten Kunst-am-Bau-Projekten an Neu-, Um- oder Sanierungsbauten aus den Jahren 2000 bis 2006 konsequent entgegentreten. Nach ausführlicher bundesweiter Recherche stehen diese Beispiele für höchste künstlerische Leistungen. Auswahlkriterien waren dabei Gestaltungs- und Innovationskraft, Gedankentiefe, künstlerische Stringenz und ein besonders gelungener Bezug zur Architektur. Auch auf die Vielfalt der künstlerischen Konzepte und Formen sowie der Institutionen wurde geachtet. Die Dokumentation vermittelt eindrucksvoll die Entwicklung der Kunst am Bau, die alle künstlerischen Medien, Haltungen und Konzepte vertritt.

Alle dargestellten Projekte überzeugen davon, dass erst ein Kunstwerk seinem Gebäude den einzigartigen individuellen Charakter nicht zuletzt auch im Sinne der Repräsentation verleiht und dass es hierzu nicht allein hoher finanzieller Förderung, sondern vielmehr kreativer Ideen und der gezielten Unterstützung aller am Bauprozess Beteiligten bedarf.

Michael Halstenberg

Leiter der Abteilung Bauwesen, Bauwirtschaft und Bundesbauten
im Bundesministerium für Verkehr, Bau und Stadtentwicklung

Christian Boltanski
Archiv der deutschen Abgeordneten, 1999
Reichstagsgebäude, Berlin

nteresse gegenüber dieser Kunstgattung steigt. Architekten und
n.«

Dani Karavan
Grundgesetz 49, 1998 | 2003
Jakob-Kaiser-Haus, Berlin

Kunst ist Ausdruck der Gemeinschaft

Ein Gespräch über Kunst und Demokratie zwischen der ehemaligen Bundestagspräsidentin Rita Süssmuth und Ute Chibidziura, Bundesamt für Bauwesen und Raumordnung (BBR)

BBR *Frau Süssmuth, als Präsidentin des Bundestags waren Sie zwischen 1988 und 1998 zugleich öffentliche Bauherrin und Nutzerin. Damit waren Sie nicht nur mit den Baumaßnahmen sondern auch mit allen Entscheidungen im Zusammenhang mit Kunst am Bau direkt befasst. Was hat Sie bewogen, sich persönlich so intensiv und engagiert der Bauherrenaufgabe und damit auch der Kunst am Bau anzunehmen?*

Rita Süssmuth Die Frage nach Kunst in Bauwerken oder im Stadtraum umfasst weit mehr als die Frage, ob zu öffentlichen Bauwerken auch ein Stück Kunst gehört. Es geht vielmehr um die Diskussion darüber, als wer und als was wir uns verstehen und wieviel Freiheit wir lassen. – Zum Beispiel beim Bauen: Wenn ein Architekt nur noch Ausführender ist, dann erkennen Sie das am Bau direkt. Umgekehrt merken Sie aber auch, wenn ein Architekt sich mit den Vorstellungen der Menschen auseinandersetzt und im Denken und Schaffen Alternativen findet. Nehmen Sie die Kuppel auf dem Reichstagsgebäude: Sie war vom Architekten zunächst weder gewollt noch gewünscht. Sir Norman Foster hatte eine völlig andere Vorstellung vom Dach des Reichstagsgebäudes – ihm schwebte ein ökologisches Dach in Segelform vor, das die alten und neuen Teile sehr stark trennte. Wochen und Monate ging es darum, dass die Abgeordneten die Kuppel wiederhaben wollten, viele sogar die alte wilhelminische Kuppel, was den Architekten ratlos werden ließ. Als Sir Norman aber merkte, dass es dem Parlament ernst war mit der Kuppel, hat er sich von seiner Vorstellung gelöst und ein Unikat von Kuppel in konzeptioneller, ökologischer und technischer Hinsicht entwickelt. Mit der Begehbarkeit hat er auch etwas Politisches verbunden: Die Nähe des Volkes zu seinen Vertretern. Die Frage ist also: Wie geht die Demokratie mit der Freiheit der Kunst um?

Ein anderes Beispiel ist die Abstimmung im Parlament über die Verhüllung des Reichstags durch Christo. Wir konnten nicht über die Kunst entscheiden, sondern nur über die Frage, ob der Deutsche Bundestag das Reichtagsgebäude für die Verhüllung zur Verfügung stellt oder nicht. Intern gab es dann trotzdem immer wieder die Diskussion, ob eine Verhüllung angemessen oder unangemessen ist, also doch wieder über die Frage: Was hat die Politik mit der Kunst zu tun beziehungsweise wie ist das Verhältnis von Kunst und Politik? Das dritte Beispiel ist die Auseinandersetzung um das Kunstwerk von Hans Haacke: Hier ging es nicht nur darum, ob wir den Reichstag zur Verfügung stellen oder nicht, sondern darum, ob das Kunstwerk analog zur Inschrift am Reichstagsgebäude »Dem Deutschen Volke« oder ob es »Der Bevölkerung« heißen könne. Das war ein hochpolitischer Streit, und die Kunst war ein wichtiges Medium, um sich mit der Frage auseinanderzusetzen, ob »Dem

Deutschen Volke« die anderen, die Fremden, einschließt oder nicht. Es geht hier um Zugehörigkeit, um Inklusion oder Exklusion, denn das Parlament ist ja nicht nur für deutsche Staatsbürger verantwortlich, sondern für alle, die im Land leben, mit und ohne Wahlrecht, Kinder, Ältere. Ich muss sagen, ich habe heftig dafür gestimmt, dass das Kunstwerk kam. Und wir haben mit dem Titel »Der Bevölkerung« ja auch ein Stück Fortschritt erzielt in Bezug auf die politische Aussage, nämlich: »Wir sind ein Einwanderungsland.« Und damit

»Der Streit um Kunstwerke ist immer auch ein Streit um geistige Positionen. Das hat mich gereizt, mich für die Kunst besonders zu engagieren.«

haben wir auch ein Stück Fortschritt erzielt in Bezug auf die Integration von Migranten. Aber wenn das nicht nur ein einmaliger Akt gewesen sein soll, diese Erweiterung vorzunehmen, dann muss diese Beziehung auch immer wieder erneuert werden, sowohl im Erscheinungsbild wie im Umgang mit dem Ort unter Einbeziehung der Politik. Dementsprechend hätte ich mir gewünscht, dass der Ort mehr Dauerengagement von Haacke erfahren und er dafür sorgen würde, dass sein Kunstwerk nicht einfach nur ein sich selbst überlassener Trog ist.

Was ich damit sagen will ist, dass der Streit um Kunstwerke immer auch ein Streit um geistige Positionen ist. Das hat mich gereizt, mich für die Kunst besonders zu engagieren. Ich war richtig begeistert, auch wenn es manchmal schwierig war, und ich bin sehr dankbar dafür, diese Möglichkeit bekommen zu haben. Dieser Aufgabenbereich war so schön, dass man eigentlich dafür bezahlen müsste.

BBR *Wie sind Sie an die Aufgabe herangegangen und in welcher Weise wurden Sie von parlamentarischen Gremien unterstützt?*

Rita Süssmuth Zunächst möchte ich festhalten, dass solche Aufgaben nie von einem allein geleistet werden können, sondern nur gemeinsam zu bewältigen sind. Und hier bin ich dankbar, dass sich der Kunstbeirat so stark engagiert hat. Der Kunstbeirat ist eine Einrichtung des Deutschen Bundestags, in den die Fraktionen Abgeordnete entsenden. Bei Bedarf kommen zu den Abgeordneten noch Sachverständige hinzu, beispielsweise als Experten für Jurys. Für die Entwicklung des Kunstkonzeptes für das Reichstagsgebäude waren dies damals Frau Karin Stempel aus Kassel und Herr Götz Adriani aus Tübingen, die uns sowohl bei der Innengestaltung wie auch der Außengestaltung der Bundestagsgebäude berieten. Als Gremium hat der Kunstbeirat seinen Vorläufer in der Kunstkommission, die schon unter Bundestagspräsidentin Annemarie Renger eingerichtet wurde, um über die Ankäufe für die Kunstsammlung des Deutschen Bundestags zu entscheiden. Mit dem anstehenden Neubau des Bundestags in Bonn hatten sich die Aufgaben allerdings so ausgeweitet, dass wir einen Kunstbeirat eingerichtet haben, der sich vorrangig mit der Kunst am Bau befasste. Im Zusammenhang mit dem Berlinumzug war der Kunstbeirat noch stärker gefordert, da nicht nur die Kunst-am-Bau-Konzepte für die Parlamentsbauten zu entwickeln, sondern auch mit den jeweiligen Architekten und der Bundesbaugesellschaft Berlin mbH, die die Parlamentsbauten gebaut hat, abzustimmen waren. Die Baumaßnahmen selbst wurden von der Baukommission des Deutschen Bundestags begleitet, die viel Erfahrung und Sachkompetenz hatte, weil sie zum Teil aus denselben Personen bestand, die sich schon für den Behnisch-Bau in Bonn engagiert hatten.

BBR *Was war die Idee und Zielsetzung, die hinter dem Kunstkonzept stand, das für das Reichstagsgebäude und die Innenhöfe des Paul-Löbe-Hauses und des Marie-Elisabeth-Lüders-Hauses entwickelt wurde?*

Rita Süssmuth Kunst kennt keine Staatsgrenzen, aber sie ist dennoch auch Ausdruck einer Nation und ihres künstlerischen Schaffens. Deshalb wollten wir – dem politisch und historisch herausgehobenen Rang des Reichstagsgebäudes entsprechend – Künstler einladen, die das Bild der deutschen Nachkriegskunst auch im Ausland bestimmt haben und eigenständige künstlerische Positionen vertreten. Künstlerpersönlichkeiten aus Ost- und Westdeutschland wie Gerhard Richter, Sigmar Polke, Katharina Sieverding, Gotthard Graubner, Bernhard Heisig, Emil Schumacher oder Wolfgang Mattheuer wurden hierfür ausgewählt. Angesichts des einstigen Vier-Mächte-Status von Berlin sollte auch je ein Künstler aus den Ländern der Alliierten vertreten sein. Für den englischen Part stand der Architekt Norman Foster und für den französischen Christian Boltanski, während Jenny Holzer ihren Beitrag für Amerika und Grisha Bruskin für Russland lieferten. Zur Mahnung und als Reverenz sollten mit Otto Freundlich und Joseph Beuys zudem zwei historisch bedeutsame Künstler gewürdigt werden. Den Reigen der wichtigsten Künstler um solche aus den Vier-Mächte-Ländern zu erweitern war eine Idee, die mir ganz wichtig war. Damit haben wir das Reichstagsgebäude gleichsam auch zu einem gemeinsamen Projekt von Gestaltern aus Deutschland und aus ganz Europa und aus der Welt gemacht. Als Kontrapunkt zum Reichstag haben wir dann für die Abgeordnetenhäuser und Fraktionsbauten eher auf die jüngere Künstlergeneration gesetzt, mehrere Wettbewerbe ausgelobt und Kolloquien abgehalten.

»Kunst kennt keine Staatsgrenzen, aber sie ist dennoch auch Ausdruck einer Nation und ihres künstlerischen Schaffens.«

BBR *Wie sind Sie bei der Auswahl der Künstler vorgegangen und wie hat sich die Zusammenarbeit zwischen Kunstbeirat und Künstlern gestaltet?*

Rita Süssmuth Nachdem wir mit den Sachverständigen überlegt hatten, wie das Kunstkonzept für das Reichstagsgebäude aussehen könnte und wen wir ansprechen wollen, sind wir auf die Leute zugegangen. Und nahezu alle, die wir eingeladen haben, ein Kunstwerk für den Reichstag zu schaffen, haben zugesagt. Natürlich gab es Diskussionen, ob nicht eine öffentliche Ausschreibung die richtigere Vorgehensweise gewesen wäre, damit sich alle Künstler bewerben konnten. Ein offener Wettbewerb wäre zwar möglich gewesen, dies erschien aber nicht als das geeignete Verfahren, um das für den Reichstag ins Auge gefasste Konzept umzusetzen. So sind wir dann ins Atelier der Künstler gegangen und haben uns mit ihnen vor Ort unterhalten. Umgekehrt haben wir auch die Künstler zu uns eingeladen und mit ihnen diskutiert, so dass nicht nur formal gesprochen, sondern tatsächlich ein interaktiver Prozess in Gang gesetzt wurde. Dabei haben wir gespürt, wie wichtig den Künstlern die Wertschätzung war, die wir ihnen entgegenbrachten. Umgekehrt haben diese menschlichen Begegnungen bei den Mitgliedern des Kunstbeirats großes Interesse ausgelöst, so dass ein wirklich fruchtbarer Dialog entstanden ist. Aber wir haben nicht nur untereinander diskutiert, sondern uns auch bemüht, alle Schritte in die Öffentlichkeit zu tragen. Schon das Kunstkonzept

»Dass wir im Parlament so viel Kunst haben, liegt nicht zuletzt dara
sondern als etwas Wesentliches und Grundlegendes betrachten, d

wurde mehrfach mündlich und schriftlich vorgestellt, des Weiteren wurde immer wieder über die Kolloquien und Zwischenergebnisse berichtet. Einen wichtigen Schritt im Umsetzungsprozess markierte die Präsentation der Entwürfe, die wir in Form einer Ausstellung der Öffentlichkeit zugänglich machten. Interessant war, dass – obwohl die Themen den Künstlern gänzlich freigestellt waren – die meisten die direkte Anknüpfung an den Reichstag suchten. Übertroffen wurden alle Visualisierungen freilich von dem wunderbaren Moment, als die Kunstwerke im Bauwerk angebracht wurden und sie im Zusammenspiel mit dem Bau endlich ihre Wirkung entfalten konnten. Dennoch war uns sofort klar: Die Kunst überzeugt nicht nur durch sich selbst; sondern es muss darüber hinaus auch Überzeugungsarbeit geleistet werden, damit die Menschen erfahren, was hier entstanden ist. Deswegen bieten wir den Besuchern des Reichstagsgebäudes nicht nur Führungen durch das Bauwerk, sondern auch zu den Kunstwerken an, die so stark nachgefragt werden, dass sie schon wochenlang im Voraus ausgebucht sind.

BBR *Welche Rolle kann Kunst am Bau in einer Demokratie und insbesondere im Gebäude ihrer zentralen Entscheidungsinstanz, im Parlament, Ihrer Meinung nach spielen?*

Rita Süssmuth Dass wir im Parlament so viel Kunst haben, liegt nicht zuletzt daran, dass wir Kunst nicht als etwas Additives oder Luxurierendes, sondern

Franka Hörnschemeyer
BFD – fündig fluchtend dicht, 1998|2001
Paul-Löbe-Haus, Berlin

als etwas Wesentliches und Grundlegendes betrachten, das den Alltag der Menschen durchdringen sollte. Denn es reicht nicht aus, beispielsweise bei Bauwerken nur danach zu fragen, was sie für eine Form haben, was sie kosten und was wir darin unterbringen. Dann erleben die Menschen nicht, was Bauen eigentlich mit menschlicher Gestaltungskraft zu tun hat und mit dem, was wir über uns selbst aussagen, indem wir bauen. Es geht also um mehr als den Nutzungszweck – es geht um den Lebenszweck.

ass wir Kunst nicht als etwas Additives oder Luxurierendes, en Alltag der Menschen durchdringen sollte.«

Wir kümmern uns immer um die Defizite. Die Frage ist aber, was menschliche Kultur ausmacht: Was ist ihr Potenzial? Das, was namhafte Philosophen und Psychologen auch Bewusstseinslage nennen – die der Mensch über Schrift, Sprache, Farbe und Melodie äußert. Über die Kunst kann er sich als schaffendes und schöpferisches Wesen mitteilen, Empfindungen in eine andere Sprache übersetzen, verschiedene Ebenen zusammenführen und seinen Horizont erweitern – bis hin zum Seherischen. Künstler verarbeiten oft Dinge, die andere gar nicht wahrnehmen. Mitunter ist es nur Phantasie, oft aber auch das Sehen von Entwicklungen, die Vorwegnahme und Antizipation dessen, was von der Mehrheitsgesellschaft noch nicht wahrgenommen wird. Wir haben eine Reihe von Beispielen dafür, und deswegen habe ich eben auch gesagt, dass es nicht um einen luxurierenden Teil, sondern einen grundlegenden Teil des Menschseins geht, der auch nicht nur in den Bereich Architektur, bildende Kunst, Literatur, Bildhauerei gehört, sondern alle Lebensbereiche der Menschen durchdringt. Ich habe über Kunst vieles sehen gelernt, was die Psychologie oder die Erziehungswissenschaften noch gar nicht in Betracht genommen haben. Insofern geht es bei der Kunst um mehr, als nur um Kultur- und Bildungspolitik. Es geht um die elementare Frage des menschlichen Daseins: Wie verstehen wir uns und was sagen wir über uns aus?

BBR *Warum ist es Ihrer Meinung nach wichtig, dass der Staat auch weiterhin Kunst am Bau beauftragt und fördert?*

Rita Süssmuth Weil er eine Mitverantwortung hat, die gestaltende, schöpferische Kraft der Menschen zur Entfaltung zu bringen. Was nicht gefördert wird, verkümmert. Und wenn der Staat die Kunst nicht fördert, kommen keine Kunstwerke ins öffentliche Bewusstsein. Kunstwerke entstehen zwar auch ohne öffentlichen Auftrag, sie werden dann aber nicht unbedingt öffentlich wahrgenommen und dringen vielleicht nicht ins öffentliche Bewusstsein. Insofern ist es eine zentrale Aufgabe des Staates, Kunst und Kultur zu fördern. Kunst ist Ausdruck der Gemeinschaft, die Menschen verbindet und ganz wesentlich die kulturelle Identität eines Staates repräsentiert. Und wenn die Kultur vernachlässigt wird, dann wird auch der Mensch vernachlässigt. Das klingt sehr provokativ, aber in der Politik ist der Mensch verlorengegangen, weil wir nur noch von Sachen und Systemzwängen reden und uns mit Detailfragen befassen. Es kommt vielmehr auf das geistige, soziale und emotionale Potenzial an. Denn Kunst verkörpert gerade den kreativen Menschen – auch mit bislang unbekannten Sichtweisen.

Eine Frage des kulturellen Selbstverständnisses

Ein Gespräch über Kunst am Bau zwischen dem Architekten und langjährigen Mitglied des Deutschen Bundestags Peter Conradi, der Künstlerin Renate Wolff und dem Kunstwissenschaftler Florian Matzner, moderiert von Ute Chibidziura, Bundesamt für Bauwesen und Raumordnung (BBR)

BBR *Das Thema Baukultur ist seit einiger Zeit in aller Munde. Bei Kunst am Bau verhält es sich etwas anders, obwohl sie als Ausdruck des baukulturellen Selbstverständnisses auf eine lange Tradition zurückblicken kann. Herr Conradi, Sie waren von Beginn an ein engagierter Streiter für Baukultur und haben großen Anteil daran, dass dieser Begriff inzwischen ins Bewusstsein der Öffentlichkeit gedrungen ist. Wie sehen Sie die Rolle von Kunst am Bau im Kontext von Baukultur, welche Rolle kann sie für die Baukultur spielen?*

Peter Conradi Baukultur ist ein sehr weiter Begriff. Baukultur ist nicht Baukunst. Manche Architekten sind der Meinung, Architektur sei an sich schon Baukultur, davon kann aber keine Rede sein. Denn Baukultur ist das ganze Feld, vom Programmieren und Entwerfen bis zum Bauen, auch die Prozesse, die Verfahren und alles, was damit zusammenhängt. Schon in den fünfziger Jahren beschloss der Bundestag, bei allen Bauten des Bundes ein Prozent der Mittel für Kunst am Bau aufzuwenden; dem sind die Länder und auch die Städte weithin gefolgt. Der Begriff ist also eingeführt, über die Verfahren muss man freilich reden, denn es ist auch eine Frage der Baukultur, wer die Künstler aussucht und entscheidet, was gemacht wird.

Renate Wolff Das ist sicherlich eine der Schlüsselfragen die Kunst am Bau betreffend. Die Auswahl der Künstler sollte von professionellen Kuratoren geleistet werden, die im Dialog mit dem Bauherrn und den dort arbeitenden Menschen einen Wettbewerb ausloben. Darüber hinaus müsste das Prozedere geändert werden, wie und wann Kunst und Künstler in die Planung eingebunden werden. Denn üblicherweise wird der Künstler erst dann gerufen, wenn alles andere längst entschieden ist. Wenn die Künstler schon in der ersten Planungsphase mit den Architekten und dem Bauherrn zusammenarbeiten könnten, dann würden Reibungsstellen entstehen, aus denen heraus sich radikalere Lösungen sowohl für die Kunst als auch für die Architektur ergeben könnten.

Florian Matzner Man muss sich vergegenwärtigen, dass die Kunst immer eine öffentliche Funktion hatte und erst seit dem 19. Jahrhundert für die Autonomie der bildenden Kunst gegenüber der Architektur und anderen künst-

Christiane Möbus
Auf und ab und unterwegs
1997|2001
Jakob-Kaiser-Haus, Berlin

lerischen Gattungen plädiert wurde. Tatsache ist aber, dass Architektur, Kunst und Skulptur auf der einen Seite und Musik, Literatur, Theater und Tanz auf der anderen Seite immer in einem engen Dialog zueinander standen. Die Idee des Gesamtkunstwerks ist zwar im Barock geboren, hat aber in der aktuellen, jungen Kunst eine zentrale Bedeutung – nur sprechen wir heute von Installation, Performance, Publikumsbeteiligung und so weiter. Insofern ist das Konzept der Baukultur nichts wirklich Neues, es muss im frühen 21. Jahrhundert nur eben anders verstanden werden und zentraler Bestandteil von Urbanität und Öffentlichkeit werden.

»Die Idee des Gesamtkunstwerks ist zwar im Barock geboren, ha nur sprechen wir heute von Installation, Performance, Publikum nichts wirklich Neues …« Florian Matzner

BBR *Während Baukultur stark von Bewusstseinsbildung und Überzeugung abhängt, ist Kunst am Bau seit dem Bundestagsbeschluss von 1950 für den Bund eine festgelegte kulturpolitische Aufgabe, die im Wesentlichen bis heute besteht. Warum hat sich die junge Demokratie damals zur Beauftragung von Kunst am Bau selbstverpflichtet und warum hält der Bund bis heute daran fest?*

Peter Conradi Obwohl die ersten Nachkriegsjahre Notzeiten waren, waren sich die Parlamentarier einig, Kunst sei etwas Wichtiges und Unverzichtbares und dass es dem Selbstverständnis einer Kulturnation entspricht, für seine Bauten auch Kunst zu beauftragen. Ins Wanken wäre die Selbstverpflichtung beinahe in den neunziger Jahren geraten, als der Bundesfinanzminister für die Abschaffung der Kunst-am-Bau-Regelung eintrat. Das haben wir damals parteiübergreifend verhindert; es wäre ja ein verheerendes Signal für die Öffentlichkeit gewesen, wenn der Staat die Kunst bei seinen Bauten abgeschafft hätte. Die Frage ist, ob Kunst nur eine schmückende Zutat oder ob sie wichtiger Bestandteil unseres täglichen Lebens ist – Kunst, an der wir vorbeigehen, über die wir uns ärgern, die wir sehen oder übersehen. Kunst am Bau ist etwas Essenzielles, und deshalb darf sie auch nicht gestrichen werden.

Florian Matzner In der Tat ist Kunst am Bau als handfeste Künstlerförderung in ökonomischen und politischen Krisenzeiten der zwanziger Jahre entstanden und bietet bis heute zeitgenössischen Künstlern die Möglichkeit, gutes Geld zu verdienen. Darüber hinaus hat der Staat meines Erachtens die Pflicht und Verpflichtung zur Förderung von Kunst und Kultur. Daneben geht es natürlich auch um Repräsentation, nur dass man heute vielleicht eher von Imagetransfer sprechen würde. Aber das ist ja auch gut so, denn weltweit ausgestrahlte Bilder von Architektur und Kunst vermitteln ein bestimmtes, positives Bild eines demokratischen Staates wie der Bundesrepublik, der sich als liberal, tolerant und innovativ versteht und deshalb – nach den fatalen Erfahrungen in der Nazizeit – die Freiheit der Kunst, der Religion und der Weltanschauung schützt.

Renate Wolff Zu einer Demokratie sollte gehören, dass der Staat dem Querdenken der Künstler eine Öffentlichkeit gibt. Ich meine, dass es gar nicht genug

Kunst am Bau geben kann, die allen Menschen zugänglich ist. Viele Menschen gehen nicht ins Museum, weil sie Hemmschwellen haben. Kunst am Bau antwortet, wie Kunst überhaupt, auch auf existenzielle Fragen der Menschen. Darum ist es so wichtig, dass Menschen Kunst begegnen können und sich von ihr anregen lassen, über sich selbst und die Dinge nachzudenken. Zumindest ist Kunst am Bau ein Angebot, sich irritieren zu lassen, vielleicht sogar eingefahrene Denkmuster aufzubrechen.

Peter Conradi Es ist auch eine Frage unserer Selbstachtung, wie wir uns als Parlamentarier, als Regierungsbeamte oder Angestellte in dieser Gesellschaft

ber in der aktuellen, jungen Kunst eine zentrale Bedeutung – eteiligung und so weiter. Insofern ist das Konzept der Baukultur

und in ihren Gremien verstehen. Das Auswärtige Amt hat für die Deutsche Botschaft in New York einen Investorenbau umgesetzt, an dem nichts von Deutschland erkennbar ist. Österreich hat zur selben Zeit in Manhattan ein wunderbares Kulturinstitut gebaut – ein irrsinniges, fabelhaftes Bauwerk, bei dem alle sagen: Schau mal die Österreicher! Die haben Mut, die stellen sich dar, die wollen auch, dass man über sie nachdenkt und redet. Das sollten wir auch wollen. Das ist in einer Zeit, in der vor allem Wirtschaftlichkeit und Geld eine Rolle spielen, gar nicht mehr so leicht durchzusetzen. Seltsamerweise war das in der ärmeren Bundesrepublik vor vierzig Jahren leichter.

Florian Matzner Der Vergleich des österreichischen und deutschen Auftritts in New York macht deutlich, dass Mutlosigkeit oder übertriebene Kompromissbereitschaft dazu führen kann, dass Mittelmäßigkeit siegt. Auf das Verhältnis von Architektur und Kunst bezogen muss man allerdings konstatieren, dass bis in die siebziger Jahre hinein Kunst am Bau als gutgemeinte Dekoration und ästhetische Aufwertung meist mittelmäßiger bis schlechter Architektur »instrumentalisiert« worden ist. Heute geht es nach wie vor um Qualität, dazu kommt aber noch ein anderer wichtiger Aspekt: Es geht um den Menschen, um den Nutzer, um den Rezipienten, für den eine bestimmte Architektur und ein bestimmtes Kunstwerk geschaffen wird – es geht also um Genuss ebenso wie um Identifikation und es geht um die Verortung des Individuums in Raum und Zeit. Da spielen Architektur und Kunst im Sinne der Baukultur eine zentrale Rolle.

»Kunst am Bau antwortet, wie Kunst überhaupt, auch auf existenzielle Fragen der Menschen. Darum ist es so wichtig, dass Menschen Kunst begegnen können.« Renate Wolff

BBR *Sehen Sie einen Zusammenhang zwischen Kunst am Bau und Staatsikonografie?*

Florian Matzner Nein, ich glaube, diese Zeiten sind vorbei – zum Glück. Staatsikonografie beschränkt sich heute auf Dienstwagen und Regierungsgebäude und das persönliche Erscheinungsbild der Politiker. Trotzdem gilt es nach wie vor als schick, wenn ein Politiker sich mit einer bestimmten

Art von Kunst oder mit einem bestimmten Künstler umgibt; siehe etwa die Männerfreundschaft zwischen Gerhard Schröder und Jörg Immendorff, deren Ergebnis – das offizielle Kanzlerporträt – ich persönlich als eher peinlich empfinde. Im Gegenzug muss man aber auch sagen, dass kritische Arbeiten wie etwa die von Hans Haacke im Bundestag realisiert werden konnten – und das spricht eben genau für die bereits erwähnte Toleranz und Liberalität, für die eine Demokratie einstehen muss.

Franka Hörnschemeyer
BFD – fündig fluchtend dicht, 1998|2001
Paul-Löbe-Haus, Berlin

BBR *Über Kunst kann nur sehr bedingt mit Mehrheiten verhandelt werden. Welche Verfahren hat die Demokratie entwickelt, um mit Kunst umzugehen und die Rolle des Auftraggebers wahrzunehmen?*

Peter Conradi Wir haben Gott sei Dank oder leider keine Könige und Erzbischöfe mehr, die bestimmen, was gebaut und welche Kunst geschaffen wird. Wenn aber über Kunst mit Mehrheiten entschieden werden soll wie über die Zahl von Lehrerstellen, über den Ausbau von Straßen oder den Aufwand für Verteidigung, dann geht das in der Regel daneben. Daher holt sich der Souverän, also Parlament und Regierung, Rat bei Sachkundigen. Dieser Rat muss frei sein – so wie es ja auch bei Architekturwettbewerben eine Jury gibt, die vorschlägt, für diese Schule und jenes Finanzamt den oder jenen Entwurf zu nehmen. So gibt es im Parlament seit den siebziger Jahren den Kunstbeirat des Deutschen Bundestags, der aus der Präsidentin oder dem Präsidenten des Bundestags und Mitgliedern der Fraktionen sowie Sachverständigen wie Kunstkritikern, Museumsdirektoren, Wissenschaftlern und Künstlern besteht, die zur Beratung bei Entscheidungen über Kunst am Bau oder den Ankauf von Kunst für die Sammlung hinzugezogen werden. In der Zeit, als der Regierungsumzug vorbereitet wurde, und ich der Stellvertreter von Frau Rita Süssmuth im Kunstbeirat war, gab es Sachverständige wie Frau Karin Stempel oder die Herren Manfred Schneckenburger, Götz Adriani und Armin Zweite, die große Autorität hatten. Mit denen haben wir besprochen, dass wir für die neuen Räume in Berlin gerne Kunst hätten. Sehr häufig wurden dann Wettbewerbe mit vier bis sechs Künstlern ausgelobt. Die Entscheidungen des Kunstbeirats fielen unter Frau Süssmuth stets im Dialog mit den Sachverständigen, mehrheitlich einhellig. Ab und zu hat es mal jemanden gegeben, der anderer Meinung war, der stellte sich aber auch nicht quer, wenn sich die anderen einig waren.

»Wenn aber über Kunst mit Mehrheiten entschieden werden soll wie über die Zahl von Lehrerstellen, über den Ausbau von Straßen oder den Aufwand für Verteidigung, dann geht das in der Regel daneben.« Peter Conradi

BBR *Und trotzdem ist über manche Kunstwerke wie zum Beispiel das Projekt von Hans Haacke nicht im Kunstbeirat, sondern im Parlament entschieden worden …*

Peter Conradi Das ist immer dann der Fall, wenn mit der Kunst eine politische Aussage verbunden ist, der Staat kritisiert oder tradierte Werte in Frage gestellt werden. So hat die Assemblée Nationale einen Entwurf von Hans Haacke für eine Installation im Cour d'Honneur des Palais Bourbon abgelehnt, weil er die Begriffe Freiheit, Gleichheit und Brüderlichkeit in arabischer Sprache enthielt. In Deutschland gab es auch mehrfach Streit: einmal um die Reichstagsverhüllung von Christo, dann um Haackes »Der Bevölkerung«, und das dritte war Joseph Beuys' »Tisch mit Aggregat«. Gegen den Ankauf der Arbeit von Beuys hatte sich der Haushaltsausschuss zunächst quergestellt. Später stellte sich heraus, dass ein dem Bund gehörender Abguss im Institut für Auslandsbeziehungen in Stuttgart stand und wir ihn als Dauerleihgabe für den Reichstag bekommen konnten. Es gab also schon Fälle, die strittig waren, aber ich bin der Meinung, dass man im Parlament möglichst nicht über Kunst abstimmen sollte.

Florian Matzner Dem kann ich nur zustimmen, denn die Erfahrungen der letzten Jahre und Jahrzehnte haben gezeigt, dass man über spezialisierte Themen nicht demokratisch entscheiden kann, sondern Fachleute und Gremien von Sachverständigen zur Beratung braucht. – Das gilt im Übrigen für die Kunst ebenso wie für die Wirtschaft, die Medizin oder die Ethik; die Entscheidungen von Spezialisten sollten anschließend aber mehrheitlich genehmigt werden. Dass über die Arbeit von Hans Haacke im Bundestag diskutiert wurde, ist zunächst nichts Negatives, zumal eine Demokratie auch eine unsachliche Diskussion vertragen können muss. Am Ende ist die Arbeit von Haacke ja doch realisiert worden und die öffentliche Diskussion darüber hat das Kunstwerk nur populärer und prominenter gemacht.

BBR *Was bedeutet es für die Kunst am Bau, wenn der Staat zunehmend Bauaufgaben privatisiert?*

Peter Conradi Das ist eine Frage, inwieweit sich der Staat seiner Aufgaben entledigt. Ein Bundesrichter aus dem Zweiten Senat des Verfassungsgerichts, Siegfried Broß, hat neulich festgestellt, dass sich ein Staat, der all das, was er nach dem Grundgesetz machen soll, nicht mehr machen will und an Private abgibt, sich selbst infrage stellt. Und ich rede nicht nur vom Rechtlichen, sondern auch vom Kulturellen und Geistigen. Schließlich geht es auch um die Würde und das Selbstverständnis eines Staates.

Florian Matzner Es ist natürlich nach wie vor eine Verpflichtung der öffentlichen Hand, trotz fortschreitender Privatisierungen in Architektur und Stadtraum hier das »Monopol« des Staates zu behaupten. Gerade der öffentliche Raum und die in ihm präsentierte Kunst muss weiterhin der Öffentlichkeit uneingeschränkt zugänglich sein und darf im Umkehrschluss nicht durch die ökonomischen oder ästhetischen Interessen einiger weniger Privatiers bestimmt werden. Denn es geht hier auch um moralische oder ethische Instanzen. Dem Staat obliegt nun einmal der Schutz der Persönlichkeit und der Religion, aber eben auch jener von Kunst und Kultur als Symbolen der Individualität und der Freiheit – ein Aspekt, der unter den veränderten Bedingungen einer zunehmend globalisierten Gesellschaft in den letzten Jahren an grundsätzlicher Bedeutung gewinnt.

BBR *Für Kunst am Bau und für Kunst überhaupt ist es wichtig, dass Persönlichkeiten sich dafür begeistern und begeistern lassen und die Projekte vorantreiben. Daneben muss die Demokratie gewährleisten, dass Architekten und Künstler Zugang zu öffentlichen Aufträgen haben. In der Architektur haben sich hierfür konkurrierende Verfahren durchgesetzt, um aus mehreren Vorschlägen die beste Lösung für eine Aufgabe zu wählen. Sind Wettbewerbe auch für Kunst am Bau sinnvolle Verfahren?*

Peter Conradi Architekten sind Wettbewerbe gewohnt, auch die besten Büros müssen sich an Wettbewerben beteiligen und unterliegen oft schmählich. Als Auswahlinstrument ist der Wettbewerb gut, da man viel über unterschiedliche Sicht- und Herangehensweisen lernt. Insofern ist es für junge Künstler gut, wenn der Staat, also Bund, Länder und Gemeinden, einen Wettbewerb für eine Schule oder Kindergarten, eine Baugruppe oder einen Verwaltungsbau auslobt. Und gerade unter den noch nicht so bekannten Künstlern haben wir mit Wettbewerben auch gute Erfahrungen gemacht, und manch einer oder manch eine ist durch den Wettbewerb bekannt geworden – durch das Ergebnis, denn dabei sind gute Sachen herausgekommen. Anders ist es mit renommierten Künstlern; die lassen sich nicht gern auf einen Wettbewerb ein, sie wollen direkt beauftragt werden.

Renate Wolff Das ist meiner Meinung nach eine arrogante Haltung. Schließlich haben auch die großen Künstler nicht immer für jede Situation die richtige Antwort, manchmal finden weniger berühmte Künstler die besseren

»Ich finde es gut, über Wettbewerbe auch weniger bekannten Künstlern die Möglichkeit zu geben, für einen bestimmten Nutzer, für bestimmte Zusammenhänge, Vorschläge zu machen.«

Renate Wolff

Neo Rauch
Leiter, 1998 | 2001
Paul-Löbe-Haus, Berlin

Lösungen. In jeder Sparte gibt es Künstler, die sehr gut sind; oftmals bewegen sie sich aber im eingefahrenen Vokabular ihres künstlerischen Schaffens und sehen sich niemandem verpflichtet, was wiederum bedeutet, dass diese Künstler nicht unbedingt für jeden Bau, für jeden Nutzer von Interesse sind. Manchmal sieht man überraschende Ergebnisse von Künstlern, von denen man es nicht erwartet hätte. Ich finde es daher gut, über Wettbewerbe auch weniger bekannten Künstlern die Möglichkeit zu geben, für einen bestimmten Nutzer, für bestimmte Zusammenhänge, Vorschläge zu machen.

BBR *Wo sehen Sie Optimierungsmöglichkeiten bei Wettbewerbsverfahren?*

Renate Wolff Man sollte den Künstlern schon während der Arbeitsphase mehr Hilfestellungen oder Gesprächsmöglichkeiten geben, nicht nur bei Auslobungsbeginn. Zumeist ist es ja so, dass man in Kunst-am-Bau-Verfahren eine Reihe von Unterlagen über den Ort, die Historie, den Bauherren et cetera bekommt und dann eine gewisse Zeit hat, um Fragen zu stellen. Nach Ablauf der Frist gibt es keine Möglichkeit mehr, sich mit dem Auslober rückzukoppeln, was angesichts der Tatsache, dass sich während des Arbeitsprozesses viele Fragen erst entwickeln, für eine optimale Lösung der künstlerischen Aufgabe katastrophal ist. Hier müsste es eine größere Kooperationsbereitschaft geben; es könnte zu ganz anderen Ergebnissen führen, wenn man verstärkt miteinander arbeiten würde.

Peter Conradi Es ist eine der Schwächen des Wettbewerbs, dass der Auslober mit den teilnehmenden Künstlern oder Architekten nicht während des Verfahrens reden kann. Denn es ist weder rechtlich noch faktisch möglich, mit 85 Teilnehmern wie beispielsweise beim Reichstagswettbewerb zu diskutieren. Dort wurde nach zwei Kolloquien entschieden, und glücklicherweise war Norman Foster interessiert, mit uns zu reden und seinen Wettbewerbsentwurf weiterzuentwickeln. Auch bei der Kunst am Bau kann es passieren,

Angela Bulloch
Seats of Power – Spheres of Influence, 1998|2001
Paul-Löbe-Haus, Berlin

»Viele Künstler sind dafür sensibilisiert, was man Architekt gleichzeitig auch der Kunst einen erweiterten Spielraum z

dass die prämierte Arbeit nicht eins zu eins ausgeführt wird, sondern mit dem Architekten und dem Bauherrn weiterentwickelt wird.

BBR *Wieso ist eine möglichst frühe Einbindung der Künstler sinnvoll, und wie könnte so ein Verfahren laufen?*

Renate Wolff Um ein Beispiel zu geben: Herzog & de Meuron arbeiten sehr viel mit Künstlern, weil sie erkannt haben, dass Künstler ein sehr genaues Auge für Materialqualitäten haben. Und man sieht ja die Resultate, die manchmal nicht nur in der Architektur, sondern auch in der Ästhetik wirklich umwerfend sind. Künstler haben oft ein sehr viel präziseres Auge für die Details und auch einen erweiterten Blick für die ästhetischen, sozialen und psychologischen Zusammenhänge. Architekten sind vielleicht oft zu fachspezifisch ausgerichtet; auf ihrem Gebiet kennen sie sich natürlich aus, berücksichtigen aber die gerade genannten Aspekte oft nur ungenügend. Herzog & de Meuron hingegen binden immer wieder Künstler von Anfang an ein, so Helmut Federle, der bei der Optimierung der Ausstellungsräume der Sammlung Götz in München mitgearbeitet hat. Das Ergebnis ist eine wunderbare Architektur, die die besonderen Anforderungen einer Kunstgalerie berücksichtigt.

BBR *Das spräche für vertraute Konstellationen, böte aber wenig Raum für Neukombinationen, wie sie ein Wettbewerb üblicherweise hervorbringt …*

Renate Wolff Es ist ja nicht unbedingt schlecht, wenn es eingespielte Teams gibt. Daneben gibt es freilich auch eine Reihe anderer Künstler, die über Kunst und Architektur nachdenken, nur vielleicht noch nie die Chance hatten, in solchen Strukturen zu arbeiten. Viele Künstler sind dafür sensibilisiert, was man Architektur hinzufügen kann, um eine neue Reibungsfläche zu finden und gleichzeitig auch der Kunst einen erweiterten Spielraum zu eröffnen. Es gibt aber auch viele Künstler, die gar keinen Zugang dazu haben. Man sieht das ja oft genug bei Kunst-am-Bau-Ankäufen, die zum Teil wirklich haarsträubend sind, weil sie keine Verbindung mit der Architektur eingehen. Wichtig wäre, dass die Zusammenarbeit schon als Wettbewerbsaufgabe im Architektenwettbewerb formuliert ist und die Aufgabenstellungen von vornherein klar sind – sowohl die an die Architekten als auch die an die Künstler. Dann könnten Bauherr, Architekten und Künstler von Anfang an zusammenarbeiten und alle Möglichkeiten ausreizen.

BBR *Wie sind Ihre Erfahrungen bezüglich der Zusammenarbeit zwischen Auftraggebern, Nutzern, Architekten und Künstlern, wo liegen Interessenskonflikte und Chancen?*

Renate Wolff Da es bei Kunst am Bau meist so ist, dass die Künstler erst angesprochen werden, wenn die Planungen schon abgeschlossen sind, das Bauwerk im Bau oder gar schon fertig ist, geraten die Künstler am Ende immer in Konflikt mit den Architekten. Das ist mir erst unlängst wieder bei einem Kunst-am-Bau-Projekt passiert. Da hatte der Architekt zwar für meinen Entwurf gestimmt, weil er ihn für den besten hielt, aber am Schluss hieß es dann: Können Sie den Entwurf nicht doch noch mal ändern, wir würden doch gerne unsere Architektur rein behalten …

…inzufügen kann, um eine neue Reibungsfläche zu finden und …röffnen.« Renate Wolff

Peter Conradi Es gibt Architekten, die sehr auf die eigene Arbeit fokussiert sind und zu der Auffassung neigen, die bildende Kunst habe nur eine dienende Funktion – unter dem Motto: Wenn es denn sein muss, hängen wir halt noch was rein, aber eigentlich hätten wir das Gebäude lieber ohne die Kunst fotografiert. Ein ebenso bedeutsamer Faktor ist aber auch der Nutzer, der sich oft gar nicht vorstellen kann, wie das Bauwerk nachher aussieht und wo Kunst hinkommen könnte. Ich habe große Bauherren erlebt, die keine Pläne lesen konnten und bei denen man mit einem Modell auch nicht viel erreichte. Mit denen konnte man erst dann überlegen, wo Kunst hinpassen könnte, als der Bau stand. Die von Ihnen erhoffte Zusammenarbeit zwischen Künstler und Architekt schon beim Entwurf umzusetzen, wäre zwar schön, ich kann sie mir aber kaum vorstellen – zumindest habe ich es ganz selten erlebt, dass so etwas zustande kam. Das liegt leider auch am veränderten Beauftragungsprozess. Früher bekam ein Architekt in der Regel nach dem Wettbewerb den Auftrag zu bauen, heute bekommt er erst den Auftrag zu Vorentwürfen, dann zum Entwurf und dann werden die einzelnen Leistungen beauftragt. Ganz langsam wächst das Projekt, und die Frage ist dabei, zu welchem Zeitpunkt der Künstler kommen soll. Ich sehe aber auch, dass Kunst am Bau heute nicht heißen kann, ein Bild hinzuhängen oder eine Plastik zu kaufen, sondern dass mit Licht und mit Farbe ganz neue Elemente dazukommen – bis hin zur Gestaltung ganzer Bauteile. Da ist die Kunst reicher geworden, und das ermöglicht heute eher eine Verknüpfung mit dem Bauwerk, als es etwa in den sechziger Jahren der Fall war, als man einfach einen Maler beauftragt hat oder eine Bildhauerin, und gesagt hat: Du machst uns jetzt etwas Schönes.

BBR *Wie kommt es zu diesen Vorbehalten zwischen Architekten und Künstlern, wo ja die Chancen, die in so einer Zusammenarbeit liegen, ganz unstrittig gegeben sind?*

Peter Conradi Sicher ist, dass es in der Ausbildung wechselseitig große Defizite gibt. Die Architekten lernen zwar ein bisschen Kunstgeschichte, haben aber keine Berührungspunkte mit den Akademien. Umgekehrt gilt aber auch, dass Akademiestudenten selten etwas mit Architektur zu tun haben. Jeder macht sein Ding, ohne Berührungspunkte; hier müsste man ansetzen. Des Weiteren wäre sinnvoll, mit den Architekten schon bei der Beauftragung zu diskutieren, welche Künstler sie vorschlagen und was sich Bauherr, Sachverständige und Kunstbeirat für die Kunst am Bau vorstellen.

Renate Wolff Das Defizit in der Ausbildung ist sicherlich ein ganz wichtiger Punkt, darüber hinaus geht es aber auch um eine persönliche Öffnung – dass Architekten nicht nur über Architektur diskutieren, sondern auch für Kunst und andere Kulturbereiche sensibilisiert werden. Dazu kann schon in der Ausbildung der Grundstein gelegt werden.

Florian Matzner Meine Erfahrung ist da sehr zwiespältig – oft ist es so, dass die ältere Architektengeneration Kunst am Bau wirklich nur als Applikation, als Dekoration, sozusagen als Illustration der Architektur versteht, während gerade die jüngere Architektengeneration zu einer engen Kooperation mit Künstlern nicht nur bereit ist, sondern sie geradezu von Anfang an wünscht. So gibt es inzwischen Bauprojekte, wo die Architektur, die Kunst sowie die Außengestaltung konzeptuell und ästhetisch aufeinander abgestimmt sind und hier innovative Lösungen im Sinne der bereits erwähnten Baukultur erarbeitet und realisiert werden.

BBR *Hat sich in den letzten Jahren – etwa im Rahmen der Hauptstadtverlegung – die Erwartungshaltung gegenüber Kunst am Bau gewandelt?*

Peter Conradi Die Entscheidung der Regierung Willy Brandt und Walter Scheel in den siebziger Jahren, Bonn zum Regierungsstandpunkt auszubauen, war bedeutsam, weil sie belegte, dass man die Teilung hingenommen hatte. Mit dem Behnisch-Bau wurde dann ein neuer Anspruch formuliert, der sich auch auf Berlin ausgewirkt hat – zumindest insofern, als wir in

Berlin nicht hinter das zurückfallen wollten, was schon in Bonn möglich gewesen war. Vom Architektonischen her war das ein hoher Anspruch. Um Axel Schultes' Bundeskanzleramt habe ich gekämpft, weil ich wollte, dass jedem sofort, wenn der Bau ins Bild kommt, klar ist: Das ist das Kanzleramt – so wie das beim Bonner Kanzleramt war. Das gleiche galt auch für die künstlerische Ausstattung.

Renate Wolff Ich glaube schon, dass sich etwas verändert hat. Früher hat man eher auf Repräsentanz gesetzt und irgendwo Plastiken hingestellt, die weder mit den Architekturen noch mit den Menschen eine Allianz eingegangen sind. Da ist ein Umdenken im Gange – inzwischen ist auch den Künstlern klar, dass man auf die Nutzer und Rezipienten eingehen muss.

Florian Matzner Durch das formalisierte Verfahren, ein einheitliches Konzept und zentrale »Organe« wie etwa den Kunstbeirat ist man im Ergebnis in Berlin zu künstlerisch hochwertigen, teilweise qualitativ außergewöhnlichen Lösungen gekommen. Die enge Zusammenarbeit zwischen der öffentlichen Hand als Auftraggeberin, den Künstlern und Architekten sowie den Kunstsachverständigen hat meines Erachtens einen beachtlichen Erfolg erzielt, mit dem die Beteiligten mehr als zufrieden sein können. Natürlich gibt es Schwachpunkte, aber im Großen und Ganzen ist das Ergebnis sehr zufriedenstellend.

»Die Nutzer, egal ob Krankenhausarzt, Oberlandesgerichtspräsident, Oberschulrat oder Direktor, zu gewinnen, in Kunst am Bau eine Chance für sich und ihr Haus zu sehen und etwas daraus zu machen, das ist die Herausforderung.« Peter Conradi

BBR *Haben Sie eine besondere Erwartungshaltung an die Demokratie als Auftraggeberin von Kunst am Bau?*

Peter Conradi Bei Architekten nimmt man an, dass sie wenigstens etwas Ahnung von künstlerischer Gestaltung haben, bei Bauherren mit viel Erfahrung auch und bei Künstlern sowieso. Wenn Sie aber einen Nutzer haben, der kein besonders inniges Verhältnis zur zeitgenössischen Kunst hat, dann wird es mitunter schwierig. Dennoch: die Nutzer, egal ob Krankenhausarzt, Oberlandesgerichtspräsident, Oberschulrat oder Direktor, zu gewinnen, in Kunst am Bau eine Chance für sich und ihr Haus zu sehen und etwas daraus zu machen, das ist die Herausforderung. Da müssen auch die Künstler auf die andere Seite zugehen.

Renate Wolff Letztlich ist der Nutzer ein entscheidender Faktor, da ihm ja das Kunstwerk zur Nutznießung und zur Pflege übergeben wird. Wenn die Akzeptanz und Wertschätzung nicht da ist, dann wird die Kunst missachtet und in die Ecke gestellt. Trotzdem denke ich, dass es für eine Demokratie geradezu überlebensnotwendig ist, dass es Kunst gibt, die unbequem ist und – im Zweifelsfall auch das – missverstanden werden darf.

Florian Matzner Über die praktischen Aspekte hinaus würde ich vom Staat als Auftraggeber mehr Phantasie, mehr Innovation, auch mehr Provokation erwarten – Kunst hat nach wie vor etwas mit Freiheit als Philosophie und vor allem mit Demokratie als Kultur zu tun.

BBR *Empfinden Sie es als Einschränkung, dass Kunst am Bau besondere Parameter hat und nicht auf einen geschützten Raum mit Vermittlungsangeboten wie im Museum vertrauen kann, sondern auf sich selbst gestellt ist?*

»Kunst am Bau heißt, sich auf Regeln einzulassen. Wer das nicht will und Autonomie fordert, kann nicht Kunst am Bau machen.« Renate Wolff

Joseph Kosuth
»Was war also das Leben«, 1998|2001
Paul-Löbe-Haus, Berlin

Renate Wolff Nein. Kunst am Bau heißt, sich auf Regeln einzulassen. Wer das nicht will und Autonomie fordert, kann nicht Kunst am Bau machen und sollte dafür auch nicht herangezogen werden. Natürlich habe ich beim autonomen Kunstwerk mehr Freiheit, aber wenn ich mich auf Kunst am Bau einlasse, dann weiß ich um die Bedingungen und nehme sie als künstlerische Herausforderung an. Kunst am Bau findet im öffentlichen oder halböffentlichen Raum statt und wird beiläufiger erlebt als im Museum, wo vieles nur deshalb funktioniert, weil die Besucher mit einer bestimmten Erwartungshaltung kommen. Bei Kunst am Bau gibt es eine ganz andere Rezeptionsbereitschaft; ich wäre auch dagegen, irgendwelche Zettel auszuhängen. Letztendlich muss sich die Kunst selbst erklären können.

BBR *Sind die Voraussetzungen, Zielgruppen und Möglichkeiten von Kunst am Bau und Kunst im Museum vergleichbar?*

Florian Matzner Nein, in keinem Falle: Den heiligen Museumstempel besuchen höchstens 0,1 Prozent der Bevölkerung – ein interessiertes Fachpublikum also, das sich bewusst mit Kunst auseinandersetzt. Bei Kunst am Bau wie allgemein bei Kunst im öffentlichen Raum ist jeder ein potenzieller Kunstrezipient: das Schulkind ebenso wie der Taxifahrer, die Hausfrau ebenso wie der Manager, unabhängig von Bildung oder sozialer Herkunft. Darauf müssen sich die Künstler natürlich einstellen: Öffentliche Kunst ist Kunst für die Öffentlichkeit – mit allen Chancen ebenso wie mit allen Risiken.

BBR *Wie könnte man Ihrer Meinung nach die Nutzer verstärkt für Kunst am Bau interessieren?*

Renate Wolff Den Anfang in einem solchen Prozess kann der Künstler machen, indem er sich damit auseinandersetzt, wer die Menschen in den jeweiligen Gebäuden sind und was dort passiert. Das sollte in den Entwurf einfließen und damit den Menschen die Möglichkeit geben, sich darin wiederzufinden.

Peter Conradi Der Prozess, in dem sich die Öffentlichkeit ein Gebäude oder Kunstwerk aneignet, geht über Jahre, wenn nicht über Jahrzehnte. Die Stuttgarter haben bei Errichtung der Liederhalle von Rolf Gutbrod getobt – aber als sie zwanzig Jahre später verändert werden sollte, ging ein Aufschrei der Empörung durch Stuttgart. So geht es auch mit künstlerischen Arbeiten. Manche werden nicht mehr wahrgenommen, obwohl sie noch stehen, andere wiederum werden erst im Laufe der Zeit begriffen und in das eigene Gedächtnis oder in das der Stadt aufgenommen. So wie die »Two Large Forms« von Henry Moore vor dem Bonner Kanzleramt, die irgendwann jeder in Deutschland mit Nachrichten aus Kanzleramt und Parlament verband. Da hat sich ein Kunstwerk zum Symbol für die Demokratie und ihre Exponenten entwickelt.

Renate Wolff Ja, manche Arbeiten wirken langsam und dringen erst allmählich ins Bewusstsein. Man muss Geduld haben und den Menschen auch Zeit geben. Kunst braucht Zeit zum Entstehen und auch Zeit zur Rezeption.

»Öffentliche Kunst ist Kunst für die Öffentlichkeit – mit allen Chancen ebenso wie mit allen Risiken.« Florian Matzner

BBR *Sehen Sie Kunst am Bau auch zukünftig als Aufgabe des Staates? Oder anders gefragt: Warum sollte es sie weiterhin geben?*

Renate Wolff Ich halte Kunst am Bau vor allem deshalb für unverzichtbar, weil die Vielfalt der Kunst zur geistigen Gesundheit einer jeden Gesellschaft dazugehört. Angesichts der allgemeinen Verrohung verlieren mehr und mehr Menschen das Gefühl dafür, mit Kunst und Kultur überhaupt umzugehen. Trotzdem möchte ich hoffen, dass in der wiederholten öffentlichen

»Der Staat hat eine besondere Verantwortung, immer wieder Anlässe und Gelegenheiten für Kunst zu schaffen und hierfür auch Gelder bereitzustellen.« Renate Wolff

Begegnung mit Kunst sich etwas vermitteln lässt, was den einen oder anderen in seinem Leben bereichern mag. Daher hat der Staat eine besondere Verantwortung, immer wieder Anlässe und Gelegenheiten für Kunst zu schaffen und hierfür auch Gelder bereitzustellen.

Peter Conradi Früher hat eine schmale, gebildete bürgerliche Oberschicht dafür gesorgt, dass es Kunst gab. Heute gehen zwar viel mehr junge Menschen durch Gymnasien und Hochschulen, eine Bildungsexplosion ungeahnten Ausmaßes, aber die kulturelle Bildung hat damit nicht Schritt gehalten. Denn der Kunstunterricht ist das erste, was zusammengestrichen wird, so dass eine Generation heranwächst, die überhaupt nicht mit Kunst

»Wenn wir wollen, dass es auch zukünftig Menschen gibt, d wie unsere Gesellschaft sich darstellt, wie unsere Problem

in Berührung kommt. Wenn wir wollen, dass es auch zukünftig Menschen gibt, die ein Interesse an bildender Kunst haben oder ein Interesse daran, wie unsere Gesellschaft sich darstellt, wie unsere Probleme und unser Leben von Künstlern gesehen werden, dann kann Kunst am Bau dazu einen wichtigen Beitrag leisten.

Florian Matzner Urbanität, Architektur und Kunst werden in den nächsten Jahren zentrale Aufgaben übernehmen in der Definition der Stadt als Austragungsort menschlicher Kommunikation. Tatsache ist doch, dass der schnelle Wechsel der »alten« westlichen Industriegesellschaften in globalisierte Informationsgesellschaften des 21. Jahrhunderts eine enorme Anonymisierung, aber auch eine ungeheure Beschleunigung unserer alltäglicher Lebensabläufe mit sich gebracht hat. Der öffentliche Raum erhält dadurch in Zukunft eine neue zentrale Bedeutung als »Benutzeroberfläche« individueller Prozesse wie auch gesellschaftlicher Dialoge, in denen die Faktoren Raum und Zeit eine zentrale Rolle spielen werden. In diesem Netzwerk kommt der aktuellen Kunst eine wichtige Bedeutung zu, und nur im fruchtbaren Dialog zwischen den Gesellschaftswissenschaften auf der einen Seite und den Architekten, Stadtplanern und Künstlern auf der anderen Seite können zukunftsweisende Perspektiven entwickelt werden.

n Interesse an bildender Kunst haben oder ein Interesse daran,
nd unser Leben von Künstlern gesehen werden, dann kann Kunst
am Bau dazu einen wichtigen Beitrag leisten.« Peter Conradi

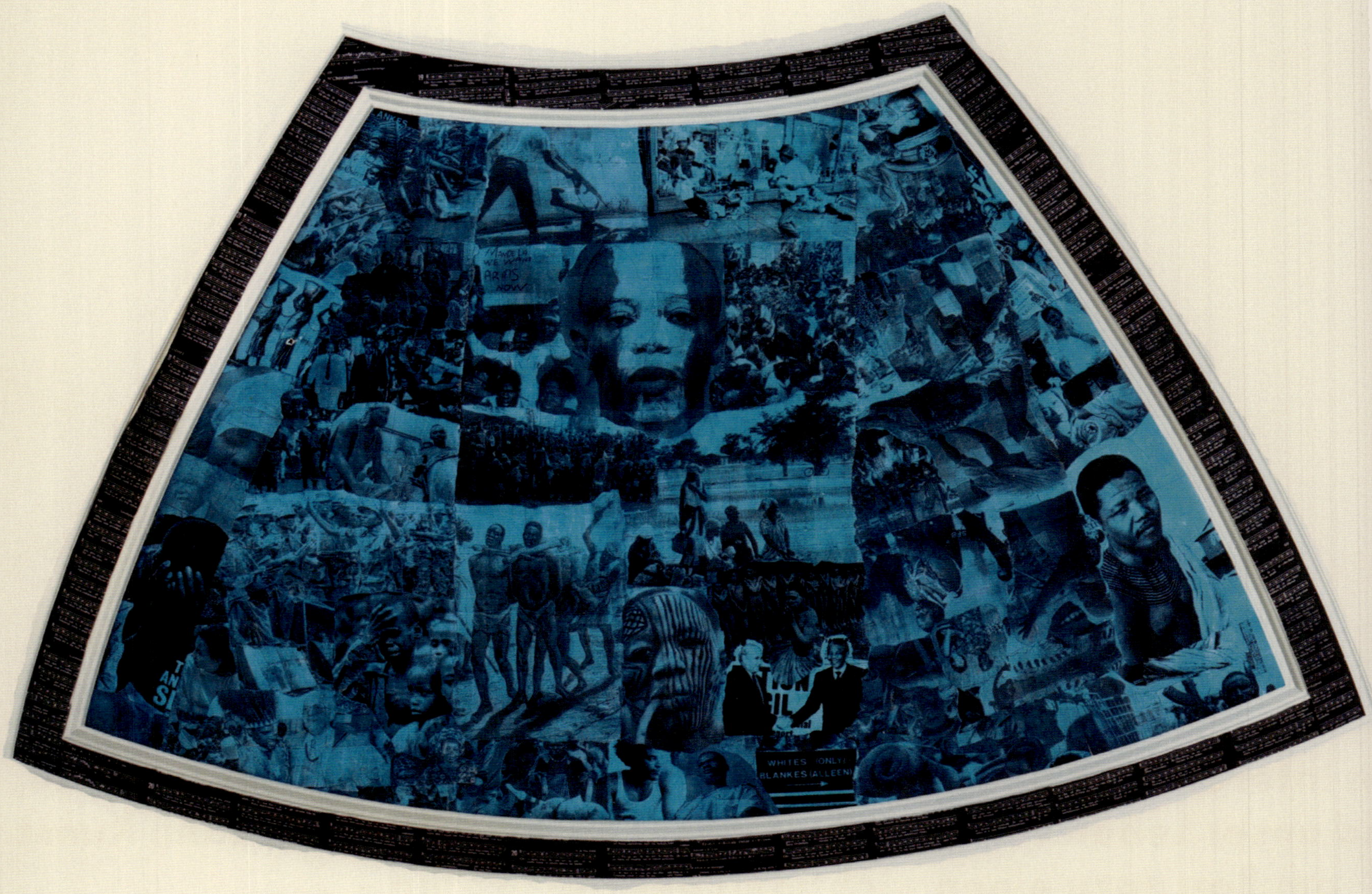

Marcel Odenbach
Als sähe ich im Himmel die Erde, 2000
Bundesministerium für Wirtschaft
und Technologie, Berlin

Warum Kunst am Bau?

Einige Überlegungen zu einer unterschätzten Gattung

Heinrich Wefing

Zu den großen, aber weithin unbesungenen kulturpolitischen Leistungen der Bundesrepublik zählt ihre konsequente Pflege der Kunst am Bau. Seit der erste, gerade frisch konstituierte Deutsche Bundestag im Januar 1950 beschlossen hat, bei allen Bauvorhaben des Bundes zunächst ein, später zwei Prozent der Bausumme für Werke bildender Künstler zu reservieren, sind dank dieser Initiative Tausende, wenn nicht Zehntausende Kunstwerke entstanden. In Ministerien, Finanzämtern, deutschen Botschaften im Ausland, aber auch in Forschungsinstituten, Mensen, Akademien und Parlamentsgebäuden finden sich die Resultate dieses beispiellosen Engagements, dem bald ähnliche Programme in den Ländern und Gemeinden folgten: Gemälde, Plastiken, Installationen und andere artistische Interventionen, die im besten Falle über ihren künstlerischen Eigenwert hinaus in eine spezifische Beziehung zur Architektur treten. Manche der bedeutendsten Künstler ihrer Zeit erhielten auf diesem Wege Aufträge, Bernhard Heiliger etwa, Ernst Wilhelm Nay, Henry Moore oder, in jüngerer Zeit, Gerhard Richter, Jochen Gerz, Günther Uecker, Katharina Sieverding, um nur einige besonders prominente zu nennen; tätig wurden aber auch viele Künstler, deren Namen heute bestenfalls noch Kennern bekannt sind. Natürlich sind nicht alle Werke, die aus Mitteln der Kunst-am-Bau-Programme finanziert wurden, von höchster Qualität. Doch würde man sie alle in einer einzigen Ausstellung zeigen, entstünde so etwas wie ein imaginäres Museum der Gegenwart, eine beispiellos dichte Sammlung des Kunstschaffens in der

»Würde man alle Werke in einer einzigen Ausstellung zeigen, entstünde so etwas wie ein imaginäres Museum der Gegenwart, eine beispiellos dichte Sammlung des Kunstschaffens.«

Bundesrepublik in den letzten beiden Generationen, von den frühen, kargen Nachkriegsjahren bis in die unmittelbare Gegenwart. Allein, eine solche Retrospektive, so reizvoll sie wäre, wird es wohl nie geben; auch der hier vorliegende Band kann nur einen kleinen Ausschnitt, einige wenige Beispiele dieser unterschätzten Gattung zeigen.

Denn es gehört zu den Eigentümlichkeiten der Kunst am Bau, dass sie nur selten einen emotionalen Funken entzünden konnte oder allgemeine Begeisterung auszulösen vermochte. Allzu häufig wurde sie eher pflichtgemäß, bisweilen beinahe bürokratisch abgewickelt, so dass sie kaum über einen kleinen Kreis von Eingeweihten hinausdrang. So blass und umständlich die wenig geliebte Bezeichnung »Kunst am Bau« ist, so wenig präsent sind bislang auch die Leistungen im öffentlichen Bewusstsein. Niemand kann wirklich sagen, welches Bild wo hängt, welche Skulptur diesen oder jenen Bau schmückt. Es gibt kein Verzeichnis aller jemals geförderten Werke, geschweige denn einen Katalog oder eine auch nur kursorische Dokumentation. Viele der beauftragten Künstler sind zudem lang vergessen, nicht wenige Werke abgehängt, in Kammern oder Keller verbannt, bei späteren Umbauten beschädigt, ersetzt oder entwertet worden, und wo sie noch an ihrem Ursprungsort zu besichtigen sind, da fehlt es ihnen nicht selten an der angemessenen Pflege. Viele Arbeiten haben sich wohl auch in der alltäglichen Begegnung verbraucht. Sie fallen den flüchtigen Augen der Nutzer, die Tag für Tag, auf ihre Dienstgeschäfte konzentriert, an ihnen vorbeieilen, kaum mehr auf. Eine Untersuchung im Auftrag des Bundesministeriums für Verkehr, Bau und Stadtentwicklung zur Lage der Kunst am Bau hat erst wieder schmerzlich zu Bewusstsein gebracht, dass in manchen Behörden und Institutionen die Kunst am Bau in Vergessenheit geraten ist. Mitunter war es nur ein altgedienter Hausmeister, der sich noch vage daran erinnerte, dass da einmal etwas war.

»Was Kunst am Bau ausmacht und warum es sich lohnt, sie zu fördern, ist kaum einmal auf den Punkt gebracht worden.«

Harald Klingelhöller
Ich bin hier, Du bist hier, 1999|2001
Auswärtiges Amt, Berlin

Diesem lautlosen Verschwinden im Alltag entspricht ein verbreitetes Desinteresse in der professionellen Auseinandersetzung mit der Kunst am Bau. Es gibt kaum Literatur zum Thema, allenfalls eine sporadische Begleitung in den Feuilletons, es gibt keine systematische wissenschaftliche Erforschung der Kunst am Bau, weder eine staats- noch eine kunsttheoretische Unterfütterung. Viel verbreiteter ist vielmehr ein unspezifisches Unbehagen an der Kunst am Bau, die gern als Auftragskunst oder bloß deko-

Henry Moore
Two Large Forms, entstanden 1966, aufgestellt 1979
Ehemals Bundeskanzleramt, heute Bundesministerium für wirtschaftliche Zusammenarbeit und Entwicklung, Bonn

Eduardo Chillida
Berlin, 1999
Bundeskanzleramt, Berlin

rative Dreingabe zur selbstbezüglichen Architektur diskreditiert wird. Was Kunst am Bau ausmacht und warum es sich lohnt, sie zu fördern, ist kaum einmal auf den Punkt gebracht worden. Nicht zufällig wurde denn auch immer wieder, zuletzt Mitte der neunziger Jahre, von sparsamen Haushältern die Forderung erhoben, die öffentlichen Mittel für die Kunst am Bau kurzerhand zu streichen. Ein Ansinnen, das dank scharfer Proteste von Kulturpolitikern und Künstlerverbänden bislang noch stets verhindert werden konnte, das aber auch belegt, wie dringend es einer konsistenten Begründung der Förderung der Kunst am Bau bedarf.

Warum also Kunst am Bau? Die Gründungsväter und -mütter der Bundesrepublik hatten darauf noch eine vergleichsweise klare, gleichermaßen noble wie pragmatische Antwort: »Um die bildende Kunst zu fördern«, wie es gleich im ersten Satz des Beschlusses vom 25. Januar 1950 heißt. Die vom Parlament nur wenige Monate nach Inkrafttreten des Grundgesetzes verabschiedete Regelung, die auf eine Initiative der Bayernpartei zurückging, war eine Mischung aus kulturpolitischem Impuls und indirekter Künstlerförderung. Das von den Nationalsozialisten erst gleichgeschaltete, dann vernichtete Kulturleben sollte wiederbelebt werden, und zugleich sollten im besiegten, zerstörten und wirtschaftlich wie geistig verheerten Land erste Verdienstmöglichkeiten für bildende Künstler geschaffen werden. »Der erste äußere Anlass zur Stellung dieses Antrags war wohl die allgemein sichtbare Not der Kunstschaffenden«, erklärte etwa der Abgeordnete Anton Besold von der Bayernpartei im Plenum. Solche Künstlerförderung, so bescheiden sie vom Volumen auch sein mag, ist heute als kaum verhüllte Subventionierung unter Künstlern nicht eben beliebt, mitunter gar als Ausweis von Zweitklassigkeit und Förderungsbedürftigkeit regelrecht verpönt. Wenn man sich freilich die regelmäßig niederschmetternden Erhebungen über die durchschnittliche Einkommenssituation von Künstlern in Deutschland ansieht, dann hat die sozialpolitische Absicht der Kunst-am-Bau-Programme nichts von ihrer Berechtigung verloren. Und schon die »Erfinder« der Kunst-am-Bau-Politik haben klug darauf hingewiesen, dass es sich dabei nicht um »ein Almosen« handele. Vielmehr, so führte der Abgeordnete Besold aus, gehe es um die Finanzierung von Leistungen »– hochwertige Leistungen! –, die der Allgemeinheit und späteren Generationen zum Nutzen und zur Ehre gereichen«.

Darüber hinaus begründeten die Initiatoren ihren Antrag, der auf ähnliche Anstrengungen aus der Zeit vor 1933 durchaus Bezug nahm, auch noch mit einer weiteren Überlegung, mit einem gewissermaßen volkspädagogischen

Jochen Gerz
Das Geld, die Liebe, der Tod, die Freiheit – was zählt am Ende? 1999|2000
Bundesministerium der Finanzen, Berlin

»Der eher diffuse Begriff ›Selbstdarstellung des Staates‹ mei
bringen, das tausenderlei Erscheinungsformen kennt, aber kei

Argument. Der Berichterstatter des Ausschusses für Kulturpolitik erklärte im Bundestag, die Kunst besitze für die ganze Gesellschaft eine sensibilisierende, den Erfahrungshorizont erweiternde Kraft: »Kunst gehört ins Volk, Kunst gehört dorthin, wo Menschen zusammenkommen. Es ist außerordentlich wichtig, wenn an Straßenecken und Brücken, wo tagtäglich Tausende von Menschen vorübergehen, Kunstwerke hohen Ranges aufgestellt sind und sie zum Erlebnis besonders der heranwachsenden Generation gemacht werden.« Auch dieses Anliegen, das heute wohl eher unter der Überschrift »Kulturelle Bildung« rubriziert würde, bleibt so ehrenwert wie berechtigt.

Ein dritter Begründungsansatz hingegen dürfte den Initiatoren der Kunst am Bau seinerzeit vor dem Hintergrund ihrer Erfahrungen mit der NS-Propaganda noch fremd gewesen sein; er spielt heute aber ganz fraglos eine bedeutende Rolle: Die Kunst am Bau dient auch der Selbstdarstellung des Staates. So wie mittlerweile beinahe jedes größere Unternehmen völlig selbstverständlich Kunst sammelt oder fördert und diese Aktivitäten zur Pflege des eigenen Images auch öffentlich annonciert, so tut das auch der

Marcel Odenbach
Videoinstallation zwei Flachbildschirme, 1998|2000
Bundesministerium der Justiz, Berlin

aufgeklärte Staat, zumal einer, der sich – wie die Bundesrepublik Deutschland – ganz dezidiert als Kulturstaat versteht. Dazu gehört, wiederum ähnlich wie in der Privatwirtschaft, die Einbeziehung bildender Künstler in größere Bauvorhaben. Dabei mögen sich Auswahlstrategien und inszenatorische Absichten, Konflikte und Probleme bei öffentlichen und privaten Bauherren durchaus ähneln, in ihrer Letztbegründung aber unterscheiden sich ihre Aktivitäten fundamental voneinander – so wie sich die staatliche Selbstdarstellung im demokratischen Rechtsstaat auch grundlegend von der Propaganda totalitärer Systeme unterscheidet. Während die mäzenatischen und sonstigen kunstfördernden Aktivitäten von Unternehmen letzten Endes (und in völlig legitimer Kalkulation) der privatwirtschaftlichen Gewinn-

abei die Summe aller Anstrengungen, etwas zur Anschauung nnlich wahrnehmbare Gestalt besitzt: den Staat selbst.«

erzielung und Profitsteigerung dienen, zielt die Selbstdarstellung des Staates, zu der eben auch die Kunst am Bau zählt, auf etwas völlig anderes: Sie »appelliert«, um eine einprägsame Formulierung des Bundesverfassungsgerichts zu benutzen, »an das Staatsgefühl der Bürger«.

Der eher diffuse Begriff »Selbstdarstellung des Staates« meint dabei die Summe aller Anstrengungen, etwas zur Anschauung bringen, das tausenderlei Erscheinungsformen kennt, aber keine sinnlich wahrnehmbare Gestalt besitzt: den Staat selbst. Zunächst dienen diesem Zweck natürlich die tradierten Staatssymbole, die Flaggen und Fahnen, Hymnen und Wappen. Sie rufen in Erinnerung, dass es nicht nur zahllose Behörden und Millionen Verwaltungsakte, nicht nur konkurrierende Parteien, Regierung und Opposition gibt, sondern mit dem Staat auch eine Institution, die von der Gemeinschaft der Bürger konstituiert wird und von deren Zustimmung lebt. Diesen Umstand ins Bewusstsein zu heben, ist auch Aufgabe des Staatszeremoniells, der Nationalfeiertage, von Paraden und Festen, kurzum, es ist Hintergrund aller Aktivitäten staatlicher Stellen, die darauf zielen, nicht für einen Politiker als Amtsinhaber zu werben, auch nicht für eine bestimmte Regierung oder Partei, sondern ein Bild des Staates insgesamt zu vermitteln (der vorliegende Band ist in diesem Sinne wohl auch Instrument staatlicher Selbstdarstellung). Dabei ist die Selbstdarstellung des Staates kein Selbstzweck, weder bloße PR-Inszenierung noch Propaganda, sondern der Versuch, jenen notwendigen, aber unmöglich zu erzwingenden Identifikations- und Integrationsprozess zu stimulieren, durch den der Konsens der im Staat organisierten Gemeinschaft wieder und wieder erzeugt wird. Oder, um mit dem Soziologen Niklas Luhmann zu sprechen, es ist eine »Konstitution von Systemen durch Kommunikation von Sinn in sozialen Kontakten«.

Eine wichtige Rolle spielen dabei seit jeher die Bauwerke des Staates, in denen er repräsentative Gestalt gewinnt – ehedem die Schlösser des Staatsoberhauptes, heute vor allem Parlamentsgebäude, Gerichte, Botschaften, Ministerien, Denkmale, aber auch Schulen, Universitäten, Museen oder gar Infrastrukturprojekte. Das ist durchaus keine blasse Abstraktion, sondern war gerade beim Umbau Berlins zur Hauptstadt des wiedervereinigten Deutschland ein entscheidendes Motiv. Die dort errichteten Bauten sollten ausdrücklich mehr als nur nutzbare Flächen und praktische Büros bieten. In den leidenschaftlichen Debatten um die Reichstagskuppel, die Gestaltung des Kanzleramtes oder des Denkmals für die ermordeten Juden Europas wurde regelmäßig auf die symbolische Dimension der Architektur hingewiesen. Am vielleicht deutlichsten, beinahe dröhnend hat dies Axel Schultes, der Architekt des Kanzleramtes zum Ausdruck gebracht, als er verkündete, sein Bau solle »das konkrete Bild der Deutschen Republik in Anschauung bringen« und »›Dem Deutschen Volke‹ Staat zeigen«. Das ist recht vollmundig formuliert, trifft aber einen wichtigen Punkt, der ähnlich auch für die Kunst am Bau gilt.

»Kunst am Bau ist Instrument und Emblem des kulturfördernden Staates zugleich.«

Alle Werke, die dank der Kunst-am-Bau-Programme entstanden sind, demonstrieren durch ihre schlichte Existenz in handgreiflicher Präsenz den Anspruch der Bundesrepublik, ein Staat zu sein, der Kunst und Kultur fördert. Dieser Anspruch, der zuletzt seinen Niederschlag in einer fraktionsübergreifenden Initiative gefunden hat, die die Förderung der Kultur als Staatsziel sogar im Grundgesetz verankern will, zählt zu den entscheidenden Elementen des Selbstporträts, das die Republik seit ihrer Gründung von sich entwirft. Kunst am Bau ist, so verstanden, Instrument und Emblem des kulturfördernden Staates zugleich.

Entscheidend für die Legitimation der Kunst am Bau ist schließlich viertens noch ein weiterer Gedanke, der sich jede funktionale Perspektive auf die Werke bildender Künstler versagt und stattdessen auf deren völlige Autonomie beharrt. Es ist die nicht leicht fassbare Idee, dass die Kultur zwischen den Polen politischer und wirtschaftlicher Instrumentalisierung eben noch etwas Drittes sei: eine besondere Form der Auseinandersetzung mit den allen Staatsbürgern, ja allen Menschen gemeinsamen Fragen nämlich, eine

Form der Auseinandersetzung, die in den fein ausdifferenzierten ökonomischen und politischen Interessen und Verfahren nicht aufgeht und deshalb, fern davon, harmloser Schmuck zu sein, eigenständige Möglichkeiten der Verständigung und Kritik eröffnet. Themen wie Herrschaft und Macht, Ideologie und Individualität, um nur einige zu nennen, können da nicht notwendig wirkungsvoller als in den erprobten, vermeintlich ernsthafteren Kommunikationsweisen zum Ausdruck kommen, wohl aber in einem anderen Kontext. Sich dieser Möglichkeit bewusst zu werden, sie gezielt zu eröffnen, sich den »anderen« Diskurs absichtsvoll »ins Haus« zu holen und

»Sich den ›anderen‹ Diskurs absichtsvoll ›ins Haus‹ zu holen und damit auch permanent die Begrenztheit des bloß zweckrationalen Denkens zu manifestieren, ist die vielleicht schwierigste, aber wohl auch schönste Bedeutung der Kunst am Bau.«

damit auch permanent die Begrenztheit des bloß zweckrationalen Denkens zu manifestieren, ist die vielleicht schwierigste, aber wohl auch schönste Bedeutung der Kunst am Bau.

Ein Gemeinwesen, das der Kunst in diesem Sinne Raum gibt, ist – pathetisch gesprochen – ein besseres Gemeinwesen, ein Kulturstaat idealistischen Zuschnitts. Dieser Anspruch, der zum genetischen Programm der Bundesrepublik gehört, grundiert bis heute die Anstrengungen, die Kunst am Bau in Deutschland zu fördern. Das ist kein Luxus. Es ist ein Wesenszug dieses Staates. Wer darauf verzichten wollte, gäbe etwas von seinen Daseinsgründen preis.

Gerhard Richter
Schwarz Rot Gold, 1998
Reichstagsgebäude, Berlin

Rainer Splitt
Reflecting Pool
Entwurf für die Deutsche Botschaft,
Warschau, 2007

Der »Leitfaden Kunst am Bau« in Theorie und Praxis

Beate Hückelheim-Kaune

Seit 2005 ist der »Leitfaden Kunst am Bau« eingeführt. Mitgewirkt haben unter der Federführung des Bundesministeriums für Verkehr, Bau und Stadtentwicklung die Bundesministerien der Finanzen und der Verteidigung sowie Künstlerverbände und Fachleute aus der Praxis. Der Leitfaden gilt für alle Baumaßnahmen des Bundes und regelt die Beteiligung der bildenden Künstler. Ziel ist es, Kunst am Bau als einen Teil der baukulturellen Verantwortung des Bundes zu stärken.

Was hat sich seit der Einführung des Leitfadens in der Praxis verändert? Ist das Ziel erreicht oder zumindest in Aussicht? Die ersten Verfahren nach Einführung des Leitfadens sind durchgeführt und erlauben eine erste Bilanz.

Die Frage, ob Kunst am Bau bei einer Hochbaumaßnahme eingeplant werden soll, stellt sich nur noch gelegentlich, seit mit dem Leitfaden für einen Verzicht auf Kunst am Bau eine Begründung eingefordert wird. Ganz selbstverständlich kommen Anfragen der Kollegen aus den Projektmanagementreferaten mit der Bitte um Unterstützung bei der Veranschlagung von Mitteln und Verfahren in den Bauunterlagen. Während früher die Mittel für Kunst am Bau, wenn sie denn überhaupt eingestellt wurden, im Laufe einer Baumaßnahme bei Kostensteigerungen als erste Einsparmaßnahme fungierten, ist dies nun nicht mehr möglich. Die Kunst-am-Bau-Mittel sind zweckgebunden. Wird keine Kunst bei einer Maßnahme realisiert, fließen die Mittel zurück in den Bundeshaushalt. Durch die frühe und zweckgebundene Veranschlagung der Haushaltsmittel für Kunst am Bau, besteht die Möglichkeit, Kunst entsprechend der ursprünglichen Intention in den Bau zu integrieren und damit ein künstlerisches Gesamtkonzept aus Architektur, Landschaftsgestaltung und Kunst zu schaffen. Eine frühzeitige Einbindung vor Festlegung der Ausführung erlaubt zudem noch die Berücksichtigung von konstruktiven und technischen Erfordernissen für ein Kunstwerk in der Ausführungsplanung und vermeidet so Kosten.

Im Vordergrund der Diskussion stehen nun verstärkt die Inhalte der Kunst am Bau, die möglichen Standorte und Konzepte. Die Aussagen im Leitfaden beziehen sich auf verschiedene Verfahren, von deren Vorbereitung über das Preisgericht bis zur Dokumentation. Es sind Grundsätze, die genügend Spielräume bieten, um in der Praxis für jedes Projekt je nach Budget, Standort und Zeitfenster ein maßgeschneidertes Verfahren durchzuführen.

Gemäß Leitfaden erfolgt die Beteiligung bildender Künstler an bedeutenden Baumaßnahmen durch Wettbewerbe. Bietet die Aufgabe ein breites

Spektrum für Entwurfsansätze und wollen Auslober und Bauherr eine große Öffentlichkeit erreichen, um auch unbekannten und jungen Künstlern eine Chance einzuräumen, werden offene, meist zweiphasige Wettbewerbe durchgeführt. Es hat sich gezeigt, dass an offenen Verfahren nur wenige arrivierte Künstler teilnehmen. Die hohe Beteiligung sichert jedoch für die zweite Phase eine Bandbreite von guten Lösungsansätzen mit vielfältigen, teilweise erfrischenden Ideen, die erfahrungsgemäß zu einem positiven Ergebnis führen.

Die Beteiligung bildender Künstler an Einladungswettbewerben erfolgt in der Regel durch ein Auswahlgremium, in dem auch externe Sachverständige, Künstler, Kunsthistoriker oder Museumsfachleute vertreten sind. Die Gremiumsmitglieder werden für jedes Verfahren neu bestimmt und können in Kenntnis der Aufgabenstellung und des Standortes geeignete Künstler vorschlagen, über deren Teilnahme am Wettbewerb gemeinsam entschieden wird. Die kompetente Beratung durch die Sachverständigen garantiert eine ausgewogene und für die Aufgabe qualifizierte Auswahl an Künstlern. Um die Transparenz des Verfahrens zu gewährleisten und eine Gleichbehandlung der Wettbewerbsteilnehmer zu sichern, sind die Mitglieder von Auswahlgremium und Preisgerichtsjury nicht identisch und die Verfahren anonym. Die Künstlerverbände werden beratend einbezogen und können Vorschläge für die Besetzung des Preisgerichts unterbreiten. Dieses Vorgehen hat sich bewährt. Es eröffnet dem Auslober einen guten Überblick über die aktuelle Kunstszene und vermittelt neuen Künstlern den Zugang zur Gattung Kunst am Bau.

Auf wenig Verständnis in Künstlerkreisen trifft dagegen das Vetorecht des Nutzers gegen eine Preisgerichtsentscheidung. Gemäß Leitfaden soll die Empfehlung der Jury im Hinblick auf die Realisierungschancen nicht gegen den Nutzer gefällt werden. Dies lässt sich in der Praxis nicht immer garantieren, da jeder Preisrichter unabhängig, allein nach seinen fachlichen Gesichtspunkten entscheidet und auch entscheiden soll. Um ein Veto des Nutzers möglichst zu vermeiden, ist es wichtig, diesen frühzeitig in den Verfahrensprozess einzubeziehen und sowohl im Auswahlgremium als auch im Preisgericht die Beteiligung der späteren amtlichen Entscheidungsträger zu erreichen. Damit ein erster Preisträger, der im Falle eines Falles seine Arbeit doch nicht realisieren darf, nicht leer ausgeht, bietet es sich an, einen Teil der Bearbeitungshonorare als Preisgeld vorzusehen.

Noch sind nicht alle im Leitfaden vorgesehenen Möglichkeiten in der Praxis ausgeschöpft. So können in besonderen Fällen auch Kunstwerke im öffentlichen Raum errichtet werden, sofern ein Bezug zum Bauprojekt gegeben bleibt. Da an die Kunst am Bau ebenso wie an das Bauwerk selbst ähnliche Anforderungen hinsichtlich der Nachhaltigkeit und damit auch der Wertschöpfung gestellt werden, sind zeitlich begrenzte Kunstobjekte oder interaktive Kunstprojekte bislang nicht vorgesehen. Denkbar wären jedoch temporäre Kunstobjekte und Kunstaktionen beispielsweise bei bedeutenden temporären Bauten auf Weltausstellungen.

Zusammenfassend lässt sich feststellen, dass es durch den Leitfaden gelungen ist, die Bedeutung der Kunst am Bau zu stärken und sie zu einem festen Bestandteil von Hochbauprojekten zu machen. Gleichzeitig wird die Wahrnehmung geschärft für den verantwortlichen Umgang mit Kunst im Allgemeinen, aber auch mit der bereits vorhandenen Kunst am Bau und deren Dokumentation.

Es wäre wünschenswert, wenn sich diese Selbstverständlichkeit von Kunst am Bau von den Hochbaumaßnahmen des Bundes auch noch auf andere Bereiche des Bauens übertragen lassen könnte. Ein weiteres und wichtiges Betätigungsfeld für Künstler könnten die zahlreichen Baumaßnahmen im Verkehrswesen und im Zuwendungsbereich bieten. Erst wenn wir bei allen bedeutenden Baumaßnahmen nicht mehr das Ob, sondern nur noch das Wie diskutieren müssen, ist das Ziel des Leitfadens erreicht.

»Skaten«, »Reflecting Pool« und »Ziemniak/Kartoffel«

Das Ergebnis eines offenen Wettbewerbs nach Leitfaden

Birgid Helmy
Skaten, Entwurf für die Deutsche Botschaft, Warschau, 2007

Ein Verfahren, das nach Einführung des Leitfadens im Bundesamt für Bauwesen und Raumordnung durchgeführt wurde, ist der Wettbewerb für die Kunst am Bau der Deutschen Botschaft in Warschau. Der Botschaftsneubau, eingeweiht im Sommer 2007, wird geprägt von seiner Lage zwischen gewachsener Stadt und geordneter Natur, die sich in der Auflösung von Grenzen zwischen Gebäude und Garten widerspiegelt. Dies gelingt durch Gebäudewände aus durchgefärbtem Sichtbeton mit eingeprägten Blattmustern und einer bewachsenen Rampe, die sich von einer großzügigen Dachterrasse über den Empfangsräumen in den Park zieht und in einer halbrunden Nische, einer Exedra mündet.

Aufgabe der Künstler in dem zweiphasigen offenen Verfahren war es, eine Skulptur zu konzipieren, die auf dem Boden der Exedra innerhalb des Gesamtkonzeptes von Architektur und Landschaftsarchitektur unter Berücksichtigung von Blickachsen aus dem Empfangsflügel einen Akzent setzt.

Aus 340 Ideenansätzen der ersten Phase wählte das Preisgericht zehn Teilnehmer für die zweite Phase des Wettbewerbs aus. Die Bandbreite der eingereichten Entwürfe war vielfältig und reichte von höheren Einzelskulpturen beispielsweise in Form eines vergrößerten, naturgetreuen Grashalms aus grün lackiertem Edelstahlblech und auf dem Gartengelände verteilten Objekten wie Murmeln und verfremdeten Eicheln in den polnischen und deutschen Nationalfarben bis zu beweglichen und veränderlichen »Moving Images«, deren Motivfindung auf der Grundlage einer Befragung von Botschaftsmitarbeitern erfolgen sollte.

Die Jury vergab drei Ränge und würdigte damit drei sehr unterschiedliche Ansätze, die alle in konsequenter Weise auf den Ort bezogen konzipiert wurden und qualitativ beeindrucken.

Erster Rang Mit der Plastik »Skaten« werden zwei junge Menschen in den Mittelpunkt gestellt. Die Farbgebung der Kleidung und Skateboards verweist auf die deutsch-polnische Freundschaft (Skater) im Verbund mit der Europäischen Union (Skateboards). Die nicht plakativ, sondern feinsinnig gefasste

Anspielung geht in ungewöhnlicher Weise mit der »Schwerkraft« nationaler Symbolik um. Auf den ersten Blick vermitteln die Jugendlichen in Aktion bei Spiel und Sport Kreativität und Dynamik. Erst auf den zweiten Blick wird die Farbsymbolik deutlich und es entfaltet sich in diesem Kontext eine zweite Bedeutungsebene, die die Jugendlichen als zukünftige politische Entwicklungsträger in die Gedanken des Betrachters rückt.

Zweiter Rang Der Entwurf »Reflecting Pool« greift den Ortsbezug auf durch einen künstlichen See, der als ein solcher durch Material, Oberfläche und Farbgebung betont wird, sich aber mit seinem amöbenförmigen Gussabdruck gleichzeitig wieder in der Natur verortet. In ihrer minimalistischen horizontalen Ausdehnung zieht die Skulptur den Betrachter ins Bild und bietet je nach Jahreszeit einen anderen Eindruck. Im Fokus der Wahrnehmung steht wechselweise die blaue Farbe oder das Spiegelbild auf der glänzenden Oberfläche. Die Arbeit bedient sich aus dem Motivfundus der deutschen Romantik und ist in ihrer materialen Umsetzung zugleich eine witzige Pop-Paraphrase.

Dritter Rang Der Entwurf »Ziemniak/Kartoffel« ist eine partizipatorische Arbeit, bestehend aus einer Kartoffelskulptur, einem Acker und dem jährlichen Festmahl. Eine circa 2,80 Meter hohe Kartoffelskulptur aus Bronze erinnert an eine Gemeinsamkeit: In Polen und Deutschland ist die Kartoffel bis heute ein wichtiges Nahrungsmittel. Auf dem Acker des Botschaftsgeländes wird sie jährlich angepflanzt, gesäumt von typischen Kräutern beider Länder. Im Herbst soll die Ernte Grundlage eines gemeinsamen Mahles für jeweils dreißig polnische und deutsche Bürger sein. Die Auswahl der Gäste und der Ablauf des Abends werden mit dem Botschafter entwickelt. Auf diese Weise soll mit der Verspeisung der althergebrachten Ackerfrucht eine neue Tradition begründet werden, die die Sprachlosigkeit dadurch überwindet, dass fremde Menschen bei einem gemeinsamen Mahl ins Gespräch kommen und Gastfreundschaft praktizieren.

Die Entscheidung der Jury für den ersten Rang war äußert knapp. Das Auswärtige Amt als Nutzer entschied sich für die Realisierung der Arbeit auf dem zweiten Rang, »Reflecting Pool« des Künstlers Rainer Splitt aus Berlin, da dieser auf erfrischende Weise die Architektur und Gartengestaltung der neuen Botschaft ergänzt, indem er die Naturthematik des Ortes eigenständig aufgreift und interpretiert. Der Botschaftsneubau des Architekten Holger Kleine, ebenfalls das Ergebnis eines EU-weit offenen Wettbewerbs, thematisiert die Beziehung von Architektur und Natur, indem Gebäude und Park, Kultur und Natur auf vielfältige Weise miteinander verschränkt werden. Dem Künstler gelingt es, sich in dieses Beziehungsgeflecht einzufügen und gleichzeitig einen eigenen Akzent zu setzen.

Rainer Splitt
Reflecting Pool, Entwurf für die Deutsche Botschaft, Warschau, 2007

Stefka Ammon und Veronike Hinsberg
Ziemniak/Kartoffel, Entwurf für die Deutsche Botschaft, Warschau, 2007

Ausgewählte Kunst-am-Bau-Projekte 2000–2006

Martin Seidel

Bundespräsidialamt, Berlin

Lothar Baumgarten

o. T., 1999

Das 1998 fertiggestellte Bundespräsidialamt der Architekten Gruber + Kleine-Kraneburg, Frankfurt am Main, ist ein vielbewundertes Stück Architektur. Alles ist von großer Schönheit, Harmonie und konzeptueller Durchdachtheit. Das beginnt mit der Form und Größe des 83 Meter langen und 41 Meter breiten viergeschossigen Verwaltungsbaus, der sich mit seinen 15 Metern Höhe und mit seinem ovalen Grundriss in vornehmer Zurückhaltung am benachbarten Schloss Bellevue und seinem Tanzsaal orientiert und sich schlank und dezent in den denkmalgeschützten Landschaftsgarten einfügt. Strahlt das Gebäude mit der dunklen polierten Natursteinfassade nach außen eine kühle bis abweisende Würde aus, so wirkt der differenzierte plastische Baukörper innen hell und freundlich. Ein äußerer elliptischer Gebäudering mit 124 Büros öffnet sich mit Galeriefluren und Arkaden zur glasgedeckten Eingangs- und Kommunikationshalle, in der sich ein rechteckiger Innenriegel mit Erschließungs- und Nebenräumen sowie die Bibliothek befinden.

Gehen die gerne als Skulptur oder Muschel betrachtete Architektur, das Schloss Bellevue und der umgebende Englische Garten mit seinen hohen Bäumen schon eine harmonische Beziehung ein, so tun dies erst recht Architektur und Kunst. Dank der Weitsicht des für das Bundespräsidialamt eigens gebildeten Kunstbeirats, der sich für die Gestaltung des Fußbodens entschieden und mit Lothar Baumgarten den geeigneten Künstler ausgewählt hatte, und dank der frühzeitigen Zusammenarbeit des Künstlers mit den bis dato eher unbekannten jungen Architekten gelang im Bundespräsidialamt etwas, das sich eine gewisse Exklusivität herausnimmt und als Meilenstein der Kunst am Bau bezeichnet werden kann.

Lothar Baumgarten, der bei Joseph Beuys studiert und mehrmals an der Documenta und anderen großen Ausstellungen teilgenommen hat, entwickelte für dieses wichtige Amtsgebäude ein zweiteiliges Konzept, das im Jahre 2003 übrigens mit dem renommierten Kunst-am-Bau-Preis der Management für Immobilien AG (mfi) ausgezeichnet wurde. In den aus ästhetischen Gründen gegen akustische Bedenken durchgesetzten Terrazzoboden des Lichthofs hat Baumgarten neun zwischen 180 und 200 Zentimeter große Ziffern eingelassen. Es handelt sich dabei um die Zahlen 6-1-8, 7-5-3 und 2-9-4 des dem elliptischen Grundriss angepassten magischen Quadrats, die in horizontaler, vertikaler und diagonaler Addition jeweils die Summe 15 ergeben. »Die Schönheit des Kanons dieser neun Ziffern«,

Architektur

BAUMASSNAHME
Neubau des Bundespräsidialamts

BAUHERR
Bundesrepublik Deutschland, vertreten durch das Bundesministerium für Verkehr, Bau- und Wohnungswesen, vertreten durch das Bundesamt für Bauwesen und Raumordnung

NUTZER
Bundespräsidialamt

STANDORT
Schloss Bellevue, Spreeweg 1, 10557 Berlin

ARCHITEKTEN/PLANUNG
Martin Gruber + Helmut Kleine-Kraneburg, Frankfurt am Main und Berlin

BAUZEIT
1996–98

VERFAHREN
europaweiter Realisierungswettbewerb 1994

PROJEKTKOSTEN
59,3 Mio. Euro

Kunst am Bau

VERFAHREN
Direktvergabe

STANDORT
Arkadengänge der drei oberen Geschosse, Terrazzofußboden

KÜNSTLER
Lothar Baumgarten

TITEL/WERK
o. T.

MATERIAL/TECHNIK
Terrazzoboden und in die Wand eingelassene Majolikatafeln

ENTSTEHUNG
1999

PROJEKTKOSTEN
705 583 Euro

Die Farben der Majolika-Tafeln entsprechen Tonwerten von Caspar David Friedrichs Gemälden

Lothar Baumgarten

1944 geboren in Rheinsberg
1968–71 Studium an der Staatlichen Akademie der Bildenden Künste Karlsruhe und an der Kunstakademie Düsseldorf
seit 1992 Professur an der Hochschule der Künste Berlin (heute: Universität der Künste Berlin)
Lebt in Düsseldorf.

PREISE
2003 ▸ mfi Award, Kunst und Bau, Essen
1997 ▸ Lichtwark-Preis der Freien und Hansestadt Hamburg
1984 ▸ Goldener Löwe der Biennale von Venedig
1976 ▸ Kunstpreis des Landes Nordrhein-Westfalen
1974 ▸ Kunstpreis der Stadt Düsseldorf

EINZELAUSSTELLUNGEN (AUSWAHL)
2006 ▸ Museum Kurhaus, Kleve
2005 ▸ »imago mundi«, Museum Kurhaus Kleve – Ewald Mataré-Sammlung
2004 ▸ »Carbon«, Dallas Museum of Art, Dallas
▸ »imago mundi«, Marian Goodman Gallery, New York
▸ »imago mundi«, Reykjavik Art Museum, Reykjavik
2003 ▸ »The Origin of the Night«, Whitney Museum of American Art, New York
▸ Skaftfell Cultural Center, Seydisfjördur
▸ De Verbeelding kunst landschap natuur, Zeewolde

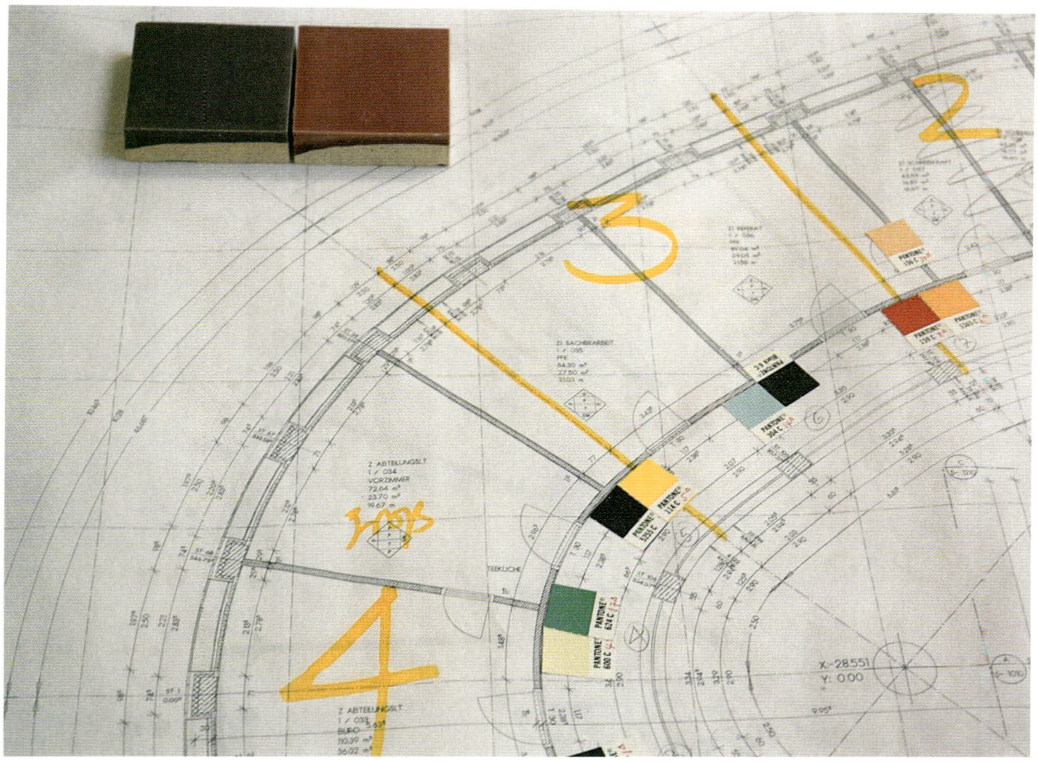

erläutert Baumgarten sein Konzept, »liegt in der magischen Kraft des Zahlenquadrats begründet. Seine Essenz ist der Inbegriff der Harmonie, so wie die geometrische Figur und vollkommene Form der Ellipse keine Nahtstelle, keinen Anfang und kein Ende hat. Die Harmonie des Zahlenkanons steht für die Vollkommenheit der geometrischen Figur des Baukörpers schlechthin.«

Der zweite Werkkomplex besteht aus einer Reihe von 180 Majolika-Tafeln, die paarweise zwischen den Türen in die Galerienwände der drei oberen Geschosse eingelassen sind. Es handelt sich um 37,5 x 37,5 Zentimeter große Platten, deren quadratisches Format eine geometrische Grundfigur beschreibt und insofern auch ein Symbol der Vollkommenheit ist. Gleichzeitig bringt das Quadrat optimale Voraussetzungen für die Entfaltung der Farben mit, die aus Tonwerten der Horizonte von Gemälden Caspar David Friedrichs abgeleitet sind und hier im System der Architektur vertikal kontrastiert werden. Die auf gleicher Höhe gehängten und auf die Wirkung perspektivischer Verkürzung hin konzipierten Majoliken deuten in einem zeitgemäßen Illusionismus nicht vorhandene Fensterausblicke auf die angrenzende Parklandschaft an. Darüber hinaus generieren sie als umlaufendes Farbband ohne Anfang und Ende einen farbdynamischen Horizont, der die Proportionen des Raumkörpers unterstreicht, und verleihen den Wänden ebenso eine optische Superstruktur wie die Zahlen dem Terrazzoboden.

In beiden Fällen kommt es zu einer selten intensiven Symbiose von Architekturelement und Bild, bei der die Zahlen den Boden bilden und die Tafeln, die bündig auf Stoß in Fugen eingelassen sind, nahezu selbst schon den Charakter von Wand annehmen. Auch inhaltlich dreht sich alles um die Architektur. Ist diese als angewandte Kunst ungleich stärker als die freie Bildende Kunst auf Zahlen, Ordnungen und Regeln angewiesen, so hat an Baumgartens Arbeit ebenfalls alles sein Maß, seine Ordnung, seinen Sinn. »Alle Maße und Formfiguren«, so Baumgarten, »lassen sich auf die Grammatik der Architektur zurückführen; sie leiten sich aus ihr selbst ab. Es gibt somit keine neue Gestaltung, keine dekorativen Eingriffe oder Formerfindungen, die auf einem anderen Modul basieren als dem dieses Gebäudes. Auch in dieser Arbeit geht es mir um die gesetzmäßige und inhaltliche Übereinstimmung aller Teile.«

Baumgartens Kunst paraphrasiert, erläutert und interpretiert die Architektur. Die Zahl 15 des magischen Quadrats beispielsweise findet sich als modulare Größe in der Raumhöhe und in den Maßen der Fenster, Pfeiler, Türöffnungen und anderer Elemente der Architektur wieder. Trotzdem ordnet sich Baumgartens Kunst nur scheinbar der Architektur unter. In Wirklichkeit durchdringt und beherrscht sie als deren geistiges Fundament und Zentrum das ganze Gebäude. Über symbolisch aufgefasste Zahlen, Proportionsverhältnisse und künstlerische Ordnungsvorstellungen, wie sie sich bei Kirchenlehrern des Mittelalters und zahlreichen Kunst- und Architekturtheoretikern finden, steigert Baumgarten die Präsenz und Wahrnehmung des gesamten Baukörpers. Indem das magische Zahlenquadrat im Mittelalter dem optisch von einer Ellipse umspielten Planeten Saturn zugeordnet wurde, kommen sogar kosmische Bezüge ins Spiel.

So sprechen der Terrazzoboden und die Majolikatafeln bei aller Rationalität und theoretischen Grundlegung den Betrachter auf mehreren Ebenen an. Lothar Baumgartens singuläres Konzept erweitert einen formal festgelegten Schönheitsbegriff in einer von der Kathedralbaukunst her bekannten Ganzheitlichkeit um spirituelle Qualitäten. Dabei verschmelzen im Bundespräsidialamt dekorative und konzeptuelle Momente zu einem perfekt zwischen freier und angewandter Kunst sowie zwischen Intellekt und Sinnlichkeit ausbalancierten Kunstwerk.

2002▸»Carbon«, Freedman Gallery, Albright College Center for the Arts, Reading
▸»Carbon«, Museum De Pont, Tilburg
2001/02▸»Terra Firma«, Schirmer/Mosel Showroom, München
2001▸»Berühren zwei Kreise einander, so kann ihr Mittelpunkt nicht der selbe sein«, Hamburger Kunsthalle, Hamburg
▸»alora, dunque«, Palazzo Querini Stampalia, Venedig
▸»How to see Venice«, Marian Goodman Gallery, New York
▸Museu Serralves, Porto
2000▸»Réalite Silhouette Paradoxe«, Marian Goodman Gallery, Paris
1998▸»Voilà pourtant, dit Candide, un Pays qui vaut mieux que la Westphalie«, Marian Goodman Gallery, Paris
▸»Terra Incognita«, Kunsthaus Zürich, Zürich
1997▸»Fiederzwenke«, Kurhausmuseum, Kleve
1996▸»A Mi-Chemin«, Marian Goodman Gallery, Paris
1995▸»Theatrum Botanicum«, Fondation Cartier, Paris
1994▸»Silencium«, Transmission Gallery, Glasgow
▸»Conservatory«, Royal Botanic Garden Edinburgh, Edinburgh
1993▸»Carbon«, The Renaissance Society, University of Chicago, Chicago
▸»Eklipse«, Portikus, Frankfurt am Main
▸»AMERICA Invention, 1988–93«, The Solomon R. Guggenheim Museum, New York
1992▸»Tierra Firme«, Instituto Valenciano de Arte Moderno, Valencia
▸»Wie Venedig sehen«, Museum Haus Esters, Krefeld
1991▸»Carbon«, Marian Goodman Gallery, New York
▸»Baltic Window«, Museum of Contemporary Art, Helsinki
1990▸»Carbon«, Museum of Contemporary Art, Los Angeles
▸»Endlager/Milkyway«, Konrad Fischer Galerie, Düsseldorf
1988▸»Terra Incognita«, Marian Goodman Gallery, New York
1987▸»El Dorado«, Kunsthalle Bern
▸»Métro Nome«, Musée des Arts Africains et Océaniens, Paris
▸»Makunaima«, Marian Goodman Gallery, New York
▸Vacuum, The Carnegie Museum of Art, Pittsburgh
1986▸»Accès aux Quais/Tableaux Parisiens«, ARC/Musée d'Art Moderne de la Ville de Paris, Paris
▸»Wegwurf«, Museo de Bellas Artes, Jardín Botanico de Caracas y Parque de Los Caobos, Caracas
▸»Der Ursprung der Nacht«, Pacific Film Archives, University Art Museum, Berkeley
▸The Museum of Modern Art, New York
▸Konrad Fischer Galerie, Düsseldorf
1985▸»Tierra de los Perros Mudos«, Stedelijk Museum, Amsterdam
▸»El Dorado«, Marian Goodman Gallery, New York
▸»Termite Savannah«, Konrad Fischer Galerie, Düsseldorf
▸Institute of Contemporary Art, Boston
1983▸»Land of the Spotted Eagle«, Museum Abteiberg, Mönchengladbach
1982▸»Die Namen der Bäume«, Van Abbemuseum, Eindhoven
▸Konrad Fischer Galerie, Düsseldorf
1979▸Hallen für Internationale Neue Kunst, Zürich
1978▸Kunstraum, München
1976▸Kabinett für Aktuelle Kunst, Bremerhaven
▸Konrad Fischer Galerie, Düsseldorf
1975▸Konrad Fischer Galerie, Düsseldorf
▸Rolf Preisig Gallery, Basel
1974▸»Wide White Space«, Brüssel und Antwerpen
▸»Section 125-25 64-58, Hommage à M. B., T'E-NE-T'E« (mit Michael Oppitz), Konrad Fischer Galerie, Düsseldorf
▸Hans Staden Tropenhaus, Botanischer Garten, Köln
1973▸»Vom Ursprung der Tischsitten«, Gian Enzo Sperone/Konrad Fischer Galerie, Rom
▸Konrad Fischer Galerie, Düsseldorf
1972▸»Guayana«, Konrad Fischer Galerie, Düsseldorf

GRUPPENAUSSTELLUNGEN

zahlreiche Teilnahmen an Gruppenausstellungen, darunter: Documenta (1972, 1982, 1992, 1997), Biennale Venedig (1978, 1984), »Von hier aus«, Düsseldorf (1984), Skulptur Projekte Münster (1987)

STANDORT KUNST AM BAU

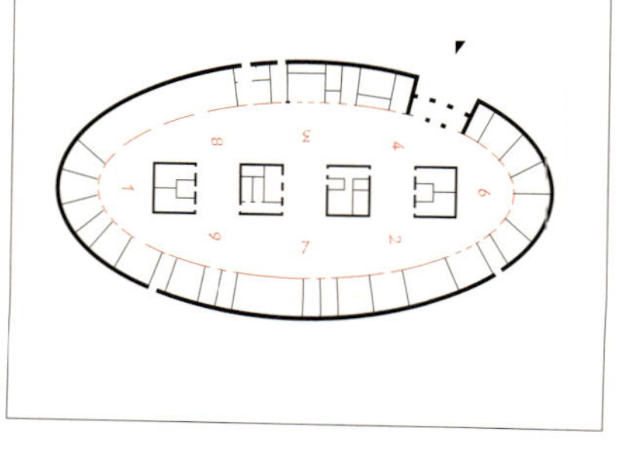

1

9

Via Lewandowsky
Roter Teppich, 2003

Via Lewandowsky

Roter Teppich, 2003

Via Lewandowskys 2003 entstandener »Roter Teppich« für den zweiten Dienstsitz des Bundesministeriums der Verteidigung im Berliner »Bendlerblock« gehört zu den aufsehenerregendsten Kunst-am-Bau-Arbeiten der letzten Jahrzehnte. Betritt man die in der Grundfläche etwa 200 Quadratmeter große und fast 17 Meter hohe, von wuchtigen Pfeilern, Säulen und Balustraden geprägte zentrale Säulenhalle des Bendlerblocks, nimmt sich die 5 x 10 Meter große textile Installation mit ihrem 1 Zentimeter hohen Flor fast dekorativ aus. Doch schnell erweist sich der Teppich als Vexierbild. Was zunächst als assoziatives Gemisch aus Feuer und Blut vor sich hin flimmert, gewinnt mit zunehmendem Abstand an Konturen. Je höher das Stockwerk, desto deutlicher ist von dort das »wahre« Muster des Teppichs zu erkennen: die nach einer Fotografie aus dem Jahre 1945 angefertigte Luftansicht des ausgebombten Berliner Stadtteils Tiergarten samt des zerstörten Bendlerblocks.

Der aus Schurwolle handgetaftete Teppich, mit dem Via Lewandowsky den einstufigen, auf sechs Teilnehmer beschränkten Kunstwettbewerb für die Säulenhalle gewann, lebt nicht zuletzt von der wechselvollen Geschichte des Orts. Der sich über drei Innenhöfe erstreckende monumentale Gebäudekomplex am Landwehrkanal entstand in den Jahren 1911 bis 1914 als Reichsmarineamt. Nach dem Ersten Weltkrieg diente der Bau als Reichswehr-

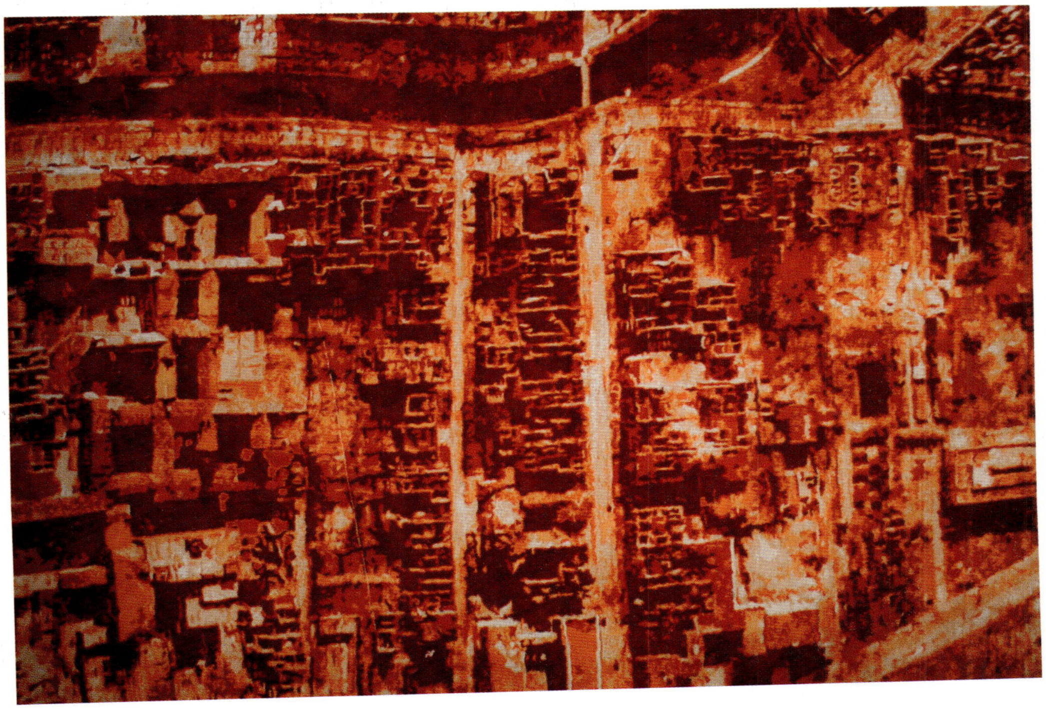

Architektur

BAUMASSNAHME
Umbau verschiedener älterer Bauten
BAUHERR
Bundesrepublik Deutschland, vertreten durch das Bundesministerium für Verkehr, Bau- und Wohnungswesen, vertreten durch das Bundesamt für Bauwesen und Raumordnung
NUTZER
Bundesministerium der Verteidigung
STANDORT
Stauffenbergstraße 18, 19785 Berlin
ARCHITEKTEN/PLANUNG
Burckhardt, Emch und Berger GmbH, Berlin; ARGE Haase, Bräunlin, Engel und Zillich, Berlin
BAUZEIT
1997–2001
VERFAHREN
Wettbewerb
PROJEKTKOSTEN
67,5 Mio. Euro (2. Bauabschnitt)

Kunst am Bau

VERFAHREN
einstufiger, beschränkter Realisierungswettbewerb für die Säulenhalle (sechs Teilnehmer) und den Konferenzsaal (fünf Teilnehmer)
STANDORT
Säulenhalle
KÜNSTLER
Via Lewandowsky
TITEL/WERK
»Roter Teppich«
MATERIAL/TECHNIK
500 x 1 000 cm, Schurwolle, handgetaftet
ENTSTEHUNG
2002
PROJEKTKOSTEN
270 000 Euro
WEITERE KÜNSTLER
Renate Anger: »Ein Falter«, Bilderfries, Konferenzsaal

ministerium und als Oberkommandozentrale der Wehrmacht, in dem Adolf Hitler am 3. Februar 1933 seine Ansprache zum »Lebensraum im Osten« hielt. Später entwickelte sich der 1938 um den eigentlichen Bendlerblock entlang der Stauffenbergstraße umfangreich erweiterte Komplex zur Zentrale des politischen Widerstands gegen den Nationalsozialismus, der am 20. Juli 1944 den Putsch gegen Hitler versuchte. Nach dem Krieg und dem Wiederaufbau des Bendlerblocks zogen außer der Gedenkstätte Deutscher Widerstand diverse Behörden des Bundes, des Landes Berlin und schließlich 1993 das Verteidigungsministerium ein.

Lewandowskys »Roter Teppich« ist in Bezug auf den Ort und seine Geschichte eindeutig und vieldeutig zugleich. Als ein roter Teppich, wie er zu besonderen Anlässen ausgerollt und wieder eingerollt werden kann, und als Bombenteppich schlägt er, mit Lewandowskys eigenen Worten, eine »ironische Brücke zwischen der Idee eines roten Teppichs und dem Trauma der Zerstörung«. Der flammend rote Teppich wird zum Fanal, auf dem Teppich als dem Boden der geschichtlichen Tatsachen zu bleiben und mit der Neubebauung und der Neunutzung des kriegszerstörten Viertels um den Bendlerblock nichts unter den Teppich der unrühmlichen Vergangenheit zu kehren. Denn die Vergangenheit – so die Botschaft – lässt sich nicht verleugnen und drängt in einem ähnlichen zeitlich-räumlichen Prozess ans Tageslicht, wie die grafische Struktur des Teppichs allmählich sichtbar wird.

Via Lewandowsky, der mit dem Dichter Durs Grünbein in kreativem Austausch steht, ist ein Künstler, der kein Blatt vor den Mund nimmt und schon zu DDR-Zeiten mit drastischen Körperaktionen gegen die offizielle Staatskunst opponierte. In oft sarkastischen und skurrilen Gemälden, Grafiken, Fotografien und Installationen setzt er sich immer wieder mit Geschichte, mit Gegenwartsfragen und existenziellen Befindlichkeiten des Menschen auseinander.

Via Lewandowsky

1963 ▸ in Dresden geboren
1982–87 ▸ Studium der Szenografie an der Hochschule für Bildende Künste Dresden
Lebt und arbeitet in Berlin.

PREISE

2004 ▸ Kritikerpreis für Bildende Kunst
1998 ▸ Botho-Graef-Preis der Stadt Jena
1997 ▸ Kunstfonds Bonn
1995 ▸ Kunstpreis der Stadt Leipzig

EINZELAUSSTELLUNGEN (AUSWAHL)

2007 ▸ »Haze Over«, Städtische Galerie, Wolfsburg, mit Christine de la Garenne
2006 ▸ »Schöne Ecken – Cornered«, Galerie Michael Schultz, Berlin
▸ »Paeninsula, NBK, Berlin; Kunsthalle Göppingen
▸ »Haze Over«, Forum für Kunst, Heidelberg, mit Christine de la Garenne
2005 ▸ »Homezone«. Via Lewandowsky, Galerie für Zeitgenössische Kunst, Leipzig
2001 ▸ »Hauben für alle«, Galerie Martina Detterer, Frankfurt am Main

2000 ▸ »Kosmos im Kopf: Gehirn und Denken«, in Zusammenarbeit mit dem Deutschen Hygiene-Museum Dresden
▸ »Angeborener Farbraum (Who's afraid of SchwarzRotGold)«, Kestner Gesellschaft, Hannover

GRUPPENAUSSTELLUNGEN (AUSWAHL)
2007 ▸ »Reality Bites – Making Avant-garde Art in Post Wall Germany«, Mildred Lane Kemper Art Museum, Saint Louis
2006 ▸ »Ordnung durch Störung Auto-Perforationsartistik«, Oktogon – Hochschule für Bildende Künste Dresden
2005/06 ▸ »Kleine Formate«, Galerie Martina Detterer, Frankfurt am Main
2005 ▸ »Urbane Realiltäten: Fokus Istanbul«, Martin-Gropius-Bau, Berlin
▸ »ostPUNK! – too much future«, Künstlerhaus Bethanien, Berlin
▸ »Kinderszenen-Child's Play«, Rohkunstbau, Wasserschloss Groß Leuthen
▸ »Heimat Moderne/Experimentale 1«, Heimat Moderne/Experimentale, Leipzig
▸ »Hartware«, MedienKunstVerein, Dortmund
▸ »CONVERGENCE at E116°/N40°«, Platform China, Peking
▸ »Berlin Zimmer«, Hamburger Bahnhof, Berlin
▸ »150 Jahre ...«, Galerie Martina Detterer, Frankfurt am Main
2004 ▸ »Was war da los?«, Karin Sachs, München
▸ Kunsthalle, Lünen
2003 ▸ »Kunst in der DDR«, Neue Nationalgalerie, Berlin
▸ »Berlin–Moskau«, Martin-Gropius-Bau, Berlin
2002 ▸ »Wahnzimmer«, Museum Folkwang Essen
▸ »Wahnzimmer«, Museum der bildenden Künste Leipzig
2001 ▸ »Kabinett der Zeichnungen«, Württembergischer Kunstverein, Stuttgart
▸ »Kabinett der Zeichnungen«, Kunstsammlungen Chemnitz
2000 ▸ »After the Wall«, Hamburger Bahnhof, Museum für Gegenwart, Berlin
▸ »Dein Wille geschehe ...«, Haus am Waldsee, Berlin
▸ »After the Wall«, Moderna Museet Stockholm

STANDORT KUNST AM BAU

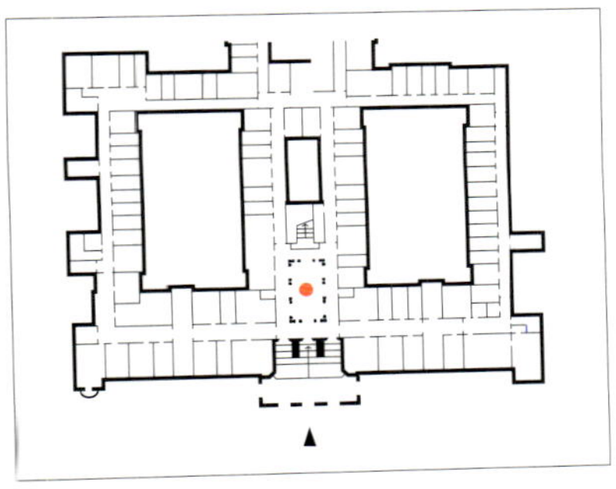

Sein expressiv aufgeladenes Denk- und Mahnmal für das Verteidigungsministerium ist von einer konkreten thematischen Zuspitzung weit entfernt. Was es genau darstellt, den Zustand Tiergartens während oder nach dem Krieg, lässt sich am Objekt kaum ablesen. In der Unbestimmtheit taugt der Teppich gut als Projektionsfläche und ließe sich verschiedenen Denkmustern und kontextuellen Verhältnissen anpassen. In dem konkreten ortsspezifischen Bezug zum Bundesministerium der Verteidigung fügt er sich ins Konzept einer Politik, die beim Berlin-Umzug mit der Wahl des Bendlerblocks als zweitem Dienstsitz des Verteidigungsministeriums demonstrieren wollte, dass die Bundeswehr in der Traditionslinie des militärischen Widerstands gegen das NS-Regime steht. Genau diese politisch korrekte Absichtserklärung wiederholt Lewandowsky im Rahmen der Teppich-Symbolik. Lewandowsky trägt seinen künstlerischen Appell, »rechtsstaatliche Grundsätze nicht unter den Teppich zu kehren«, in aufrüttelnd grellem Rot lautstark vor.

Die Leistung der Arbeit besteht darin, dass sie die denkmalgeschützte Halle des Verteidigungsministeriums, ohne sie eigentlich zu verändern, vom Boden bis zur Lichtdecke über vier Geschosse in Beschlag nimmt. Der Teppich ist dabei kein irreversibler Eingriff. Als zweidimensionale und potentiell temporäre Bodenarbeit findet er im Verhältnis zur Architektur eine seltene und geniale Balance zwischen faktischer optischer Unterordnung, materieller Entgegensetzung und intellektueller Dominanz.

Dirk Klomann
Weltbilderbogen, 2000

Dirk Klomann

Weltbilderbogen, 2000

Das in unmittelbarer Nähe zum Hausvogteiplatz und zum Gendarmenmarkt gelegene geschichtsträchtige Bundesministerium der Justiz umfasst vier Berliner Gewerbebauten aus der Zeit von 1897 bis 1914, darunter das Haus Stern, in dem am 9. November 1989 die Reisefreiheit für die Bürger der DDR verkündet wurde. Diese Bauten fügten die Architekten Eller + Eller, Düsseldorf und Berlin, zwischen 1997 und 2001 zu einem Ensemble zusammen, für dessen künstlerische Ausstattung fünf beschränkte Realisierungswettbewerbe und ein offener, zweistufiger Wettbewerb durchgeführt wurden. Als Ersatz für einen nicht vergebenen anderen Standort fand nachträglich der auf fünf Künstler beschränkte Realisierungswettbewerb für das Foyer des Konferenzbereichs statt, aus dem im Jahr 2000 der in Heidelberg lebende Künstler Dirk Klomann als Gewinner hervorgegangen ist.

Der zugleich als Aufenthalts- und als Durchgangsraum dienende, dabei fast nur von Konferenzteilnehmern genutzte Raum ist künstlerisch nur schwer zu bewältigen. Das brachte Dirk Klomann dazu, skizzenhafte Zeichnungen per Schablonen mit dunkelgrauer Acrylfarbe auf die Wände des Foyers und des Treppenraums auftragen zu lassen. Zu sehen sind dort nun aufs Äußerste der Form- und Sinngebung reduzierte, emblematisch verkürzte und einfach lesbare Umrisszeichnungen, die als »Weltbilderbogen«, so der Titel der Arbeit, Themen aus den Bereichen Ökologie, Geldverkehr oder Forschung aufgreifen oder sich mit der Rolle der Frau, mit der Zeit oder dem Tod beschäftigen. Die 19 Items, darunter die Erdkugel, eine Schildkröte, eine Leonardo-Zeichnung, die Paradiesschlange, eine Uhr, ein Plastikbecher, Geld, der personifizierte Tod oder eine Frau mit Brille, werden auf einer Hinweistafel lexikalisch erfasst und auf einfache und unterhaltende Weise etwa wie folgt erläutert: »Die Paradiesschlange im Glaszylinder eingeschlossen, ein durch Forschung entmythologisiertes Symbol des Bösen und der Verführung«. Den Bilderbogen beschreibt Dirk Klomann als »eine komplexe Struktur modernen Lebens, die zudem auch gewisse Problemstellungen der Industriegesellschaft beinhaltet. Außerdem gibt es viele Verbindungen zur Kunstgeschichte, zur speziellen Situation des Standorts und weniger wichtigen Daten.«

Sind die angeschlagenen Themen und ihre Bezüge zur Lebenswelt auch zahlreich, so fällt innerhalb des Ensembles versprengter Wandskizzen besonders der Schriftzug »L'ART C'EST TOI« (›Die Kunst, das bist Du‹) auf.

Architektur

BAUMASSNAHME
Umbau von vier verschiedenen Bauten zu einem Ensemble

BAUHERR
Bundesrepublik Deutschland, vertreten durch das Bundesministerium für Verkehr, Bau- und Wohnungswesen, vertreten durch das Bundesamt für Bauwesen und Raumordnung

NUTZER
Bundesministerium der Justiz

STANDORT
Jerusalemer Straße 27, 10117 Berlin-Mitte

ARCHITEKTEN/PLANUNG
Eller + Eller Architekten, Düsseldorf und Berlin

BAUZEIT
1997–2001 (für den gesamten Komplex)

VERFAHREN
Wettbewerb

PROJEKTKOSTEN
117,6 Mio. Euro

Kunst am Bau

VERFAHREN
einstufiger, beschränkter Wettbewerb mit fünf Teilnehmern

STANDORT
Foyer Konferenzbereich

KÜNSTLER
Dirk Klomann, Heidelberg

TITEL/WERK
»Weltbilderbogen«

MATERIAL/TECHNIK
Wandzeichnungen

ENTSTEHUNG
2000

PROJEKTKOSTEN
gesamt 562 421 D-Mark

Er erscheint bedeutungsvoll in Drucklettern, obwohl die naiv anmutenden Zeichnungen wenn überhaupt eine Schrift, dann eher eine krakelige Handschrift als eine Druckschrift erwarten ließen. Auch würde man von den Zeichnungen her nicht unbedingt mit einer solch gediegenen Serifenschrift rechnen. Eine weitere Betonung erfährt der Schriftzug auch durch seine Anbringung gegenüber dem Ein- beziehungsweise Ausgang des Konferenzsaals. Wie eine Headline verläuft er parallel zum architektonischen Unterzug, während sich die Zeichnungen gegenüber den baulichen Vorgaben doch eine gewisse Freiheit und Nonchalance herausnehmen.

So werden diese unübersehbaren, großen und bedeutungsvollen Worte zum sinngebenden Motto, dem die in den Zeichnungen anklingenden Themen letztlich untergeordnet sind. Bei »L'art c'est toi« handelt es sich um eine Abwandlung des Leitspruchs »L'état, c'est moi« (›Der Staat, das bin ich‹), mit dem im Absolutismus der Anspruch auf uneingeschränkte Herrschaft des Monarchen zum Ausdruck gebracht wurde. Klomann fordert mit seinem programmatisch abgewandelten Credo Macht für die Kunst, die sich hier in den jeweiligen Betrachtern personifiziert. Zwangsläufig denkt man an Joseph Beuys und seinen erweiterten Kunstbegriff: »Jeder Mensch ist ein Künstler.« Aber auch schon Friedrich Schiller in seinen Briefen »Über die ästhetische Erziehung des Menschen« (1795), Richard Wagner in seinen »Zürcher Kunstschriften« (1849–51) oder die avantgardistischen Künstler des 20. Jahrhunderts waren der Überzeugung, dass Kunst Abhilfe leisten kann und muss, wo Staat und Gesellschaft versagen.

Dirk Klomanns »Weltbilderbogen« ist ohne Schärfe vorgetragen und eher humorvoll als satirisch. Dennoch entpuppt sich die scheinbar harmlose Gefälligkeit der Zeichnungen und ihrer Erläuterungen als trojanisches Pferd, mit dem der Künstler Klomann sich anschickt, in ansonsten verschlossene politische Bereiche einzudringen, um dort den alten Gegensatz von Kunst und Politik neu aufleben zu lassen. Denn der »Weltbilderbogen« bezieht sich weniger konkret auf die beherbergende Institution des Bundesministeriums der Justiz als stärker auf das Wesen und die Funktion von Kunst.

Die bewusst einfach strukturierte Gestaltung lässt sich als künstlerischer Bescheidenheitsgestus, vor allem aber als Hinweis darauf lesen, dass es in der Kunst heute Wichtigeres gibt als die Pracht von Formen und Farben, Wichtigeres als Fragen der Komposition und der Proportion. Auch die Signatur als Hoheitssymbol des Künstlers wird ironisiert. Im Bild zweier Handabdrücke, die Klomann mit den Worten »Nichts besonderes, meine Signatur« kommentiert, stellt er überkommene Vorstellungen von Kunst, Schöpferpathos und künstlerischem Heroentum in Frage. Dirk Klomann verringert damit die lebensentfremdene Kluft, die sich zwischen Kunst und Politik geschoben hat, und scheint mit seinem Werk für das Bundesministerium der Justiz gleich die ganze Kunst demokratisieren und dem Betrachter zurückgeben zu wollen. Ganz in diesem Sinne erläutert er das »L'ART C'EST TOI« auf der Schrifttafel wie folgt: »Parodie des angeblichen Ausspruchs Ludwig XIV. Eine Einladung, die Zeichnungen zu betrachten und sie eigenständig zu verbinden. Die Kunst erhält ihre Bedeutung erst durch die Menschen, die sich damit beschäftigen.«

Dirk Klomann

1961 geboren in Dudweiler Saar
1982–89 Studium an der Staatlichen Akademie der Bildenden Künste Karlsruhe bei Prof. Kalinowski (Zeichnen) und Prof. Rainer Küchenmeister (Malerei), Lithografietechnik bei Nikolaus Müller und Radierung bei Ulrich J. Wolff
Lebt und arbeitet in Heidelberg.

AUSSTELLUNGEN UND BETEILIGUNGEN (AUSWAHL)

2003 ▸ »Kunstszene Saar«, Städtische Galerie Neunkirchen
▸ »Klomanns Welt«, Galerie ROT, Heidelberg
2000 ▸ »Sole d'Oro«, Ausstellung der Willibald-Kramm-Preisstiftung
▸ Schloss Heidelberg, Geschlossene Gesellschaft
▸ »Weltbilderbogen«, Foyer im Konferenzbereich, Bundesministerium der Justiz, Berlin:
1999 ▸ Werkstattgalerie Heidelberg, Sakral
▸ »Unterwegs«, Baden-Württembergische Landesvertretung, Bonn
▸ Karlsruher Künstlermesse
▸ Kahnweilerpreis-Ausstellung, Rockenhausen
▸ Heart-Gallery, Mannheim, Gemeinschaftsausstellung
1998 ▸ »Paradise-City«, Zeichenserien, Werkstattgalerie Heidelberg
1997 ▸ Konstantinbasilika Trier, Synagoge Schweich (mit A. Gulden und Susanna Weber)
1996 ▸ »Paradise-City«, Zeichenserien, Werkstattgalerie Heidelberg
▸ »Taxizeichnungen«, Heart Gallery, Mannheim
▸ »Taxizeichnungen«, TV-Kurzfilm von Alfred Gulden
1995/96 ▸ »7-Schmerzen«, Orgelfabrik Karlsruhe (mit A. Gulden und Susanna Weber)
1994 ▸ »Atelier und Künstler«, 6. Kreiskulturwoche der Künstler des Landkreises Rhein-Neckar, Wanderausstellung im Schwetzinger Schloss, Kulturhaus Wiesloch u. a. O.
1993 ▸ »Einblicke«, Kunstankäufe der Stadt, Kurpfälzisches Museum Heidelberg
1992 ▸ Kunstverein Leimen
▸ »2D3D«, Alte Schokoladenfabrik Heidelberg
1991 ▸ »Albert-Haueisen-Preis«, Zehnthaus, Jochgrim
1990 ▸ »Förderpreis Junge Künstler«, Wilhelm-Hack-Museum, Ludwigshafen
1988 ▸ »Sickingen Kunstpreis«, Pfalzgalerie Kaiserslautern,
▸ »Förderpreis Junge Künstler«, Pfalzgalerie Kaiserslautern

Dirk Klomann
Weltbilderbogen, 2000

STANDORT KUNST AM BAU

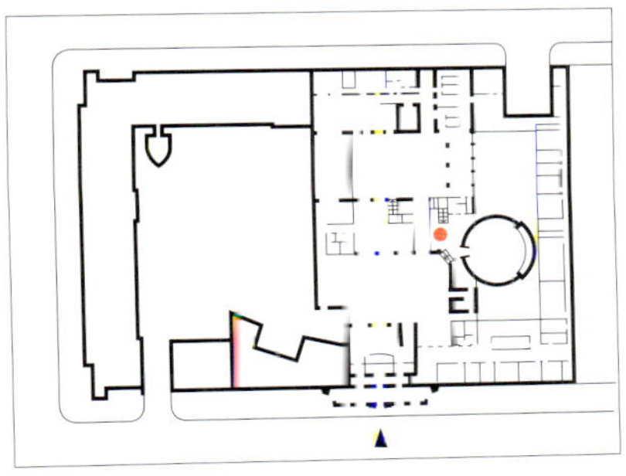

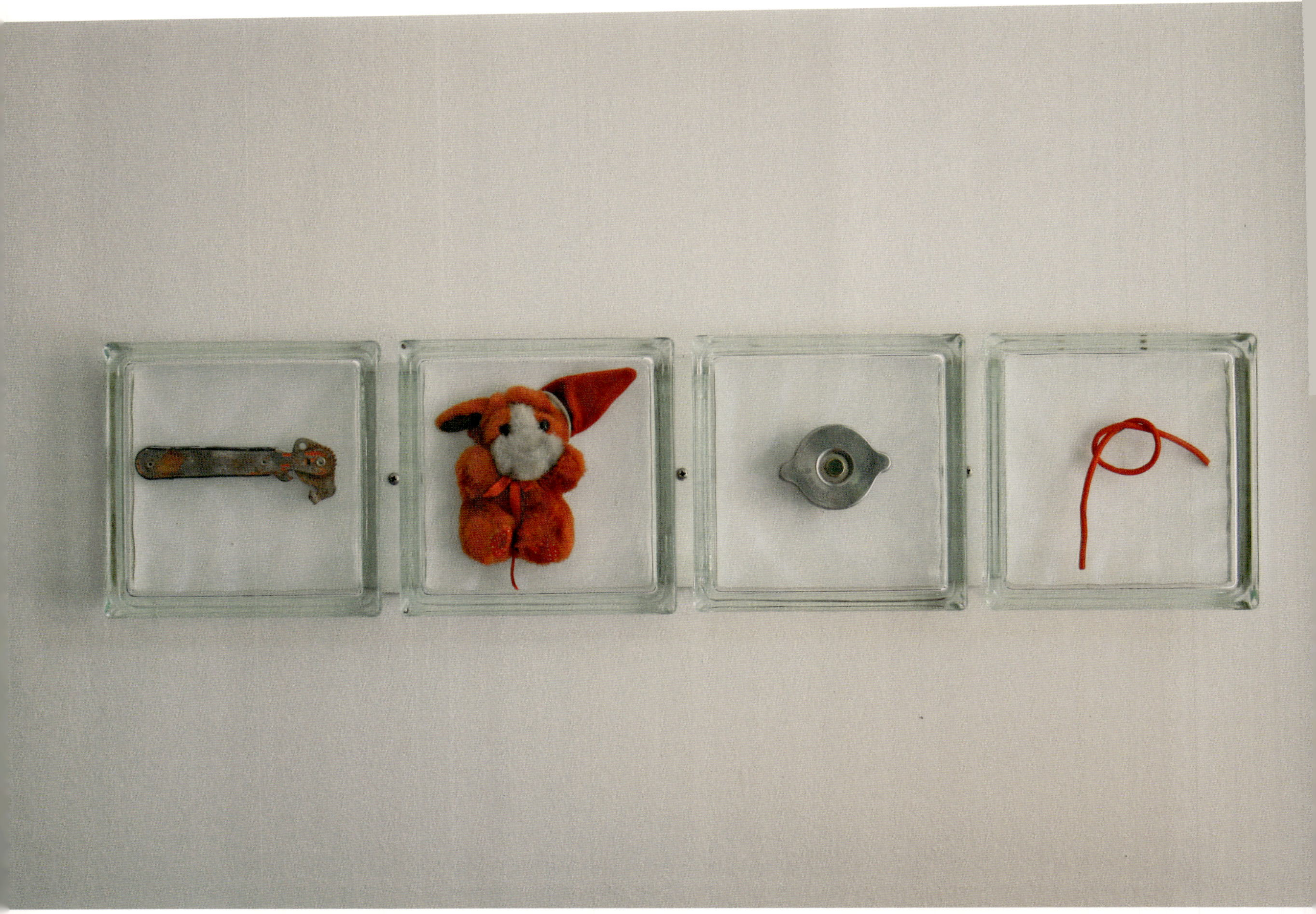

Olf Kreisel
Da liegt der ganze Kram auf dem Tisch, 2007
Kindertagesstätte Baseler Straße, Berlin

Kindertagesstätte Baseler Straße, Berlin

Olf Kreisel

Da liegt der ganze Kram auf dem Tisch, 2007

Kindertagesstätte McNair, Berlin

Sascha Kürschner

24TAUSENDKARAT, 2007

Architektur

BAUMASSNAHME
Neubau Kindertagesstätte Baseler Straße
BAUHERR
Bundesrepublik Deutschland, vertreten durch das Bundesministerium für Verkehr, Bau- und Wohnungswesen, vertreten durch das Bundesamt für Bauwesen und Raumordnung
NUTZER
Bezirksamt Steglitz-Zehlendorf
STANDORT
Baseler Straße, Berlin Steglitz-Zehlendorf
ARCHITEKT/PLANUNG
Peter W. Schmidt Architekt BDA, Berlin
BAUZEIT
2007 (Fertigstellung)
VERFAHREN
Städtebaulicher Realisierungswettbewerb
PROJEKTKOSTEN
2,6 Mio Euro

Kunst am Bau

VERFAHREN
einstufiger, beschränkter Realisierungswettbewerb
STANDORT
Windfang und Flurbereich
KÜNSTLER
Olf Kreisel, Berlin
TITEL/WERK
»Da liegt der ganze Kram auf dem Tisch«
MATERIAL/TECHNIK
400 Einzelobjekte in Floristengläser
ENTSTEHUNG
2007
PROJEKTKOSTEN
12 000 Euro

Die im Oktober 2004 formulierten Aufgaben für den Wettbewerb zu den Kindertagesstätten Baseler Straße und McNair im Berliner Bezirk Steglitz-Zehlendorf hielten sich in Detailfragen relativ bedeckt. Für beide Kitas, die im Rahmen des Hauptstadtvertrags auf den zuvor von US-Streitkräften genutzten Flächen errichtet wurden, forderten sie ein ortsspezifisches Kunstwerk, das die »Alltags-, Erfahrungs- und/oder Gefühlswelt der Kinder ansprechen/erweitern sowie den sozialen Zusammenhang mit Erziehern und Eltern berücksichtigen« soll. Dabei beschränkte man die Kunststandorte auf die inneren Erschließungsbereiche und im Falle der Kita Baseler Straße zusätzlich auf den Gruppenraum.

Aus den in einem gemeinsamen Verfahren durchgeführten einstufigen, beschränkten Realisierungswettbewerben, zu denen die Universität der Künste Berlin und die Kunsthochschule Berlin-Weißensee sowie der Bundesverband Bildender Künstler und das Bundesamt für Bauwesen und Raumordnung elf junge Künstler, Absolventen beider Hochschulen, eingeladen hatten, gingen Olf Kreisel und Sascha Kürschner als Sieger hervor.

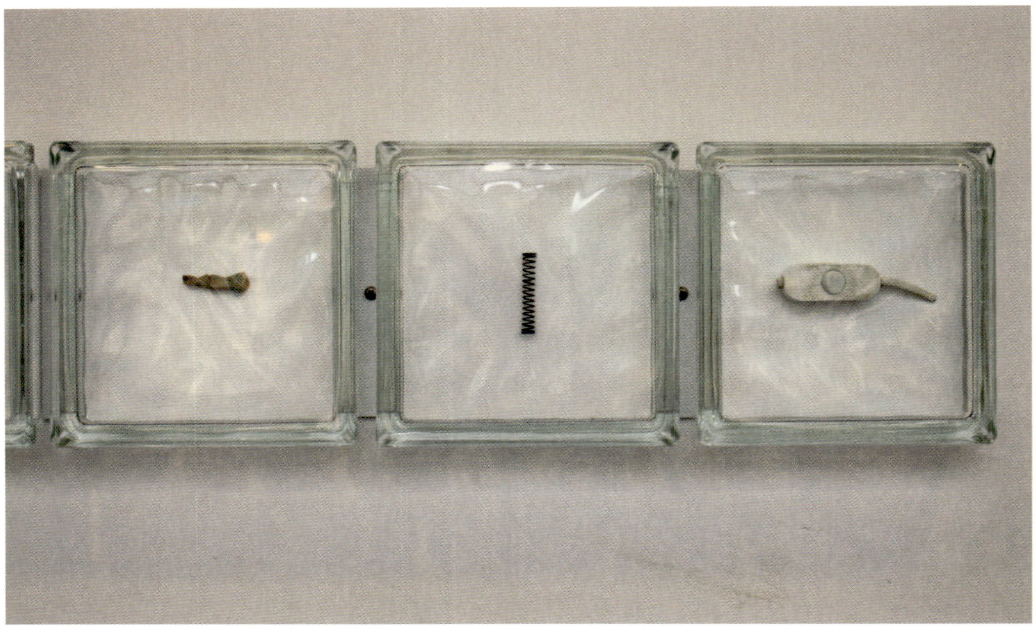

In seiner Arbeit »Da liegt der ganze Kram auf dem Tisch« für die im März 2007 offiziell eröffnete Kita Baseler Straße präsentiert der an der Kunsthochschule Berlin-Weißensee ausgebildete Bildhauer Olf Kreisel zu beiden Seiten des langen Flurs eine leporelloartige Reihe mit 400 Glasbehältern, die »Schätze und Banalitäten des Alltags« rahmen, die nach Belieben

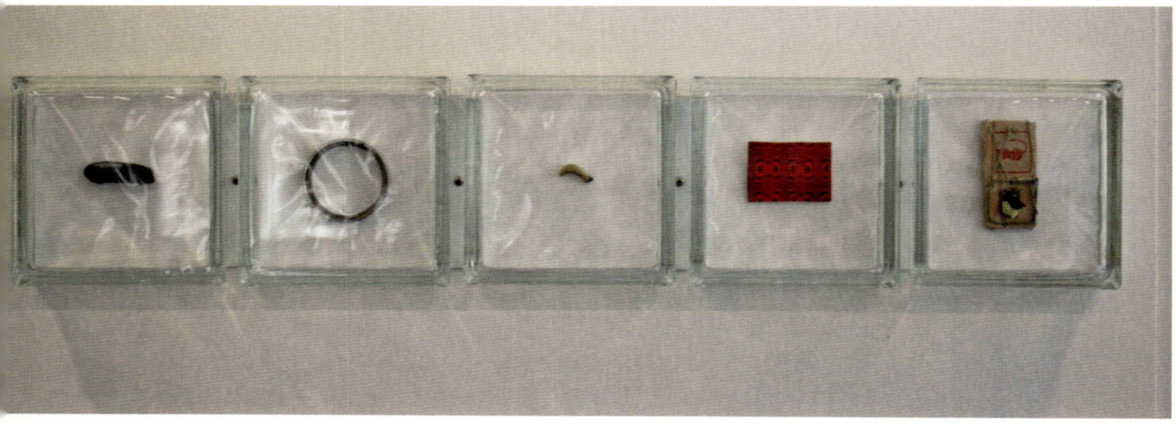

ergänzt und ausgetauscht werden können. Püppchen, Zentimetermaße, Fotos, Eingangsstempel, Geld, Schmuck und viele andere Begehrlichkeiten und Fundstücke aus der Welt der Kinder überführt Olf Kreisel aus einer im Titel nahegelegten Unordnung in die Ordnung der in Augenhöhe der Kinder gehängten gläsernen Kästen.

Durch die Präsentation in sieben Zentimeter tiefen Boxen werden selbst die banalsten Dinge entrückt und überhöht und erlangen einen Status, der neugierig macht. Durch die unregelmäßige Oberfläche der Rahmung werden die Gegenstände so verzerrt, dass Kinder und Erwachsene nahe herantreten müssen, um sie zu erkennen. Genaues Hinsehen schärft die Sinne und hat auch etwas mit ästhetischer Erziehung zu tun.

In der seriellen Reihung und der minimalistischen Reduzierung der künstlerischen Mittel passt die Installation gut zur Klarheit der von Peter W. Schmidt (Berlin und Pforzheim) stammenden Architektur. Die Installation harmoniert mit dem weißen Putz der Wände, der seinerseits einen wirkungsvollen Kontrast zum blauen Linoleumboden der Flure bildet. Im Anknüpfen an typische künstlerische Ausdrucks- und museale Darbietungsformen vermittelt Olf Kreisels Arbeit, ohne den Zeigefinger zu erheben, sowohl Kindern als auch Erwachsenen eine (erste) ästhetische Erfahrung.

Olf Kreisel

1965 geboren in Frankfurt an der Oder
1986–93 Bühnenbildner am Kleist-Theater Frankfurt an der Oder
1993–2001 Studium der Bildhauerei/Freien Kunst an der Hochschule der Künste Berlin bei Prof. I. Mahn. Lebt in Berlin.

PREISE/AUSZEICHNUNGEN

2003▸Stipendium Stiftung Kulturfonds
1998▸Kunstpreis Progetto Venezia 98, Venedig
▸Kunstpreis der Stadt Groß-Gerau

KUNST AM BAU/STÄNDIGE SKULPTUREN/INSTALLATIONEN

2007▸»Da liegt der ganze Kram auf dem Tisch«, Kita Baseler Straße, Berlin
2006▸»Wo der Chef persönlich knetet«, Kunst am Bau, Kita, Pappelallee Berlin
1997▸»Großer Zeitapparat Rülmp und Hippler 24 Stück«, Park-Klinik Berlin-Weißensee (Schlossparkklinik)

EINZELAUSSTELLUNGEN (AUSWAHL)

2001▸»Sieben neue Zahlen, die Ihnen Glück bringen«, Kunsthochschule Berlin-Weißensee
2000▸»Wieder Nordlichter am Polarhimmel (nebenan trainieren die Mädchen) – II. Internationales Gedächtnisbasteln«, Kunsthalle Karlshorst, Berlin
▸»Wer eine Karte kauft, bekommt eine geschenkt oder: Was macht eigentlich Tobias Rehberger?«, Forum Guardini/Guardinistiftung, Berlin
▸»Gießt Du meine Blumen, nehm' ich Deine Katze«, Reinwasserfilterhalle Dresden-Hosterwitz

GRUPPENAUSSTELLUNGEN/PERFORMANCES/AKTIONEN (AUSWAHL)

2006▸»Feld/Pelz«, In Partibus, Paris (mit Veronike Hinsberg)
▸»Die Contrefaitbüchse oder am anderen Ufer brennt Albrecht ein Feuerwerk ab«, Gesamtkunstwerk Blaue Nacht Nürnberg (mit Fredie Beckmans, Amsterdam)
2005▸»Mein Block«, Kornspeicher Schwerin
▸»Lokale«, Kultursommer Schwerin
▸»daheim«, temporäres Kunstprojekt in einem Haus in der Kastanienallee/Ecke Oderberger Str. 8, Berlin

STANDORT KUNST AM BAU

Kindertagesstätte Baseler Straße, Berlin

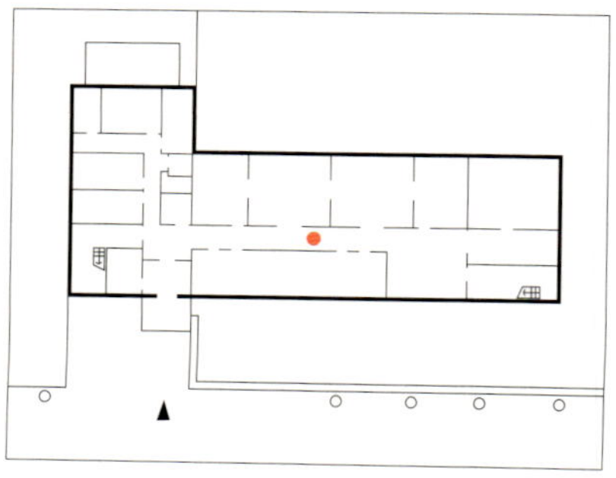

2004 ▸ »Mitbestimmung. Der große Kuchen«, Hans Böckler Stiftung, DGB-Haus Berlin
▸ »Leerstelle«, Festival (mit W. Krause und P. Müller), G.-Eiffel-Oberschule, Berlin
2003 ▸ »Zirkus Metamorphosen«, Neue Sächsische Galerie Chemnitz
▸ »Projektreihe Haushalten: Olf Kreisel und Freunde. Wir bleiben bei unserem Ziel«, Galerie Pankow Berlin
2002 ▸ »Woran glaubt Europa? II – Triologie«, seeyuatthepremierefair, High Calibre Performance Festival, Berlin
▸ »Lange Nacht der Militanz«, Postfuhramt Berlin
2001 ▸ »Kunst am Bau – Die Bauten des Bundes in Berlin«, Bundesamt für Bauwesen und Raumordnung, Berlin
▸ »DD-B-MS«, Kunstakademie Dresden
▸ »ausgezeichnete räume«, Torstraße 111, Berlin
▸ »... bis daß der Tod uns scheidet«, Kunsthalle Luckenwalde
2000 ▸ »Intim-Bar 2000«, U-Bahn-Entwurfsausstellung, NGBK, Berlin
▸ Gruppenleistung: Deutscher Pavillon und six voices, Kunstakademie Istanbul/Türkei, II. Internationale Kunst-Trienale 2000 Istanbul
▸ Aus der Reihe »Künstler erleben den Aufbau Berlins«: Fluchttunnelvorschlag, Ausstellung in der ehemaligen Ständigen Vertretung, Hannoversche Straße, Berlin

Sascha Kürschner, 24TAUSENDKARAT
Kindertagesstätte McNair, Berlin

Architektur

BAUMASSNAHME
Neubau Kindertagesstätte McNair, Berlin Steglitz-Zehlendorf
BAUHERR
Bundesrepublik Deutschland, vertreten durch das Bundesministerium für Verkehr, Bau- und Wohnungswesen, vertreten durch das Bundesamt für Bauwesen und Raumordnung
NUTZER
Bezirksamt Steglitz-Zehlendorf
STANDORT
Harry-S.-Truman-Allee 1, 14167 Berlin
ARCHITEKT/PLANUNG
d-company, Ittigen/Bern
BAUZEIT
2004–2007

Wie weit soll man gehen, um kindlichen Bedürfnissen gerecht und der Kunst nicht ungerecht zu werden? Die Konzessionen sind hier ebenso bedacht wie bei Sascha Kürschner. Kürschner, der an der Hochschule der Künste Berlin Malerei studiert hat, nennt seine Arbeit für die Kita McNair (Eröffnung im September 2007) »24TAUSENDKARAT«. Sie besteht aus zwei, mit 220 Zentimetern Höhe überlebensgroßen Figuren eines etwa sechsjährigen Jungen und eines gleichaltrigen Mädchens. Deren mit einem Spiegelmosaik versehene Oberfläche soll das Kunstlicht und das wechselnde Tageslicht reflektieren und in unterschiedlichsten Perspektiven und Brechungen Spiegelbilder des Betrachters und seiner Umgebung bieten. »Die pixelhafte, auf das Außen reagierende Erscheinung der Figuren«, so Kürschner, »symbolisieren den komplexen Vorgang der Bewusstseinbildung und den Selbstfindungsprozess eines Kindes, in einer Welt der Reizflut.«

Als frei aufstellbare sogenannte »drop sculpture« konzipiert, bildet »24TAUSENDKARAT« zur formalen Strenge der Architektur des Schweizer Büros d-company ein Gegengewicht. Die Lichtbrechungen sollen dem Titel gemäß auch eine überaus »wertvolle Aura« erzeugen und »Assoziationen an etwas Kostbares wie Edelsteine« auslösen. Dabei suggerieren die beiden Figuren, dass der Wert der Dinge nicht in diesen selbst besteht, sondern in der Erlebnisfähigkeit des Kindes und in dessen Art, Dinge zu betrachten.

Je auf ihre Art tragen Olf Kreisels und Sascha Kürschners Werke dazu bei, den künstlerischen Erlebnishorizont der Kinder zu erweitern, ohne die Kunst durch ein allzu »kindergartengerechtes« Mehrangebot an Farben, Formen und Frohsinn und multimedialen Erlebnisebenen zu erdrücken.

Kunst am Bau

VERFAHREN
einstufiger, beschränkter Realisierungswettbewerb
STANDORT
Flurbereich
KÜNSTLER
Sascha Kürschner
TITEL/WERK
»24TAUSENDKARAT«
MATERIAL/TECHNIK
Plastiken eines Mädchens und eines Jungen als Spiegelmosaik
ENTSTEHUNG
2007
PROJEKTKOSTEN
19 000 Euro

Sascha Kürschner

1967▸geboren in Dachau
1988–94▸Studium der Malerei an der Hochschule der Künste, Berlin
1992–94▸NaFöG-Stipendium, Nachwuchsförderung
2001/02▸Malerei für den Film »Enemy at The Gates«, J. J. Annaux
2005▸1. Preis, Kunst am Bau, Kita McNair, Berlin für »24tausendkarat« (im Bau befindlich)
Lebt und arbeitet in Berlin.

EINZELAUSSTELLUNGEN (AUSWAHL)
2007▸»Hinter den Bäumen«, Galerie Appel, Frankfurt am Main
2006▸»ausderhautfahren«, Galerie Konvex 99, Konsumverband Berlin
2005▸»Bilder, Zeichnungen, Objekte«, Agentur WOK, Berlin
2003▸»Endorphin, C-15«, Ulla und Heinz Lohmann, Hamburg,
2001▸»Pursuit of happiness«, Schering Kunstverein, Berlin

GRUPPENAUSSTELLUNG (AUSWAHL)
2007▸»Der Wald als romantischer Topos«, 5. interdisziplinäres Symposium, Hochschule für Musik und Darstellende Kunst, Frankfurt am Main
▸»Diagnose Kunst«, Museum Kulturspeicher Würzburg
2006▸»Diagnose Kunst. Medizin im Spiegel der zeitgenössischen Kunst«, Kunst-Museum Ahlen
▸»Bilderleben«, Katholisches Stadthaus Wuppertal
2003▸»Zeitgenössisch«, Kunst in Berlin, KPM-Quartier, Berlin
▸»Extra«, Galerie im Parlament, Abgeordnetenhaus, Berlin
2002▸»Bilderleben II. Hommage an H. Wiesler«, Märkisches Museum, Berlin
▸»Visionen Friedrichstraße«, Friedrichstr. 112, Berlin
2001 ▸»Art for Expo«, Hannover
▸»n+1«, Künstlerbahnhof Westend, Berlin▸Goethe-Institut, Singapore,
▸German House, New York
▸Galerie Vartai Vilnius, Litauen

Sascha Kürschner, 24 TAUSENDKARAT
Kindertagesstätte McNair, Berlin

STANDORT KUNST AM BAU
Kindertagesstätte McNair, Berlin

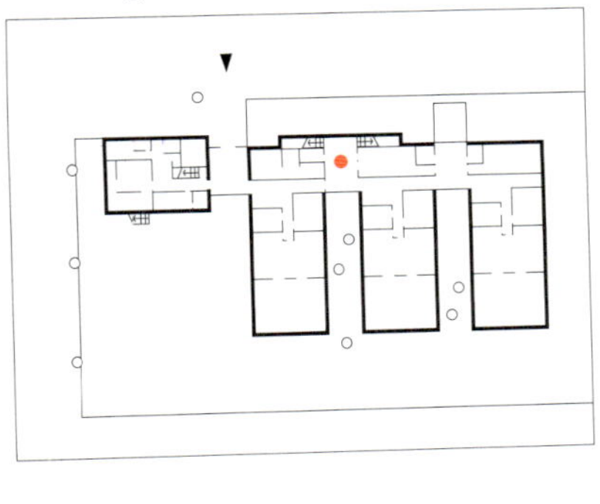

Yoshiyuki Miura
Die Welle, 2004

Deutsche Welle, Bonn

Sokari Douglas Camp
Fest für Neptun, 2004

Svetlana und Igor Kopystiansky
Verstecktes Radio, 2004

Manuel Marín
Comunicación cruzada – Wechselseitige Kommunikation, 2004

Yoshiyuki Miura
Die Welle, 2004

Babak Saed
Ich und der Hahn, 2004

Architektur

BAUMASSNAHME
Neubau Deutsche Welle

BAUHERR
Bundesrepublik Deutschland, Durchführung Bundesamt für Bauwesen und Raumordnung

NUTZER
Deutsche Welle

STANDORT
Kurt-Schumacher-Straße, 53113 Bonn

ARCHITEKTEN/PLANUNG
Joachim Schürmann und Partner, Bonn

BAUZEIT
1997–2002

VERFAHREN
Wettbewerb

BAUKOSTEN
350 Mio. Euro

Kunst am Bau

VERFAHREN
Kunstkonzept des Bundesamtes für Bauwesen und Raumordnung nach gescheitertem Wettbewerb

Der 1989 begonnene Schürmann-Bau im Bonner Bundesviertel hat seine eigene Geschichte. Dazu gehören die Planung als Abgeordnetenbüro und die tatsächliche Nutzung durch die Deutsche Welle; dazu gehören das Rheinhochwasser, das 1993 den Rohbau aufschwemmte und schwer beschädigte; der Rücktritt einer Bauministerin; Abrissgedanken und der Sanierungsbeschluss.

Nicht zuletzt gehört zur Geschichte dieses Gebäudes, das im Jahre 2003 schließlich seiner Nutzung übergeben wurde, auch ein Wettbewerb zur Kunst am Bau, der im Jahre 2001 durchgeführt und wieder aufgehoben wurde, weil die Deutsche Welle als Nutzer den Siegerbeitrag ablehnte. Daraufhin legte das Bundesamt für Bauwesen und Raumordnung (BBR) ein Kunstkonzept vor, das dem Vorschlag des Nutzers entsprach, in den Außenbereichen des Gebäudes einen »Skulpturenpark« einzurichten. Aus einem vorangegangenen Auswahlverfahren und nach einem Kolloquium im Jahre 2004 wurden fünf Künstler ausgewählt, deren Zugehörigkeit zu unterschiedlichen Kulturkreisen für die weltweite Programmaktivität der Deutschen Welle stehen sollte. Entsprechend waren die Künstler gehalten, in ihren Werken die Kultur ihres Herkunftslands zu thematisieren und auch den Sendeauftrag der in dreißig Sprachen produzierenden Deutschen Welle sowie Joachim Schürmanns Architektur zu berücksichtigen.

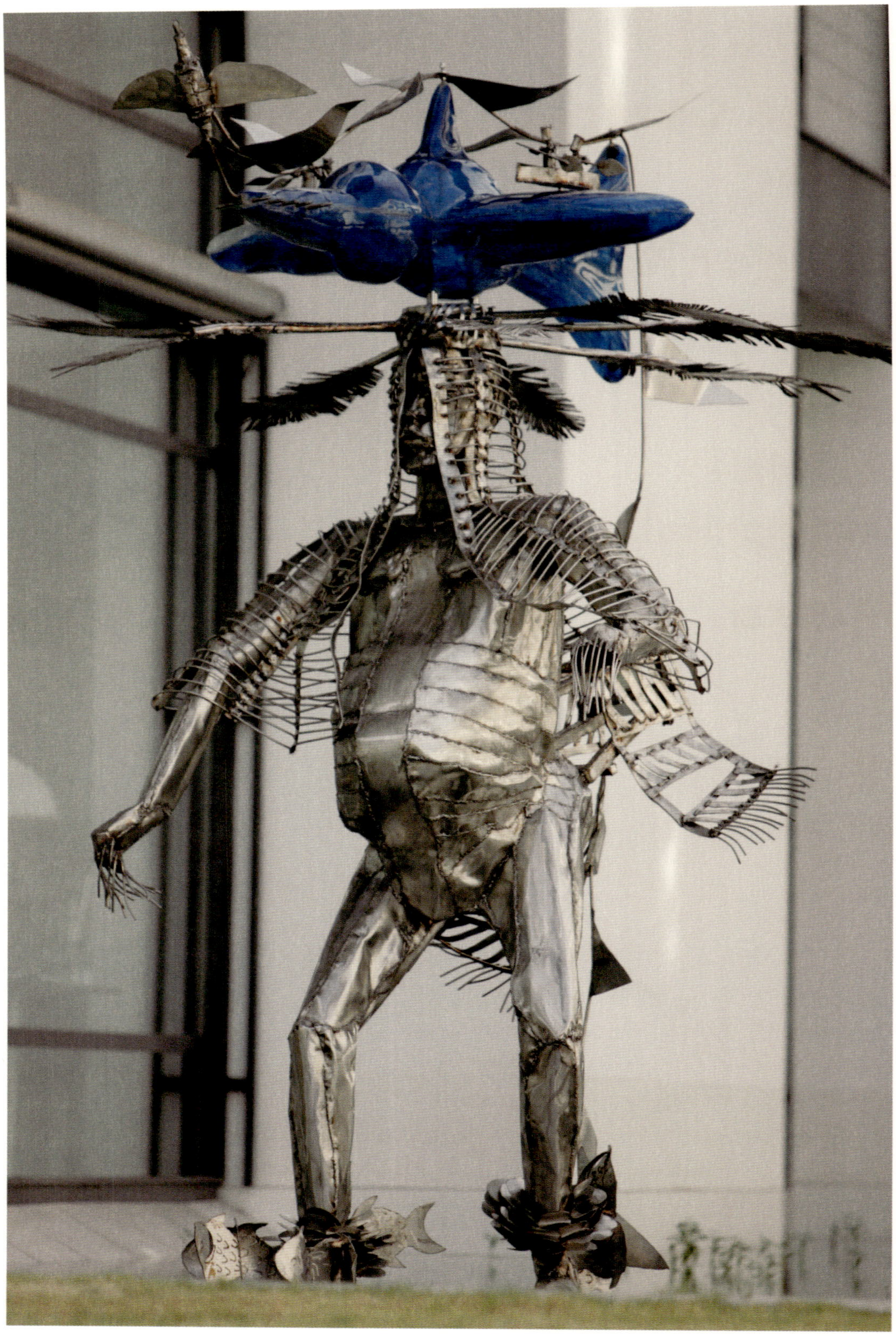

Sokari Douglas Camp
Fest für Neptun, 2004

Manuel Marín
Comunicación cruzada – Wechselseitige Kommunikation, 2004

In Zeiten der Globalisierung ist kulturelle Vielfalt allerdings eine relative Größe. So stammen die Künstler zwar ihrer Geburt nach aus dem Iran, aus Nigeria, Mexiko, Japan und aus der Ukraine. Doch drei von ihnen leben in Deutschland, die Nigerianerin Sokari Douglas Camp wurde in Oakland und London, wo sie auch wohnt, ausgebildet, und nur der Mexikaner Manuel Marín lebt in seinem Heimatland, das natürlich nicht abgeschnitten ist von den künstlerischen Entwicklungen weltweit.

Entsprechend schlägt die Kunst der Deutschen Welle nicht ethnografisch aus und hat mit Folklore nichts zu tun. Im Gegenteil. Die über dem Wasserbecken vor dem Gremiensaal wogende abstrakte »Welle« des in München lebenden Japaners Yoshiyuki Miura, die den Auftakt des entlang der drei Gebäuderiegel angelegten kleinen Skulpturenparcours bildet, spricht diesbezüglich eine klare internationale Sprache. Zehntausend dünne, in schöner Linie geschwungene Stahldrähte werden von Wind und Wasser in Schwingung versetzt und erzeugen ein aufs Visuelle und weniger aufs Vermitteln geistiger Inhalte angelegtes poetisches Spiel, das wie der Titel der Installation für sich spricht.

Von anderem Zuschnitt ist die Skulptur »Fest für Neptun« von Sokari Douglas Camp. Im Wasserbecken neben der Kantine aufgestellt, bietet die aus Stahl zusammengeschweißte Figur dem Betrachter »ein Fest für die Augen und Sinne« – so die Absicht der 1958 in Buguma/Nigeria geborenen Künstlerin. Die skurrile Figur, an deren Füßen Fische zappeln und auf deren

Babak Saed
Ich und der Hahn, 2004

Babak Saed

TITEL/WERK
»Ich und der Hahn«
STANDORT
Außenbereich, mittlerer Durchgangsbereich
MATERIAL/TECHNIK
audiovisuelle Arbeit
ENTSTEHUNG
2004
PROJEKTKOSTEN
32 000 Euro

BIOGRAFIE
1965 geboren in Maschhad/Iran
Lebt in Bonn.

PREISE/STIPENDIUM
2002▸Preisträger digital new art award (dna award) der Digitalart Gallery, Frankfurt am Main
2000▸Kunstpreis der Stadt Bonn
1998▸Budapeststipendiat der Stadt Bonn

AUSSTELLUNGEN/INSTALLATIONEN/PROJEKTE (AUSWAHL)
2007▸»Erdenkinder«, Art Cologne, Benefiz-Ausstellung
▸»catwalk Aktion + Installation«, Kirche St. Helena, Bonn
▸»After Babel Installation«, Akademie der Künste, Berlin
2006▸»Strafarbeit für Wuppertal«, Installation im Rahmen von »7 Treppen«
▸»NICHT und GENAU«, Kunst am Bau, Fachhochschule Bonn-Rhein-Sieg, St. Augustin
▸Lichtinstallation am Leierkasten, Luminale 2006, Frankfurt am Main
2005▸»Brückenpark im Licht – Internationale Videokunst«, Görlitz/Zgorzelec
▸Innenraumplastik, 1. Preis, Wettbewerb Kunst am Bau, Fachhochschule Bonn-Rhein-Sieg, Sankt Augustin
2004▸»Ich und der Hahn«, Kunst am Bau, Deutsche Welle, Bonn
▸»JENSEITSVON«, Kunst am Bau, Pädagogium Godesberg Otto-Kühne-Schule, Bonn
▸»Du bist und Du bist«, Kunst am Bau, Lutherkirche, Bonn
▸»Bleiben Sie bitte hier – bei mir«, Installation, Konzernzentrale der GEA AG, Bochum
▸»auf und ab«, Aktion und Installation im PixelPark-Tower, Berlin, im Rahmen von »FreiRäume – 10 Positionen internationaler Künstler«, Berlin
2003▸»Nichts ist einfach – gar nichts«, Künstlerverein Malkasten, Düsseldorf
▸Galerie Monika Hoffmann, Paderborn
▸»Deutlicher will ich es Dir noch nicht sagen«, Kunstraum Kreuzlingen
2002▸AUFMICHHOERTJAKEINER, Köln, Bonn, Düsseldorf und Bergisch Gladbach
2001▸»Ein ganz schlimmer Satz«, Kunstmuseum Bonn
2000▸ICHHABEIMMERNUREINENGEDANKEN, Galerie Station im Künstlerhaus Mousonturm, Frankfurt am Main

Kopf ein blaues gläsernes Mischwesen aus Vogel und Fisch Platz genommen hat, ist so etwas wie die Cyborg-Variante klassischer Neptun-Skulpturen, die allerorts den Mittelpunkt der nach ihnen benannten Brunnen bilden. Die in den USA und unter anderem am Royal College of Art in London ausgebildete Bildhauerin rekurriert hier ebenso wie in ihren anderen weltweit ausgestellten Metallskulpturen auf afrikanische Maskenrituale und vermittelt so zwischen unterschiedlichen künstlerischen und kulturellen Traditionen.

Einen Kontrast sowohl zur schönlinig-eleganten Geschmeidigkeit der »Welle« als auch zur nüchtern-schönen Klarheit der Architektur bildet Manuel Maríns »Comunicación cruzada«. Das 6,40 Meter lange und 2,40 Meter hohe Gebilde aus einbrennlackierten roten, grünen, blauen, gelben und schwarzen Aluminiumplatten schiebt sich im südlichen Abschnitt des Gebäudekomplexes raupenähnlich übers Wasser. Marín übersetzt das ortspezifische Thema wechselseitiger Kommunikation (»Comunicación cruzada«) in eine einfache abstrakte Formensprache, die er teils harmonisch, teils kontrapunktisch mit den unterschiedlichen Betrachterperspektiven und der umgebenden Architektur konfrontiert. Die Arbeit ist insofern vom Heimatland des Künstlers Mexiko geprägt, als sie an dortiges Kinderspielzeug erinnert.

Das Thema Kommunikation geht der in Bonn lebende Iraner Babak Saed noch direkter an. Die Sätze »GEHENSIERUHIGRUEBER« und »KOMMENSIERUHIGNAEHER« an den Wänden im stark frequentierten mittleren Durchgangsbereich sind ein irritierendes Präludium. Nach dem Drücken eines Klingelknopfs auf der »KOMMENSIERUHIGNAEHER«-Seite kann er – vom »kikeriki« über »cock-a-doodle-doo« hin zum russischen »kukareku« – die unterschiedliche phonetische Adaption des Krähens eines Hahnes in den dreißig Sendesprachen der Deutschen Welle vernehmen. »Ich und der Hahn« heißt die audiovisuelle Installation, die ganz unangestrengt unterschiedliche, aber nicht unvereinbare Formen der Wirklichkeitsaneignung und Wahrnehmung thematisiert.

Im Unterschied zu den anderen Werken für die Deutsche Welle hat das Objekt von Svetlana und Igor Kopystiansky einen konkreten historischen Hintergrund. In einer im südlichen Durchgangsbereich aufgestellten Glasvitrine präsentiert das ukrainische Künstlerpaar einen Rucksack mit herausstehender Antenne. Dabei handelt es sich um ein originales Utensil der Landausflüge, die die beiden seinerzeit unternahmen, um den »Glushilki« genannten Störsendern zu entgehen, die bis Ende der achtziger Jahre in den Städten der ehemaligen Sowjetunion den Empfang ausländischer Programme verhinderten. Der Rucksack mit Antenne ist eine museal anmutende Metapher verhinderter Kommunikation.

Die hier versammelten Werke sind wie Schürmanns Architektur selbst einen Besuch wert. Am Rande der Rheinaue, in unmittelbarer Nähe zum Posttower, dem »Langen Eugen« und dem Internationalen Kongresszentrum Bundeshaus Bonn wurde mit dem jederzeit zugänglichen kleinen Skulpturenpark eine weitere Attraktion geschaffen, die nicht nur dem Image der Deutschen Welle, sondern auch dem Bonns und der Region zuträglich ist.

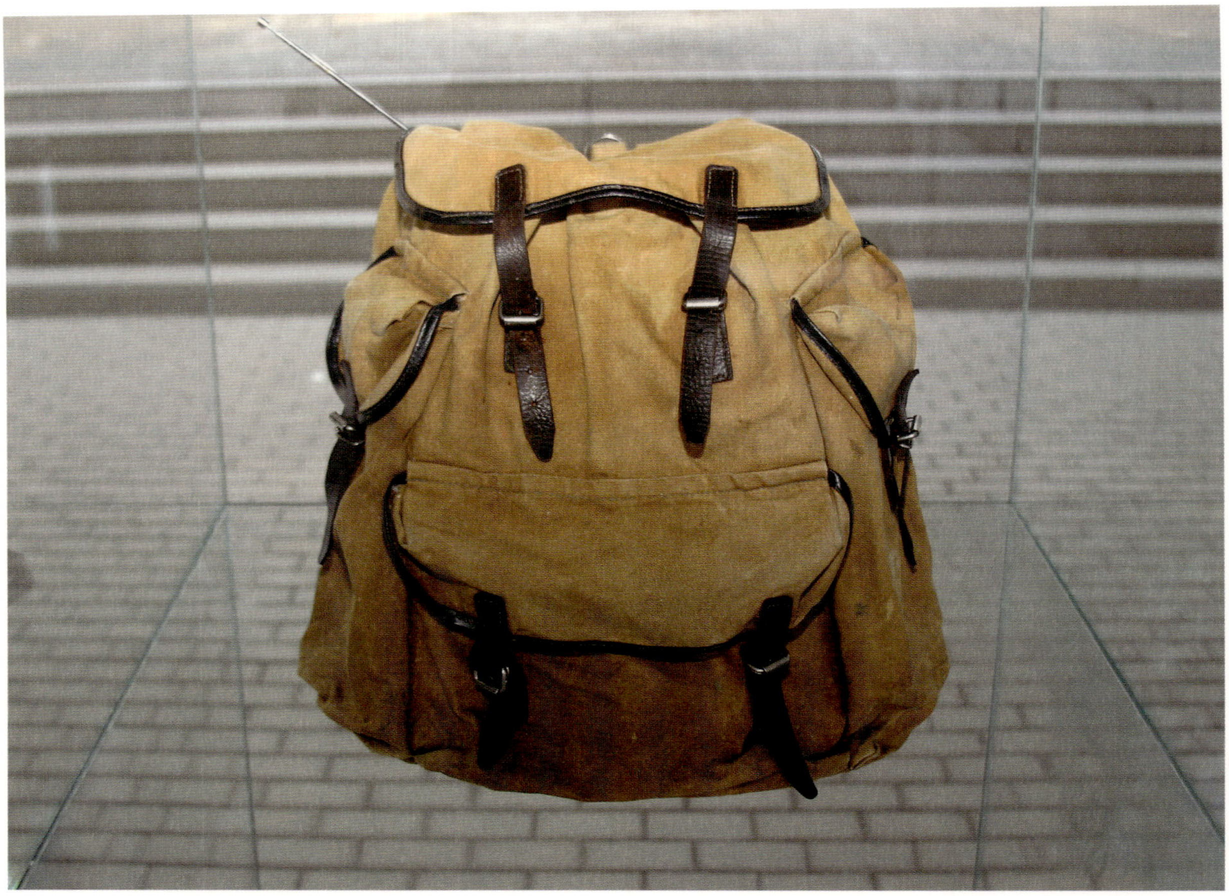

Svetlana und Igor Kopystiansky
Verstecktes Radio, 2004

Svetlana und Igor Kopystiansky

TITEL/WERK
»Verstecktes Radio«

STANDORT
Außenbereich, südlicher Durchgangsbereich

MATERIAL/TECHNIK
Objekt: Rucksack mit Radio

ENTSTEHUNG
2004

PROJEKTKOSTEN
40 000 Euro

BIOGRAFIEN

Svetlana Kopystiansky
1950 geboren in Woronezh, Russland
Lebt in New York und Berlin.

Igor Kopystiansky
1954 geboren in Lwow, Ukraine
Lebt in New York und Berlin.

AUSSTELLUNGEN (AUSWAHL)

2007 ▸ EMMA, Espoo Museum of modern art, Espoo
2006 ▸ Lisson Gallery, London
▸ NCCA, Moscow
2005 ▸ »Sandglass«, Scottsdale Contemporary Art Museum, Scottsdale
▸ Fine Arts Centre University of Massachusetts, Amherst
▸ Kunsthalle Fridericianum, Kassel
2004 ▸ »Nothingness«, Galerie Eugen Lendl, Graz
▸ Landesgalerie Oberösterreich, Linz
▸ Galerija Gregor Podnar, Ljubljana
▸ Distrito cu4tro Galeria, Madrid
▸ »Photographic Works«, Goethe Institute, London
2003 ▸ »The Distance between Me and You«, Lisson Gallery, London
▸ The Art Gallery of New South Wales, Sydney
▸ Christine Burgin Gallery, New York
2002 ▸ »Fog«, Sprengel Museum Hannover
▸ Lisson Gallery, London
2000 ▸ »Incidents«, Kunstmuseum Düsseldorf
▸ »Igor & Svetlana Kopystiansky«, Muzeum Sztuki, Lódź

STANDORTE KUNST AM BAU

1 Sokari Douglas Camp
2 Svetlana und Igor Kopystiansky
3 Manuel Marín
4 Yoshiyuki Miura
5 Babak Saed

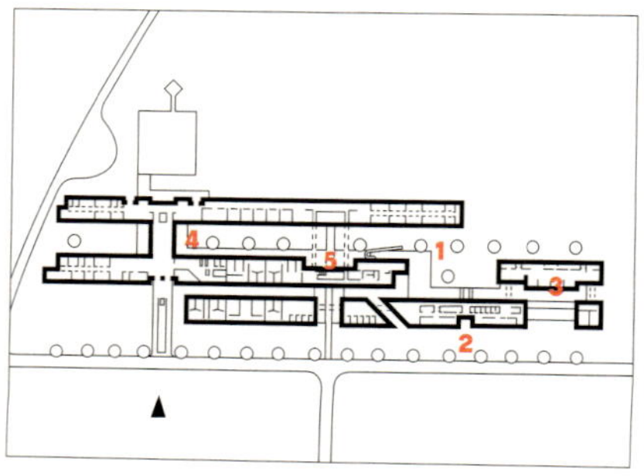

Sokari Douglas Camp

TITEL/WERK
»Fest für Neptun«
STANDORT
Außenbereich, Wasserbecken neben der Kantine
MATERIAL/TECHNIK
Skulptur aus Stahl
ENTSTEHUNG
2004
PROJEKTKOSTEN
44 500 Euro

BIOGRAFIE
1958 geboren in Buguma, Nigeria
1979/80 Studium am California College of Arts and Crafts, Oakland
1980–83 Studium an der Central School of Art and Design, London
1983–86 Studium am Royal College of Art, London
Lebt in London.

PREISE UND AUSZEICHNUNGEN
2006▸Honorary Fellow, University of the Arts, London
2005▸Awarded CBE
2000▸Commonwealth
1983▸Princess of Wales Scholarship
▸Henry Moore Bursary
1982▸Saatchi & Saatchi Award
1981 ▸Amy Sadur Friedlander Prize

AUSSTELLUNGEN (AUSWAHL)
2005/06▸»Africa Screams – Das Böse in Kino, Kunst und Kult«, Museum der Weltkulturen, Frankfurt
2005▸»Visualiserte Rhythmen«, Waschhaus Potsdam
▸»Groß und Quer«, Galerie Peter Herrmann, Berlin
▸»Africa Screams – Das Böse in Kino, Kunst und Kult«, Münchner Stadtmuseum, München
2004▸Yerba Buena Centre for the Arts, San Francisco
▸Barbican Art Galleries, London
2003▸The Brewery Arts Centre, Cirencester
▸»Black President: The Art and Legacy of Fela Anikulapo-Kuti«, The New Museum of Contemporary Art, New York
▸The Bagagehal, Amsterdam
2002▸Biennale Dakar
▸The Lowry Arts Centre, Manchester
2000▸»Knots of the Human Heart«, Morley Gallery, London
▸»Black History Month«, Maritime Museum, London

Manuel Marín

TITEL/WERK
»Comunicación cruzada – Wechselseitige Kommunikation«
STANDORT
Außenbereich, Wasserbecken im südlichen Abschnitt
MATERIAL/TECHNIK
Skulptur aus Aluminiumplatten (640 cm lang, 240 cm hoch)
ENTSTEHUNG
2004
PROJEKTKOSTEN
30 000 Euro

BIOGRAFIE
1951 geboren in Mexiko-City
Professur an der Universidad Nacional Autónoma de México
Lebt in Mexiko City.

PREISE
2003▸Nationaler Preis des Consejo Nacional para la Cultura y las Artes, Mexiko City
1973▸Preis als bester Student seines Jahrgangs

AUSSTELLUNGEN
seit 1974▸zahlreiche Ausstellungen in Mexiko, Frankreich, Japan, USA, Kanada, Brasilien (21. Internationale Biennale de São Paulo), Deutschland, Dänemark und Finnland

Yoshiyuki Miura

TITEL/WERK
»Die Welle«
STANDORT
Außenbereich, Wasserbecken vor dem Gremiensaal
MATERIAL/TECHNIK
Installation aus dünnen Stahldrähten
ENTSTEHUNG
2004
PROJEKTKOSTEN
50 000 Euro

BIOGRAFIE
1958 geboren in Fukuoka, Japan
1981–85 Studium der Bildhauerei an der Staatlichen Universität für Musik und Bildende Kunst, Tokyo
▸Studium an der Akademie der Bildenden Künste München bei Leo Kornbrust
Lebt in München.

PREISE
1996▸Debütantenpreis der Akademie der Bildenden Künste München
▸Preis der Danner Stiftung
1994▸Kardinal-Wetter-Förderpreis

AUSSTELLUNGEN (AUSWAHL)
2006▸»Yoshiyuki Miura«, Nusser & Baumgart Contemporary, München
▸»Insert«, Nusser & Baumgart Contemporary, München
2004▸»Einblick – Ausblick«, Nusser & Baumgart Contemporary, München
2002▸»Sculptures«, Von Lintel Gallery, New York
2000▸»Inflections of Space«, Von Lintel Gallery, New York
▸»Yoshiyuki Miura«, Nusser & Baumgart Contemporary, München
▸»Heimat Kunst«, Haus der Kulturen der Welt, Berlin

Yoshiyuki Miura
Die Welle, 2004

caesar

caesar, Bonn

Lutz Fritsch

Ferne Nähe, 2003

Von allen Ausgleichszuwendungen, die der ehemaligen Bundeshauptstadt Bonn für den Umzug der Regierung nach Berlin zu Teil wurden, ist das caesar abgekürzte Center of advanced european studies and research das größte Einzelprojekt. Für caesar, das Forschungszentrum und gleichzeitig »Inkubator« für junge technologie- und wissensbasierte Unternehmen ist, errichteten die Münchner Architekten Bachmann, Marx, Brechensbauer, Weinhart + Partner in den Jahren 2001 bis 2003 ein dreiteiliges Gebäude, das sich in unmittelbarer Nähe von Post Tower, »Langem Eugen« und dem ehemaligen Plenarsaal ebenso dezent wie entschieden in die landschaftliche Umgebung von Rheinaue, Rhein und Siebengebirge einfügt.

Die durch Klarheit, Transparenz und Eleganz auffallende Architektur öffnet sich zur Straße hin mit einem zweigeschossigen Baukörper, in dem die Verwaltungs- und Seminarräume, ein Hörsaal und das Casino untergebracht sind. Parallel dazu schließt sich mit vier Geschossen der Laborteil mit einer glänzenden Edelstahlfassade an, während der zum Rhein hin gelegene dreigeschossige Bürotrakt als Markenzeichen des Gebäudes eine Wellenform annimmt.

Für die Kunst am Bau hat der aus einem Wettbewerb mit sechs Teilnehmern siegreich hervorgegangene Kölner Bildhauer Lutz Fritsch eine komplexe Installation konzipiert. Fast entgegen der Philosophie der deutlich horizontal orientierten Architektur ragt vor dem Eingang eine schlanke rote Stele fahnenmastähnlich 25 Meter hoch in den Himmel. Die von einem gelegentlich blinkenden grünen Lichttopf bekrönte Stele korrespondiert mit einer ebenso langen, aber liegenden und gelben Stele, die sich auf der Rasenfläche hinter dem Gebäude befindet und im Dunkeln rotes Licht aussendet. Beide Stelen korrespondieren wiederum mit mehreren gelb und rot lackierten Aluminiumplatten, die in unterschiedlichen Formationen an markanten Stellen wie Eingangshalle oder Passagen an den Wänden im Innern des Gebäudes hängen.

Wie in anderen Arbeiten bildet Lutz Fritsch in und um das caesar mit minimalistisch verknappten künstlerischen Mitteln ein eigentümliches Raum- und Verortungssystem. Mit Stelen, die sich wie Raumzeichnungen ausnehmen, und mit Platten, die die Fläche betonen, stellt er Verbindungen zwischen Außen- und Innenraum her und bildet über Gebäudegrenzen hinweg Netze.

Gleichzeitig schafft er aber auch Wege- und Orientierungssysteme. Diese sind erklärungsbedürftig, denn der Symbolgehalt und die Assoziationsweite

Architektur

BAUMASSNAHME
Neubau des Forschungszentrums caesar (center of advanced european studies and research)

BAUHERR
Stiftung caesar, gefördert durch den Bund und das Land Nordrhein-Westfalen

NUTZER
Stiftung caesar

STANDORT
Ludwig-Erhard-Allee 2, 53175 Bonn

ARCHITEKTEN/PLANUNG
Bachmann, Marx, Brechensbauer, Weinhart + Partner, München (BMBW Architekten BDA + Partner)

BAUZEIT
2001–03

VERFAHREN
Wettbewerb

PROJEKTKOSTEN
97,15 Mio. Euro

Kunst am Bau

VERFAHREN
Gutachterverfahren mit sechs Teilnehmern zur Erlangung eines ganzheitlichen Kunstkonzepts

STANDORT
verschiedene Standorte im Außen- und Innenbereich

KÜNSTLER
Lutz Fritsch, Köln

TITEL/WERK
»Ferne Nähe«

MATERIAL/TECHNIK
Stelen und farbige Stahlflächen

ENTSTEHUNG
2003

PROJEKTKOSTEN
k. A.

der Werke erschließen sich dem Betrachter nicht von selbst. Um zu verstehen, muss man wissen, dass die von der Stele am Eingang ausgesendeten grünen Lichtzeichen nicht nur optisches Spiel, sondern Codes sind, die in der Supersprache der Morsezeichen neugewonnene nano- oder biotechnologische, material- oder medizintechnische Forschungsergebnisse des caesar verkünden. Man muss auch wissen, dass sich hinter dem Gebäude als »Landebahn der Gedanken« eine zweite Stele befindet, deren horizontale Ausrichtung in unmittelbarer Bodennähe das Suchen der Forschenden nach Erkenntnissen und Lösungen symbolisiert. Die ohne strenges System im Innern verteilten Aluminiumplatten sind nur den Nutzern des nichtöffentlichen Gebäudes zugänglich. Bekommt man sie zu Gesicht, mag man ihnen unterschiedliche wirkungsästhetische Eigenschaften zusprechen. Das Gelb scheint vibrierende Energie abzustrahlen, das Rot dagegen eine solche eher aufzusaugen. Jedenfalls haben die von Fritsch als »Gedankenstücke« bezeichneten spiegelglanzpolierten Lackplatten ihren weiterführenden Sinn so wenig in sich selbst wie die Stelen außen. Sie wirken wie Inspirations- und Projektionsflächen, die zwischen den beiden Stelen als den Symbolen für die Methoden und Stadien des Forschens vermitteln.

Lutz Fritsch ist Zeichner, Bildhauer, Fotograf, Filmemacher. In komplexen Arbeiten, die an zahlreichen Orten und sogar an der Deutschen Forschungsstation Neumayer in der Antarktis zu sehen sind, holt Fritsch gerne weit aus und übersteigt, wie hier im caesar, mit seinen raumbildenden Konzepten die Dimension des »Überschaubaren«.

»Ferne Nähe«, wie das Skulpturenensemble für das caesar heißt, hat mehrere Adressaten und Zielsetzungen. Die erste Stele vor dem Gebäude befindet sich gut sichtbar im öffentlichen Raum, während die zweite im halböffentlichen Raum doch schon ziemlich versteckt hinter dem Gebäude liegt und die Platten nur den Nutzern des Gebäudes zugänglich sind. Indem sich die rote Stele im öffentlichen Raum zur Stadt hin erhebt, tritt die Arbeit gleichzeitig als städtischer Point of Interest und als Identifikationssymbol der Beschäftigten in Erscheinung und wird, indem sie Forschungsergebnisse aussendet, zum Medium und Symbol der Kommunikation zwischen Wis-

Lutz Fritsch

1955 geboren in Köln
Studium an der Kunstakademie Düsseldorf, Abteilung Münster
Lebt und arbeitet in Köln.

EINZELAUSSTELLUNGEN (AUSWAHL)

2006 ▸ »Räume Welten«, Museum Ludwig/Museum für ostasiatische Kunst, Köln
▸ »Eisraum Antarktis«, Yokohama
▸ »Raum für Raum«, Galerie Christian Lethert, Köln
2005 ▸ »aus dem Eis«, Galerie Erhard Klein, Bad Münstereifel – Mutscheid
▸ »Gegenpol«, Stadt der Wissenschaft, Bremerhaven
2004 ▸ »an Ort und Stelle«, Gate P – Potsdamer Platz, Berlin
2003 ▸ »In Sichtweite«, Kunstmuseum Bonn/Stiftung caesar, Bonn
▸ »Im Verborgenen«, Galerie Erhard Klein, Bad Münstereifel – Mutscheid
2002 ▸ »Das Eine und das Andere«, Neues Weserburg Museum, Bremen
▸ »Eskimo – Packeis«, Kunstmuseum Bochum
2001 ▸ »Das Eine und das Andere», Ludwig Museum, Koblenz
▸ »Stadtteile, Stadtbild. Intervention Nr. 4«, Pulheim
2000 ▸ »auf dem Land«, Galerie Erhard Klein, Bad Münstereifel/Mutscheid
▸ »Das Eine und das Andere», Städtische Galerie Villa Zanders, Bergisch-Gladbach

GRUPPENAUSSTELLUNGEN (AUSWAHL)

2007 ▸ »Position 02/07«, Galerie Christian Lethert, Köln
2006 ▸ »... und es bewegt sich doch«, Museum Bochum
2001 ▸ »Linie Farbe Fläche Raum«, Stiftung für Eisenplastik, Zollikon-Zürich
2000 ▸ »Deutsche Videokunst 1998–2000«, Skulpturenmuseum Glaskasten Marl u. a. O.

senschaft und Gesellschaft. Trotz ihrer Höhe konkurriert die Stele nicht mit der Architektur. In ihrer »raumflüchtenden« Schlankheit, ihrer polierten Glätte und der stellvertretenden Funktion als Landmarke ist sie eine künstlerisch selbstbewusste Fortsetzung der Architektur mit anderen Mitteln.

Über diesen Aspekt hinaus schafft Fritschs integrale Installation – besonders für die Nutzer der Gebäude – spannende Schnittstellen zwischen innen und außen und macht mit vergleichsweise geringem künstlerischem Einsatz sensibel für eine ästhetische Erfahrung der Umgebung und des Raumes an sich. Auf einer weiteren Ebene liest sie sich als Symbol des Forschens selbst.

So ist dem Kölner Künstler mit »Ferne Nähe« eine konzeptuell äußerst durchdachte und dabei auch schöne Verbindung von öffentlicher, halb öffentlicher und nicht öffentlicher Sphäre gelungen. Mehr kann Kunst am Bau kaum leisten.

ARBEITEN IM AUSSENRAUM (AUSWAHL)

2007▸ »Leuchtturm«, Köln
2005▸ »Standort Mitte, Köln – Bonn« (in Vorbereitung)
▸ »Gegenpol«, Stadt der Wissenschaft, Bremerhaven
▸ »Bibliothek im Eis«, Deutsche Forschungsstation Neumayer, Antarktis
▸ »Bibliothek im Eis«, Deutsche Forschungsstation Neumayer, Antarktis
2003▸ »Zwischen Himmel und Erde«, Höhr-Grenzhausen
▸ »Nähe Ferne«, Interdisziplinäres Forschungszentrum caesar, Bonn
▸ »Kain oder der erste Mord«, Bühnenbild zum szenischen Oratorium von D. Scarlatti, Düsseldorf
2002▸ »aus der Mitte«, Köln
2001▸ »Über Eck – Gegenüber«, Privatbesitz, Köln
▸ »Raumtor«, Privatbesitz Hillscheid
▸ »Im Gegensatz«, Pirna
2000▸ »Susanna«, Bühnenbild zum szenischen Oratorium von G. F. Händel, Düsseldorf-Köln
▸ »mittig über Eck«, Privatbesitz Köln

STANDORTE KUNST AM BAU

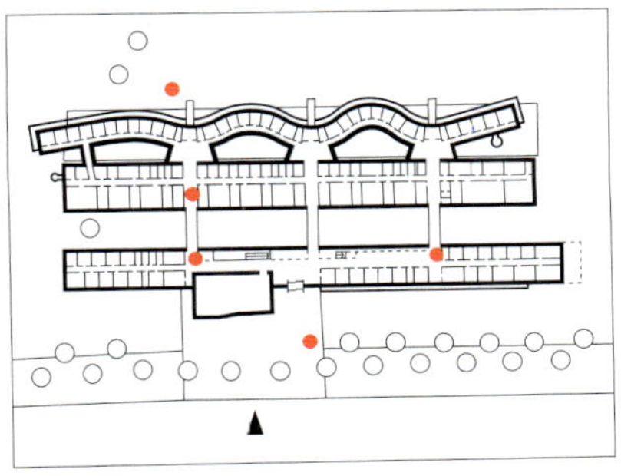

Jan Svenungsson

Der Schlüssel zum Text, 2002

Jan Svenungsson ist ein Grenzgänger der Künste. Markenzeichen des in Berlin lebenden Schweden sind fachmännisch aufgemauerte Schornsteine, die im Stadtraum oder am Dorfrand auf der Wiese stehen oder gar vergraben werden und wegen ihrer vorsätzlichen Zwecklosigkeit mitunter für Irritation sorgen.

Große Zustimmung fand Jan Svenungssons Vorschlag bei dem auf acht Teilnehmer beschränkten einstufigen Kunst-am-Bau-Wettbewerb für das 2001 im Bonner Bundesviertel vom Architekturbüro Heinle, Wischer & Partner, Köln, fertiggestellte Bundesinstitut für Arzneimittel und Medizinprodukte. Zu den Hauptaufgaben des Bundesinstituts, dessen Sitz als Ausgleichsmaßnahme von Berlin nach Bonn verlegt wurde, gehört die Zulassung von Arzneimitteln, die Registrierung von homöopathischen Arzneimitteln, die Risikobewertung von Arzneimitteln und Medizinprodukten sowie die Überwachung des legalen Verkehrs mit Betäubungsmitteln und Grundstoffen. Was sich Svenungsson für diesen aus einem parallel zur Straße verlaufenden Längstrakt und vier angedockten, in sich geknickten Riegeln bestehenden Bau einfallen ließ, zeugt von der programmatischen Wandlungsfähigkeit des Künstlers, der von sich sagt: »Ich bin nicht Maler, Fotograf oder Bildhauer.

Architektur

BAUMASSNAHME
Neubau Bundesinstitut für Arzneimittel und Medizinprodukte

BAUHERR
Bundesrepublik Deutschland, vertreten durch das Bundesministerium für Verkehr, Bau- und Wohnungswesen, vertreten durch das Bundesamt für Bauwesen und Raumordnung, Oberfinanzdirektion Düsseldorf

NUTZER
Bundesinstitut für Arzneimittel und Medizinprodukte

STANDORT
Kurt-Georg-Kiesinger-Allee 3, 53175 Bonn

ARCHITEKTEN/PLANUNG
Architekturbüro Heinle, Wischer & Partner, Köln

BAUZEIT
1999–2002

VERFAHREN
Wettbewerb

PROJEKTKOSTEN
26,1 Mio. Euro

Kunst am Bau

VERFAHREN
einstufiger Wettbewerb mit sechs (von acht aufgeforderten) Teilnehmern

STANDORT
Foyer, verschiedene Standorte im Außenbereich

KÜNSTLER
Jan Svenungsson, Berlin

TITEL/WERK
»Der Schlüssel zum Text«

MATERIAL/TECHNIK
sechs Buchstabenplastiken und -skulpturen aus verschiedenen Materialien

ENTSTEHUNG
2002

PROJEKTKOSTEN
200 000 D-Mark

Ich bin ein Künstler, der mit Ideen arbeitet, die dadurch Gestalt annehmen, dass ich mich für Momente zum Maler, Fotografen oder Bildhauer mache.«

»Der Schlüssel zum Text«, wie die Ende November 2001 vollendete Arbeit heißt, besteht aus einer zentralen Plastik im Gebäudeinnern und fünf vor dem Gebäude beziehungsweise in den Höfen und Lichthöfen verstreuten »Satellitenskulpturen«, die alle in zunächst zufällig und sinnlos erscheinender Reihenfolge Buchstaben kombinieren. Was sich in unterschiedlichen skulpturalen Formationen als TACG, DVQVPJ, KRDCWI, RISGNH, XRR und schließlich QLPVDZFTTYR liest, lässt sich mithilfe der fast sieben Meter hohen Hauptskulptur im Foyer entschlüsseln, die als einzige der Skulpturen neben der Chiffre YFAJEXSHSXJDPJUGRBQVPECPMICKMBL auch den Klartext, nämlich explizit das Wettbewerbsthema, preisgibt: »NICHT AUF HALBEM WEGE STEHEN BLEIBEN«. Knackt man diesen Code, lassen sich auch die Satelliten lesen: IDEE, SYSTEM, ZUFALL, GLUECK, MUT, während das Buchstabengewirr des Teppichs unter der Hauptskulptur im Foyer die Parole FORTSCHRITT ausgibt.

Verglichen mit dem anarchisch-subversiven künstlerischen Ansatz der Schornsteine wirken Svenungssons Skulpturen für das Bundesinstitut wie grundsolide, von großem Materialbewusstsein getragene Bildhauerei. Die Hauptskulptur besteht aus weiß, rosa, eisblau und orange lackierten glasfaserverstärkten Kunststoffen, die Außenskulpturen aus verschiedenen Granitsorten und unterschiedlich patinierter Bronze, hinzu kommt der handgeknüpfte Teppich. Auch die Verteilung der Skulpturen, die formale Anordnung der Buchstaben in unterschiedlich hohen Türmen, Stapeln und in horizontalem Nebeneinander garantieren die Vielfalt der Eindrücke wie auch die gezielte Einbettung in das jeweilige architektonische und gartenlandschaftliche Ambiente.

Trotz des hohen bildhauerischen Elaborationsgrades befinden sich die Skulpturen und Plastiken, was künstlerische Erfindungsgabe, Innovationskraft und Finesse anbelangt, keineswegs in Vorreiterposition. Das streben sie auch gar nicht an. Denn so sehr Jan Svenungsson nicht Maler, Fotograf oder eben Bildhauer ist, sondern »Künstler, der mit Ideen arbeitet«, so sehr sind die Buchstabenskulpturen Ausdruck einer Kunst, deren Interessen über Form- und Materialfragen weit hinausgehen.

Besonders wichtig sind offensichtlich das strategische Hinterfragen und Steuern von Wahrnehmung und die Strukturen und Inhalte der künstlerischen Geheimniskrämerei. Svenungsson beschreibt den Impetus der Arbeit so: »Mein Ausgangspunkt: Die Arbeit des Wissenschaftlers kann als die Suche nach einer versteckten Ordnung verstanden werden – als ein Erkennen von bedeutungsvollen Beziehungen von etwas, was zunächst chaotisch erscheint.

Jan Svenungsson

1961 geboren in Lund/Schweden
1984–88 Konsthögskolan, Stockholm
1988/89 L'Institut des Hautes Etudes en Arts Plastiques, Paris
1995/96 Jahresstipendium im Künstlerhaus Bethanien, Berlin
1996–2000 Gastprofessor, Högskolan för Fotografi och film, Göteborgs Universitet, Schweden
1997 The Elisabeth Foundation grant, New York
2007 Artist in Residence, RMIT University School of Art, Melbourne
2007–09 Professor for Artistic Research, Finnish Academy of Fine Arts, Helsinki
Lebt und arbeitet in Berlin.

EINZELAUSSTELLUNGEN (AUSWAHL)

2007 ▸ »A Place on Earth & Tracking«, RMIT Faculty Gallery, Melbourne
▸ »Being the Mirror«, Ocular Lab, Melbourne
2006 ▸ Brandenburgischer Kunstverein, Potsdam
2005 ▸ »Double Act«, Hobusepea Galeriia, Tallinn
▸ »Course«, Ocular Lab, Melbourne (mit T. Nicholson)
▸ Schornsteinarbeit, Buxtehude Museum, Buxtehude
2004 ▸ Galleri Flach, Stockholm
▸ »Test Paintings«, Galerie Werner Klein, Köln
2003 ▸ »Psycho-Mapping the Current Crisis«, Moderna Museet, Stockholm
2002 ▸ »Schornsteinarbeit«, Galerie Werner Klein, Köln
▸ »Liverpool Project«, Open Eye Gallery, Liverpool
▸ »Nine Cities«, Conservation Centre, Liverpool
2001 ▸ »Test 116-123«, Galleri Flach, Stockholm
2000 ▸ »Nine Cities«, Valokuvagalleria Hippolyte, Helsinki
▸ »Schornsteinarbeit«, Kunstraum Neuruppin

Eine Suche nach dem Schlüssel zum Code. Am Bundesinstitut für Arzneimittel und Medizinprodukte klassifizieren, registrieren und beurteilen Wissenschaftler und andere Experten die Ergebnisse von (medizinischer) Forschung, die meistens außerhalb ihres Hauses stattgefunden hat. Ich stelle mir diese Arbeit als eine doppelte Decodierung vor – ein Interpretieren von Interpretationen.«

Dabei symbolisiert die von außen sichtbare Skulptur im Foyer, die den Schlüssel zum Verständnis des Ganzen bildet, die Transparenz und die prinzipielle Zugänglichkeit der im Bundesinstitut für Arzneimittel und Medizinprodukte gewonnenen Erkenntnisse. Die das Gebäude räumlich wie unter Spannung stellenden »Satelliten« paraphrasieren miteinander verknüpfte komplexe Forschungsstrukturen. Die an Moleküle erinnernde Skulptur im Foyer nimmt darüber hinaus fast logoartig Bezug auf die Nutzung des Gebäudes, während sich die Satellitenskulpturen als institutsbezogene Maximen, Losungen und Verheißungen ins Spiel bringen.

»Der Schlüssel zum Text« ist eine speziell auf die Nutzung des Gebäudes abgestimmte moderne Allegorie der Wissenschaft. Auch nachdem Mitarbeiter und Besucher des Bundesinstituts den Code geknackt haben, bleibt die strategisch eingesetzte bildhauerische und materialästhetische Anmutung der Skulpturen und ihre Einbindung in unterschiedliche Umgebungen bestehen. Die Chiffren erschöpfen sich nicht in der Kenntnis der »Wortbedeutung«. So bieten die dezentral platzierten und von verschiedenen Gebäudebereichen sichtbaren Wortskulpturen letztlich jedem Mitarbeiter die Möglichkeit einer persönlichen Aneignung und Identifikation.

AUSSTELLUNGSBETEILIGUNGEN (AUSWAHL)

2007 ▸ »Den moderna staden – det offentliga rummets estetik«, Uppsala Konstmuseum
2006 ▸ »Skissutställning Halmstad 700«, Nya Stadsgalleriet, Halmstad
▸ »Wanas 20. Geburtstag« (mit Louise Bourgoise, F. Sanchez Castillo)
▸ »Artist Migration Berlin«, Heidelberg Kunstverein, Heidelberg
▸ »mehrfach«, Galerie Werner Klein, Köln
▸ »Alles Zeichnung«, Galerie Werner Klein, Köln
2004 ▸ »The Pontus Hulten Collection …«, Moderna Museet, Stockholm
▸ »Berlin – North«, Nationalgalerie im Hamburger Bahnhof, Berlin
▸ »–Innen – Außen«, Galerie Werner Klein, Köln
2003 ▸ »Handlungsanweisungen«, Kunsthalle Wien
▸ »Zeitgenössische Kunst aus Schweden«, Europäische Zentralbank, Frankfurt am Main
2002 ▸ »Zeichen› ‹Sprache«, Galerie Grita Insam, Wien
▸ »Mare Balticum«, National Museum, Kopenhagen
▸ »From the Cool Light«, Niels Borch Jensen Galerie und Verlag, Berlin
2001 ▸ Skulptur Biennale Münsterland
▸ Biennale de Lyon, Musée d'Art Contemporain
2000 ▸ Norden, Kunsthalle Wien

SCHORNSTEINPROJEKTE IM ÖFFENTLICHEN RAUM

2007 ▸ »Eights Chimney«, Wanas
2004 ▸ Seventh Chimney, Buxtehude
2001 ▸ Sixth Chimney, Hembergen/Münsterland
1999 ▸ Fifth Chimney, Norrköping
1996–99 ▸ Fourth Chimney, Drewen/Brandenburg
1995 ▸ Third Chimney, Kotka
1993 ▸ Second Chimney, Taejon
1992 ▸ First Chimney, Stockholm, 1994 zerstört

STANDORTE KUNST AM BAU

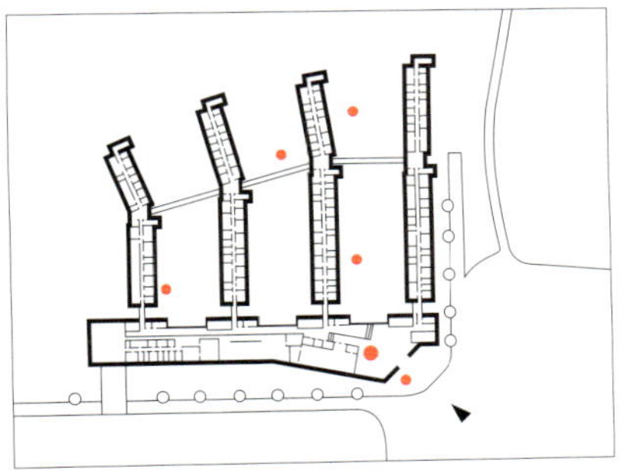

Erich Wiesner
Farbkonzept, 2002

Erich Wiesner

Farbkonzept, 2002

Von Haus aus ist Erich Wiesner Bildhauer. Er studierte an der Hochschule der Künste in Berlin bei Hans Uhlmann und ist seit fast vierzig Jahren als freischaffender Künstler tätig. Einen Namen hat er sich mit Arbeiten im öffentlichen Raum gemacht sowie durch die Zusammenarbeit mit renommierten Architekten. Besonders zu nennen ist die langjährige Kooperation mit Otto Steidle. Dieses von Wiesner als wechselseitige Stimulierung begriffene Teamwork, bei der der Künstler für das Farbkonzept zuständig war, bewährte sich besonders bei der aufsehenerregenden farbigen Gestaltung der Universität in Ulm (1992), im Michaelisquartier in Hamburg (2001) und in Bremerhaven.

Am dortigen Handelshafen entstand 2000 bis 2004 das neue Institutsgebäude des Alfred-Wegener-Instituts für Polar- und Meeresforschung – ein dem Deich im Westen, dem südlichen Handelshafen und den im Norden und Osten gelegenen Bauten grundrisslich angepasster Ziegelbau, der sich mit bewegten Formen und auffälligen Türmen dem Umfeld wuchtig und dekorativ zugleich entgegenstemmt.

Die Außenfassade verwebt weiß, grau und schwarz glasierte Hochformatsteine zu einem anspruchsvollen Muster, das Steidle/Wiesner selbst mit einem Tweedstoff verglichen haben. Die Innenhöfe sind – wie die ins Farb- und Gestaltungskonzept einbezogenen Treppenhäuser, Flure und das Foyer – ohne Muster flächig und einfarbig mit gelben, grünen, schwarzen und

Architektur

BAUMASSNAHME
Neubau eines Büro- und Laborgebäudes für die Stiftung Alfred-Wegener-Institut für Polar- und Meeresforschung, Bremerhaven

ZUWENDUNGSGEBER
Bundesministerium für Bildung und Forschung
Senator für Bildung und Wissenschaft Bremen

BAUHERR
Alfred-Wegener-Institut für Polar- und Meeresforschung

NUTZER
Alfred-Wegener-Institut für Polar- und Meeresforschung

STANDORT
Am Handelshafen 12, 27570 Bremerhaven

ARCHITEKTEN/PLANUNG
Steidle + Partner, München

BAUZEIT
2000–04

VERFAHREN
Verhandlungsverfahren

PROJEKTKOSTEN
47,5 Mio. Euro (Bundesministerium für Bildung und Forschung: 42,75 Mio. Euro, Senator für Bildung und Wissenschaft: 4,75 Mio. Euro)

Kunst am Bau

VERFAHREN
Direktvergabe

STANDORT
Fassaden, Innenbereiche

KÜNSTLER
Erich Wiesner

TITEL/WERK
Farbkonzepte Fassaden und Innenbereiche

MATERIAL/TECHNIK
Klinker

ENTSTEHUNG
2002

PROJEKTKOSTEN
400 000 Euro

weißen Klinkern verkleidet, wobei die Ecksteine nach genau ausgeklügelten Plänen in der Weise zweifarbig glasiert sind, dass der Farbschnitt der Flächen immer kantig verläuft.

Steidle, der kurz vor Vollendung des Alfred-Wegener-Instituts sechzigjährig verstarb, hat architektonische Formgebung, Gebäudetechnik und städtebauliches Umfeld stets zusammengedacht. In seinem integrativen Konzept war Farbe »Träger von Individualität im Stadtraum«. Sie transportiert Gefühl und ist ein weit in die Umgebung ausstrahlendes Energiefeld. Auf Wiesners changierende Fassade und die monochrom ruhig gehaltenen Flächen der Innenhöfe des Instituts trifft dies in besonderem Maße zu.

Dabei bleibt Wiesners Farb- und Ornamentkunst der Fläche und dem dahinter und darunter verborgenen Stahlbeton verhaftet. Sie scheint die Bildende Kunst an den Bau zurückgegeben zu haben ganz im Sinne von Walter Gropius, der 1918 im Bauhaus-Manifest schrieb: »Das Endziel aller bildnerischen Tätigkeit ist der Bau! Ihn zu schmücken war einst die vornehmste Aufgabe der bildenden Künste, sie waren unablösliche Bestandteile der großen Baukunst.«

Erich Wiesner selbst beruft sich auf Gottfried Semper. Dessen »Bekleidungstheorie« unterscheidet das konstruktive Gerüst von der dekorativen Kunstform, die sich gegenüber dem tragenden Kern wie eine übergezogene textile Struktur ausnimmt. Wenn Architekten sich heute auf Dekor einlassen, ringen sie vielfach um Bedeutung. Herzog & de Meuron bedruckten vor ein paar Jahren die Außenhaut der Bibliothek der Fachhochschule Eberswalde mit gegenständlichen Fotos von Thomas Ruff. Die Relaunch-Bilder der Medienfassade des Energiekonzerns Vattenfall Europe in Berlin zeigen »Gärten voller Energie«. Erich Wiesners Fassade ist nicht »lesbar«. Wie aber schon Steidles Architektur »spricht«, indem sie mit ihren Außentreppen und Turmaufbauten, ihren versetzt angeordneten Innenhöfen absichtsvoll an Schiffe erinnert, so begibt sich Wiesners Fassade sehr bewusst auf ein weites Assoziationsfeld.

Erich Wiesner

1961 Studium an der Hochschule der Künste Berlin
1966 Meisterschüler von Hans Uhlmann
1967 tätig als freischaffender Künstler
1972 Will-Grohmann-Preis der Akademie der Künste, Berlin
Lebt und arbeitet in Berlin.

IN ARBEIT

2006 ▸ Farbkonzept Wohnsiedlung Sofia (Architekten: Steidle Architekten)
2005/06 ▸ Farbkonzept Wohnquartier, Wien (Architekten: Kaufmann + Kaufmann)
▸ Farbkonzept Wohnquartier mit Senioren- und Studentenwohnheim am Galgenberg, Regensburg (Architekten: Steidle + Partner)
▸ Farbkonzept Siemens Stern-Hochhaus, München (Architekten: Steidle + Partner)
2004–06 ▸ Farbkonzept Ackermannbogen, Wohn- und Gewerbequartier, München

ARBEITEN IM ÖFFENTLICHEN RAUM (AUSWAHL)

2005 ▸ »YVINC OQP, Collagen, Bilder, Plastiken«, Joachim-Galerie, Berlin
2004/05 ▸ Farbkonzept Olympisches Dorf, Turin (Architekten: Steidle + Partner, Camerana + Partners)
2003/04 ▸ Farbkonzept und Gestaltung der glasierten Klinkerfassade, Wandbilder im Foyer und in der Kantine, Alfred-Wegener-Institut, Bremerhaven (Architekten: Steidle + Partner)
▸ Farbgestaltung Fassade, Wandbilder mit Gedichten von Ernst Jandl im Innenbereich, Bundesgymnasium Bludenz (Architekten: Kaufmann + Kaufmann)
2002 ▸ Fassadenmalerei Universitätsklinik Dresden (Architekten: Behnisch + Partner)
2001 ▸ Entwicklung einer Farbpalette, Solarsiedlung Freiburg (Architekt: Rolf Disch)
2000 ▸ Farbkonzept und Wandbild Foyer, Fachhochschule Wildau (Architekten: Steidle + Partner)
▸ Farbkonzept und Glasbilder für die Esplanade, Theresienhöhe, München (Architekten: Steidle + Partner)
▸ Farbkonzept und Gestaltung der Keramikfassade, Bürogebäude der KPMG, München
1999 ▸ Wandbilder Baureferat München, (Architekten: Hajek, Ganzer, Unterholzer)
▸ Farbkonzept und Gestaltung der Backsteinfassade, Michaelisquartier, Hamburg (Architekten: Steidle + Partner)
▸ Farbkonzept und farbige Glasmembranen für die Schwimmhalle, Kurmittelhaus Bad Elster (Architekten: Behnisch + Partner)
1998 ▸ Farbkonzept Wohnanlage Innsbruck (Architekten: Steidle + Partner)
1997 ▸ Farbgestaltung, Wand- und Pigmentbilder, Wacker-Haus München (Architekten: Steidle + Partner)
1996/97 ▸ Farbkonzept außen und innen St. Benno-Gymnasium, Dresden (Architekten: Behnisch + Partner)

In der irisierenden Horizontalstruktur lässt sie allgemein an elektrische Spannungsfelder denken, darüber hinaus sowohl an Schichtungen und Sedimente der Natur als auch an Erscheinungsformen der Kunst, wie man sie von der Op Art her kennt. Wiesner ließ sich auch von Piet Mondrians thematisch naheliegenden Kompositionen »Pier und Ozean« anregen, in dem der niederländische Avantgardist das Ungeordnete und Ungerade der Natur ins geordnete »Plus-Minus«-System seiner Kunst überführte. Entsprechend synthetisierte Wiesner in Bremerhaven verschiedene ortstypische oder ortsangemessene Einflüsse aus der Natur und der Kunst zu einem abstrakten Ornament und einem mehrschichtigen und wirkmächtigen symbolischen Gestus.

»Der Backstein als vertrautes Baumaterial«, schreibt Erich Wiesner in einer Erläuterung der Arbeit, »wird hier durch seine Proportion und farbige Glasur ein Aggregat, das in sich ruht. Differenz und Wiederholung. Der Begriff der Schichtung wird zum Entwurfsinstrument. Die schwarzen, weißen und grauen Steine bilden ein unbeständiges Gleichgewicht, sie sind Zeichen für ein Energiefeld, das die Hausgestalt still vibrieren lässt. Die einzelnen Elemente sind in eine Ganzheit eingewoben, die ein dynamisches Gleichgewicht erzeugt.«

Wiesner tastet so das ganze Bauwerk noch einmal als Künstler ab. Mit Formen, Farben und mehr oder weniger deutlich herausgestellten thematischen und motivischen Referenzen rückt er den architektonischen Flächen und Körpern zu Leibe, trennt Form und Funktion und bringt sie neu zusammen. Die Farben akzentuieren, klären oder verunklären die architektonischen Verhältnisse. Die Geschossgliederung beispielsweise verschwindet – ganz im Sinne von Sempers Prinzip der Bekleidung – fast hinter der irritierend flirrenden Horizontalstruktur der Fassade. So dringt Wiesners Farbgestaltung – über die Gebäudestruktur hinweg – zur Essenz der Architektur vor. Wird damit das Gebäude von außen als abstraktes dynamisches Gebilde erlebbar, so erfährt auch die im Innern stattfindende Polar- und Meeresforschung eine entsprechend dynamische Interpretation.

Wie Sinn und Zweck der Steidle'schen Architektur nie die formale Selbstdarstellung ist, sondern immer der Mensch, der sie benutzt, so »funktioniert« Wiesners Gestaltung auch einfach auf der visuellen Ebene. Durch sein Farbkonzept wird Otto Steidles Architektur für die Nutzer des Gebäudes wie für das Hafengebiet zu einem Identifikationssymbol und für Bremerhaven zu einer lebensbejahenden architektonischen Attraktion, die über den Stadtraum hinaus ausstrahlt.

1996 ▸ Farbkonzept Wohnsiedlung am Lerchenberg, Mainz (Architekten: Steidle + Partner)
1995/96 ▸ Farbkonzept für die Fassaden und Pigmentbilder im Innenbereich der T-Mobile Bonn (Architekten: Steidle + Partner)
1994 ▸ »Kein Tag ohne Sterne«, Segel für die Eingangshalle und kinetische Plastik für den Außenraum der Galilei-Liebmann-Schule, Berlin (Architekten: Gino Valle)
1993 ▸ Farbgestaltung mit Wandbildern, Wirtschaftsgymnasium Öhringen (Architekten: Behnisch + Partner)
1988/89 ▸ Farbkonzept für die Uni-West, Ulm (Architekten: Steidle + Partner)
1988 ▸ »Poesiemühle«, kinetische Plastik auf der Stadthalle Bietigheim
1986 ▸ »Wut, Raserei, Liebe und Mut«, Rauminstallation im Martin-Gropius-Bau, Berlin, IBA-Ausstellung
1985 ▸ »wenn – dann« kinetische Plastik für die Freie Universität Berlin (Architekten: Candillis und Wood)
1983 ▸ Internationales Begegnungszentrum Berlin, Gestaltung einer Rankstruktur mit Einbauten (Architekten: Steidle + Partner)
1982 ▸ »Mixmal«, Stahlplastik im Sommergarten am Funkturm, Berlin
1978 ▸ »Turm mit Geisterfänger«, Landesamt für Lebensmittelchemie, Berlin
1976 ▸ »Garangara oder die Treffs und das Einauge«, Ausstellung, Galerie Giannozzo
1971 ▸ Tor für die Deutsche Botschaft, Bangkok
1970 ▸ Platzgestalten für den Bereich zwischen Krankenhaus und Urbanhafen, Berlin (Architekt: Peter Poelzig)
1967 ▸ Stahlplastik für die südliche Gropiusstadt, Berlin (Architekten: J. P. Kleihues und H. Moldenschardt)

STANDORT KUNST AM BAU

Truppenunterkunft Graf-Zeppelin-Kaserne, Calw – Neubau Wirtschafts- und Betreuungsgebäude

Elisabeth Wagner

Das Pendant, 2000

Das 1994 aufgestellte Kommando Spezialkräfte der Bundeswehr ist seit 1997 in der Graf-Zeppelin-Kaserne bei Calw stationiert. Der dadurch notwendig gewordene Neubau der nahe des Hauptzugangs gelegenen Wirtschafts- und Betreuungsgebäude wurde von den Verantwortlichen ohne Rücksicht auf die unterschiedlichen Dienstgradgruppen geplant.

Genau das machte Elisabeth Wagner zur Grundlage ihrer künstlerischen Idee und gewann damit den von der Kunstkommission der Oberfinanzdirektion Karlsruhe 1998 ausgelobten eingeschränkten Wettbewerb. An der Nordwand der 6,5 Meter breiten und 8,8 Meter hohen Eingangshalle des Neubaus hat die in Hamburg lebende Künstlerin, die seit 1996 an der Muthesius-Kunsthochschule Kiel Professorin für Freie Kunst – Bildhauerei ist, im Jahre 2000 eine Perlenkette aufgehängt, die ihrer Maße von 470 x 210 x 40 Zentimetern wegen nicht zu übersehen ist. Die Arbeit tut alles, um Aufmerksamkeit zu erregen. Sie greift ein im militärischen Kontext befremdendes Motiv auf, vervielfacht dessen Maßstab ins Gigantische und legt bei der Verteilung der Perlen nach Größe und Farbe eine nach den ästhetischen Maßstäben des Schmuckdesigns ungewöhnliche Freiheit an den Tag.

Obwohl die Vertreter der Kaserne beim Wettbewerb das Halsketten-Objekt als »eine beinahe revolutionäre Sache für eine Kaserne« bezeichneten, springt dessen ortsspezifische Symbolik ins Auge. Bei aller Unterschiedlichkeit in Größe und Farbe verkörpern die um eine Edelstahlverbindung gelegten 42 Muranoglaskugeln Zusammenhang und Zusammenhalt. Und so ist die Kette leicht als Aufforderung oder Memento zu verstehen, über mögliche Hierarchieverhältnisse hinweg zu einem fairen Miteinander zu finden.

Elisabeth Wagner, die ihre Fähigkeit mit vorgefundenen Örtlich-

Architektur

BAUMASSNAHME
Neubau Wirtschafts- und Betreuungsgebäude für die Graf-Zeppelin-Kaserne Calw

BAUHERR
Bundesrepublik Deutschland, Bundesministerium der Verteidigung, vertreten durch die Wehrbereichsverwaltung V, Stuttgart und die Oberfinanzdirektion Karlsruhe, vertreten durch das Staatliche Hochbauamt Baden-Baden

NUTZER
Bundeswehr

STANDORT
Graf-Zeppelin-Straße 22, 75353 Calw

ARCHITEKT/PLANUNG
Staatliches Hochbauamt Baden-Baden, Leitender Baudirektor, Dipl. Ing. Hans Joachim Pieper

BAUZEIT
1999 fertiggestellt

Kunst am Bau

VERFAHREN
einstufiger, beschränkter Realisierungswettbewerb mit sechs Teilnehmern

STANDORT
Halle des Haupteingang

KÜNSTLER
Elisabeth Wagner, Hamburg

TITEL/WERK
»Das Pendant« (Perlenkette)

MATERIAL/TECHNIK
42 Kugeln aus Muranoglas, Edelstahlverbindung, 470 x 210 x 40 cm

ENTSTEHUNG
2000

PROJEKTKOSTEN
50 107 Euro

keiten umzugehen, an zahlreichen Kunst-am-Bau-Projekten unter Beweis gestellt hat, entwickelte für die Graf-Zeppelin-Kaserne kein statisches und eindimensionales Mahnmal. Ihr Kunstkonzept steckt voller Gegensätze und wohlkalkulierter Brüche. Wie eine Halsperlenkette als Objekt des wirklichen Lebens nur selten ständig getragen wird, so bewahrt sich auch das Kunstwerk in der Architektur der Kaserne trotz seiner auf den Ort abgestimmten monumentalen Größe den fast flüchtigen Charakter einer nur vorübergehend angebrachten Erscheinung. Interessanterweise ähneln die in Murano hergestellten Glaskugeln bis zu einem gewissen Grad auch billigen Kunststoffperlen, die ihrerseits einen nicht vorhandenen Wert vorspiegeln. Die leichten Unregelmäßigkeiten in der Fädelung sind vielleicht symbolischer Ausdruck der unterschiedlichen Dienstgrade und ein selbstironischer Hinweis auf die Freiheit, die sich Künstler in Fragen der Gestaltung herausnehmen dürfen. Gleichzeitig kann man darin eine ästhetische Strategie erken-

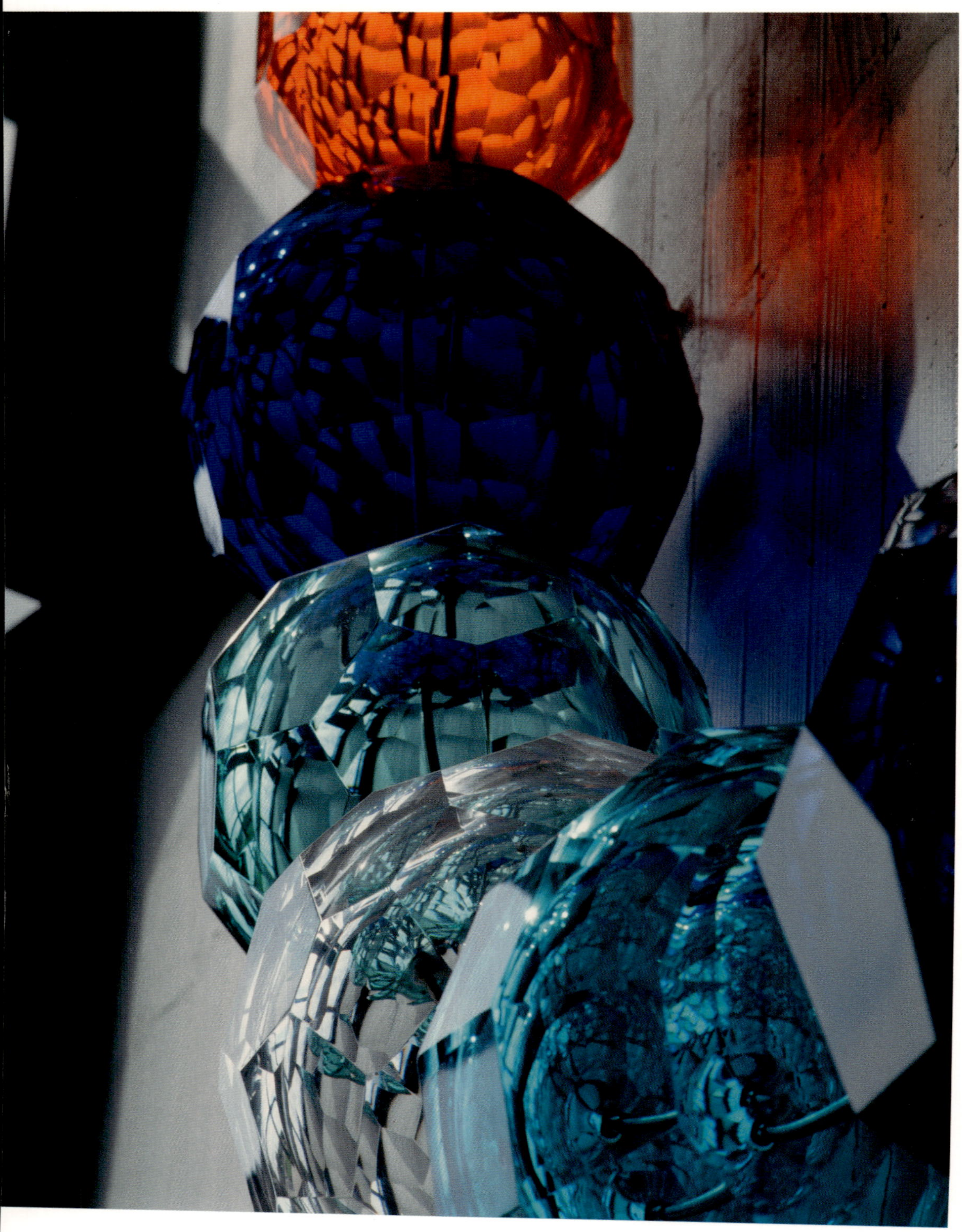

Elisabeth Wagner

1954 ▸ geboren in Neuenstadt
1974–78 ▸ Studium an der Staatlichen Akademie der Bildenden Künste Karlsruhe
1978–82 ▸ Studium an der Hochschule für Bildende Künste Hamburg
1991/92 ▸ Vertretungsprofessur an der Staatlichen Akademie der Bildenden Künste Karlsruhe
1992–95 ▸ Künstlerische Assistenz an der Hochschule für Bildende Künste Hamburg, Klasse für Grundlehre
1996 ▸ Ernennung zur Professorin, Freie Kunst, Muthesius Kunsthochschule Kiel
Lebt und arbeitet in Hamburg und Kiel.

ARBEITEN IM ÖFFENTLICHEN RAUM
2007 ▸ Universitätsklinik für Kinder- und Jugendmedizin, Ulm
2001/02 ▸ Frauenklinikum der Universität Freiburg
2000 ▸ Universitäts-Hals-Nasen-Ohren-Klinik Tübingen
1999 ▸ Neubau der Graf-Zeppelin-Kaserne, Kommando Spezialkräfte der deutschen Bundeswehr, Calw
1994 ▸ Verfügungsgebäude der Universität, Tübingen
1993 ▸ Brunnen, Staatsweingut, Meersburg am Bodensee
1992 ▸ Kreiswehrersatzamt, Karlsruhe
1988 ▸ Finanzamt, Weingarten

ARBEITEN IN ÖFFENTLICHEN SAMMLUNGEN
2002 ▸ Kunsthalle Bremerhaven
1993 ▸ Städtisches Museum im Deutschhof, Heilbronn
▸ Regierungspräsidium Stuttgart
1989 ▸ Regierungspräsidium Stuttgart
1986 ▸ Städtische Galerie Esslingen
1985 ▸ Staatgalerie Stuttgart

EINZELAUSSTELLUNGEN (AUSWAHL)
2006/07 ▸ »gespiegelt, verknotet, leuchtend, geschnitten«, Palais für aktuelle Kunst, Glückstadt
2006 ▸ »Falsche Freunde«, Kunstverein und Zeppelinmuseum Friedrichshafen
2004 ▸ »Kodiak trifft Kuckuck«, Städtische Galerie unterm Turm, Donaueschingen
2002 ▸ »Vor Ort: Dreizehn Damen« – Friedrichsbau Bühl
2000 ▸ »Skulpturen. Zeit. Blick«, Kunstverein Ettlingen

nen, die versucht, mit einer eingängigen Bildgestalt und einem leicht verständlichen Sinngehalt Hemmschwellen gegenüber der »hohen Kunst« abzubauen.

»Das Pendant« nennt Elisabeth Wagner ihre in einem Hochsicherheitstrakt befindliche und von daher öffentlich nicht zugängliche Arbeit, die zu keiner Zeit Zweifel an der Berechtigung des Titels aufkommen lässt. Denn die Perlenkette setzt sich in ihrer perfekten Ovalform, ihrer Buntheit, ihrem Schliff und ihrer Transluzenz wie überhaupt in der spielerischen Unbekümmertheit der Erscheinung entschieden gegen den nüchternen Beton, den kühlen Stahl und das glatte Glas der Architektur ab und stellt in übertragener Bedeutung damit der von festen Normen, Regeln und Disziplin geprägten Welt des Kommandos Spezialkräfte eine von frei gehandhabten Farben und Formen geprägte Gegenwelt zur Seite.

Das Assoziationsfeld von Elisabeth Wagners Kunstobjekt beschränkt sich nicht allein auf die Halskette. Da sich die Graf-Zeppelin-Kaserne in Calw befindet, ist es kaum möglich, nicht auch an den hier im Jahre 1877 geborenen Hermann Hesse und dessen mit dem Nobelpreis ausgezeichnetes Hauptwerk »Das Glasperlenspiel« zu denken. Zwischen den von Enthaltsamkeit, Zucht und Hierarchien geprägten Eliteschulen des Romans und der Organisation des KSK ließen sich durchaus einige strukturelle Analogien feststellen. Worte des Protagonisten Josef Knecht könnten für die Auffassung von Elisabeth Wagners Werk herangezogen werden: »Wir sollen nicht aus der Vita activa in die Vita contemplativa fliehen, noch umgekehrt, sondern zwischen beiden wechselnd unterwegs sein, in beiden zu Hause sein.« Auch das ist, ohne dass die Künstlerin das »Glasperlenspiel« ausdrücklich thematisieren oder gar zitieren würde, Teil der sich im Eingangsbereich des Wirtschafts- und Betreuungsgebäudes auftuenden Gedankenwelt. Elisabeth Wagner selbst erläutert ihr Werk ähnlich: »An diesem Ort, an dem Präzision und Perfektion sowie die Unterordnung des Privaten unter den dienstlichen Auftrag im Zentrum stehen, bringt die Glaskette zum Vorschein, was eine Ergänzung bildet: Schönheit, Transparenz, spielerischen Glanz, Leichtigkeit und Zärtlichkeit. Sie symbolisiert das fehlende Pendant. Sie entspricht einem anderen Lebensbereich, den es zu hüten gilt.«

Die Generäle und Soldaten jedenfalls schätzen das Werk seiner Schönheit und Hintergründigkeit wegen. In der Tat ist es schön anzusehen und bedeutungsvoll. Damit erfüllt es die Kunst-am-Bau-Aufgabe bestens.

GRUPPENAUSSTELLUNGEN (AUSWAHL)

2000 ▸ »Outside home«, Kunstmuseum Trondheim

1997 ▸ »Entgegen. Religion, Gedächtnis, Körper in Gegenwartskunst«, Graz ▸ »Construction in progress«, International Artist's Museum Lodz

1996 ▸ Museo Nactional de Artes Visuales, Montevideo (mit Vaclav Pozarek und Rene Zäch)

1994 ▸ »Carambolage II«, Magasin, Centre National d'Art Contemporain de Grenoble

1992 ▸ »Vorhut aus dem Hinterland. 25 Jahre Kabinett für aktuelle Kunst«, Bremerhaven

1991 ▸ Kunstverein Ludwigsburg, Villa Frank

1990 ▸ »Kunstakademie Karlsruhe, sechs ehemalige Schüler«, BASF Ludwigshafen ▸ »Plastik der 80er Jahre im Südwesten«, Galerie der Stadt Esslingen, Villa Merkel ▸ »Auf kleinstem Raum«, Städtische Galerie Göppingen

STANDORT KUNST AM BAU

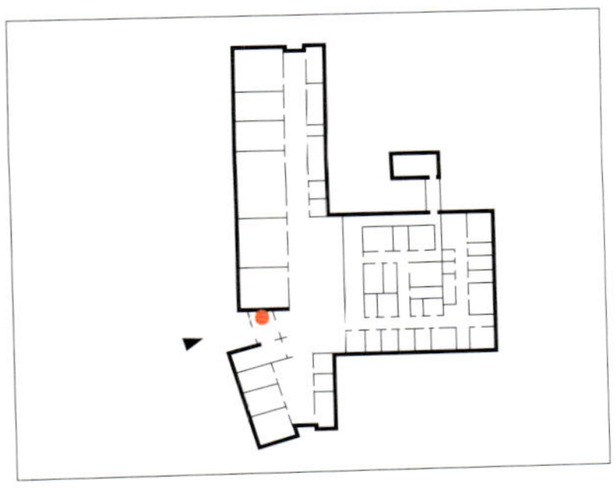

Michael Sellmann
Kreuzworträtsel, 2005

Michael Sellmann

Kreuzworträtsel, 2005

Architektur

BAUMASSNAHME
Neubau eines Dienstgebäudes für das Umweltbundesamt Dessau
BAUHERR
Bundesrepublik Deutschland, vertreten durch das Bundesministerium für Verkehr, Bau- und Stadtentwicklung, vertreten durch den Landesbetrieb Bau Sachsen-Anhalt, Hauptniederlassung, diese vertreten durch die Niederlassung Ost Dessau
NUTZER
Umweltbundesamt
STANDORT
Wörlitzer Platz 1, 06844 Dessau
ARCHITEKTEN/PLANUNG
Sauerbruch Hutton Architekten, Berlin
BAUZEIT
2002–05
VERFAHREN
Wettbewerb 1997/1998
PROJEKTKOSTEN
68 Mio. Euro

Kunst am Bau

VERFAHREN
offener zweiphasiger anonymer Wettbewerb für in Europa und Israel ansässige Künstler mit 15 für die zweite Phase ausgewählten und drei beauftragten Künstlern
STANDORT
Außenbereich
KÜNSTLER
Michael Sellmann, Berlin
TITEL/WERK
»Kreuzworträtsel«
MATERIAL/TECHNIK
450 Terrakottaplatten, je 18 x 25 cm groß
ENTSTEHUNG
2005
PROJEKTKOSTEN
121 860 Euro
WEITERE KÜNSTLER
Elisabeth Heindl (siehe S. 96–99)
Hans-Joachim Härtel

Das im Mai 2005 bezogene Umweltbundesamt in Dessau von Sauerbruch Hutton Architekten ist ein offenes Ensemble in einer auf einer ehemaligen Industriebrache neu angelegten Parklandschaft. Es besteht aus der viergeschossigen Gebäudeschleife mit farbiger Holz-Glas-Fassade sowie aus Kantine, Bibliothek, Hörsaal und Seminarräumen. Das Umweltbundesamt verbindet auf spektakuläre Weise ökologische Verträglichkeit mit architektonischem Anspruch und beinhaltet als Demonstrativbau die Möglichkeit eines umweltverträglichen Rückbaus.

Das Umweltbundesamt, die Architekten und die Landschaftsplaner von »ST raum a« formulierten die Auslobung für den zweistufigen Wettbewerb im Jahre 2001, der eine bevorzugte Ansiedlung der Kunst in den öffentlich zugänglichen Bereichen vorsah. Aus 234 Bewerbungen gelangten 15 Entwürfe in die zweite Wettbewerbsrunde, von denen schließlich drei Beiträge realisiert wurden. Neben der LED-Wand von Elisabeth Heindl (siehe S. 96–99) im Übergangsbereich vom Forum zum Atrium und den die Ansaugstutzen für die Erdwärmetauscher ummantelnden Metallplastiken von Hans-Joachim Härtel ist es ein »Kreuzworträtsel«, das der Berliner Künstler

Michael Sellmann im Boden nahe dem Eingangsbereich zum Forum auf der Westseite des Gebäudes installiert hat.

Das »Kreuzworträtsel« besteht aus 450 (18 x 25 Zentimeter großen) Terrakottaplatten mit 119 zu lösenden Aufgaben. Obwohl dies keine Bedingung der Ausschreibung war, fragt Sellmann dominant nach Ökologischem, etwa nach SOLARANLAGEN, nach dem fremdwortlichen Pendant zu Schadstoffausstoß (EMISSION), nach einem französischen »Kultauto mit eingebautem Tempolimit« (ENTE), aber auch nach dem Vornamen des Schriftstellers Mühsam (ERICH) oder nach einer »Frau mit Fischschwanz« (NIXE).

Sellmanns Arbeit scheint zu einer seit Jahren zu beobachtenden Tendenz künstlerischer Betätigung zu passen. Der Arbeitsplatz der Künstler ist immer häufiger nicht mehr das Atelier und das bevorzugte Publikum nicht mehr nur der Museumsgänger. Kunst im öffentlichen Raum und im außermusealen Bereich wird zur Möglichkeit, rezipientenorientiert zu arbeiten und gesellschaftspolitische Ziele zu verfolgen. Sellmanns zum Rätseln und Mitmachen aufrufende Arbeit ist vergleichbar mit Projekten, in denen Künstler als Sozialarbeiter oder Dienstleister in öffentlichen Angelegenheiten kommentierend oder moderierend in Erscheinung treten.

Von traditioneller Museumskunst, die das Verhältnis von Gestalt und Inhalt formal-ästhetisch ausbalanciert, ist das »Kreuzworträtsel« jedenfalls denkbar weit entfernt. Die weitere bildliche Gestaltung überlässt es den Besuchern des Umweltbundesamts oder Kindern, die den Terrakottaplatten mit den bereitliegenden Kreiden und ihren verschiedenen Handschriften zu Leibe rücken und das Erscheinungsbild des Rätsels wenigstens bis zum nächsten Regenguss, der das Ganze wieder wegspült, verändern.

Das »Kreuzworträtsel« ist eine interaktive begehbare Denkskulptur, die im Unterschied zur Behörde auch eine gewisse Öffentlichkeit und Trans-

parenz herstellt. Dabei erweist sich der pädagogische und auf der Informationsebene sinnvolle Ansatz letztlich als Strategie einer Arbeit, die sehr komplexe künstlerische Strukturen hat und daraus ihren tieferen Reiz und ihre tiefere Bedeutung bezieht.

Die Arbeit ist ein Ratespiel. Und sie ist auch das Sinnbild eines Ratespiels, über das nachzudenken sich lohnt. So liegen die Terrakottaplatten in der Nähe des Eingangsbereichs vor dem Umweltbundesamt und sollen so vielleicht auch an das Rätsel der Sphinx erinnern. Jedenfalls gibt es Analogien. Indem er das Rätsel der Sphinx löste, befreite Ödipus die Stadt Theben von eben diesem unheilbringenden Dämon. Ähnlich könnte das Umweltbundesamt von der Last seiner Aufgaben befreit werden, wenn es den Menschen gelänge, die in Sellmanns Kreuzworträtsel angespielten Umweltprobleme zu lösen.

Indem Sellmann das Terrakotta-Rätsel als Artefakt und menschlichen Eingriff mitten in eine wilde Wiese gesetzt hat, gewinnt auch das Wachstum der Gräser um die Terrakotta-Platten herum eine eigentümliche Wertigkeit. Denn Boden und Grundwasser des Geländes, auf dem sich das Umweltbundesamt befindet, waren noch vor ein paar Jahren kontaminiert und praktisch ohne Vegetation. Das Zurückstutzen der auch zwischen den Fugen wuchernden Wildkräuter könnte als konservatorischer Akt verstanden werden, der den Blick auf den mahnenden Gehalt des Rätsels bis auf Weiteres wachhält und den damit verbundenen Erkenntnisprozess in Gang hält. Umgekehrt ließe sich das Gedeihen der Gräser als Ausdruck des erfolgreichen Revitalisierungsprozess lesen: Je weniger sichtbar das Kunstwerk, desto intakter die wiederhergestellte Umwelt!

Die Stärke von Michael Sellmanns Denkskulptur ergibt sich aus dem Zusammenspiel der einzelnen Elemente. Dazu gehören die visuelle Anmutung der in die Wildwiese eingebetteten Terrakottaplatten, der pädagogische Ansatz und die praktische Inanspruchnahme des Kreuzworträtsels, der Faktor Zeit und die Prozessualität sowie die sich daraus ableitende Sinnbildlichkeit.

Michael Sellmann

1950 geboren in Unna
1969–76 Freie Malerei bei Gustav Deppe, Werkkunstschule Dortmund
1976 Abschluss als Diplomdesigner
1978–82 Freie Malerei, Meisterschüler bei K. H. Hödicke, Hochschule der Künste Berlin
1985–90 Gastprofessur an der Hochschule der Künste Berlin
1991 Stipendium der Stiftung Kunstfonds, Bonn
Lebt und arbeitet in Berlin.

ARBEITEN UND AUSTELLUNGEN (AUSWAHL)

2002–04 ▸ Kunst-am-Bau-Projekt, Umweltbundesamt Dessau
2001 ▸ »Das Geheimnis der Zeit«, Museum der Geschichte, Athen
2000 ▸ Museum der Dinge, Martin-Gropius-Bau, Berlin
1999 ▸ Atelierausstellung
1998 ▸ European Surgical Institute, Hamburg
1996 ▸ shift, Berlin
1994 ▸ Dany Keller Galerie, München
1993–94 ▸ Bühnenbild zu Arnolt Bronnens »Vatermord«, Schauspielhaus Köln, Regie Hans-Michael Rehberg
1993 ▸ Museum Folkwang Essen
▸ Durhammer Galerie, Frankfurt am Main
1992 ▸ Neuer Berliner Kunstverein
▸ Durhammer Galerie, Frankfurt am Main
1991 ▸ »deadline«, Atelierausstellung
1990 ▸ Dany Keller Galerie, München
1988/89 ▸ »Stationen der Moderne«, Martin-Gropius-Bau, Berlin; Reina Sofia, Madrid; MoMA, New York
1982 ▸ Ausstellung im Kinofilm »Heller Wahn«, Margarethe von Trotta
1981 ▸ »Schwarz – der unbekannte Raum«, Installation, Kunsthalle Düsseldorf
▸ Darsteller im Kinofilm »Bleierne Zeit«, Margarethe von Trotta
1974 ▸ Kunstverein Unna
1968 ▸ Bühnenbilder zu Stücken von Beckett, Albee und Tardieu, Daniels Schauspiel, Unna

STANDORT KUNST AM BAU

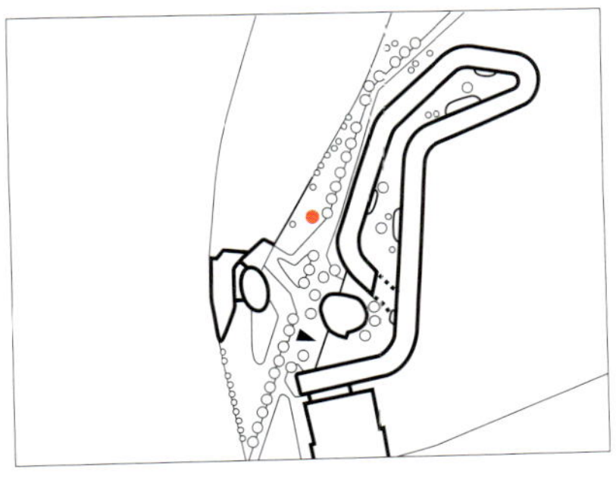

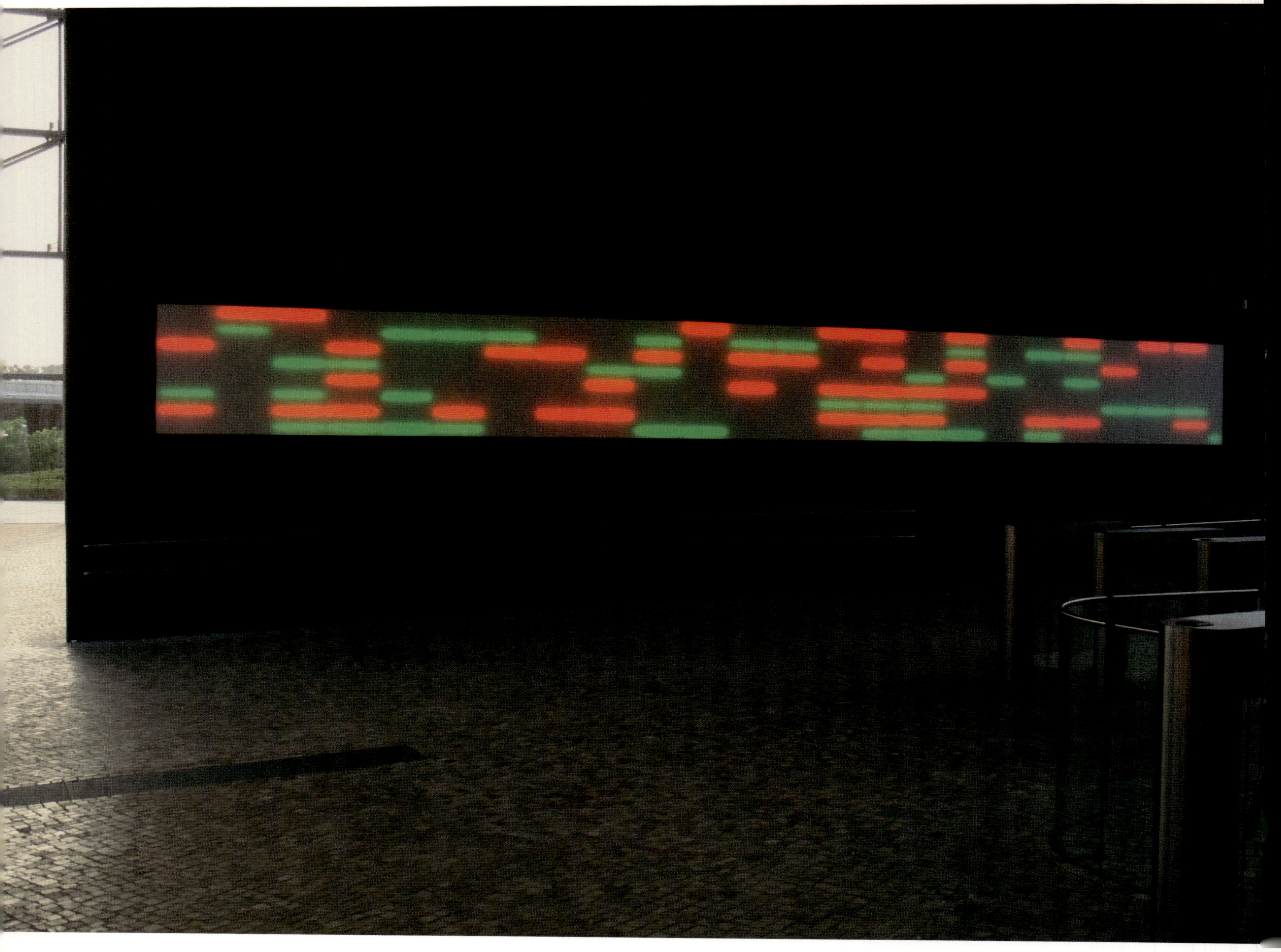

Elisabeth Heindl
Konsequenzen, 2005

Umweltbundesamt, Dessau

Elisabeth Heindl

Konsequenzen, 2005

Architektur

BAUMASSNAHME
Neubau eines Dienstgebäudes für das Umweltbundesamt, Dessau

BAUHERR
Bundesrepublik Deutschland, vertreten durch das Bundesministerium für Verkehr, Bau- und Stadtentwicklung, vertreten durch den Landesbetrieb Bau Sachsen-Anhalt, Hauptniederlassung, diese vertreten durch die Niederlassung Ost Dessau

NUTZER
Umweltbundesamt

STANDORT
Wörlitzer Platz 1, 06844 Dessau

ARCHITEKTEN/PLANUNG
Architekturbüro Sauerbruch Hutton, Berlin

BAUZEIT
2002–05

VERFAHREN
Wettbewerb 1997/98

PROJEKTKOSTEN
68 Mio. Euro

Kunst am Bau

VERFAHREN
offener zweiphasiger anonymer Wettbewerb für Künstler aus Europa und Israel mit 15 für die zweite Phase ausgewählten und drei beauftragten Künstlern

STANDORT
Durchgangsbereich vom Forum zum Atrium

KÜNSTLER
Elisabeth Heindl, München

TITEL/WERK
»Konsequenzen«

MATERIAL/TECHNIK
interaktive Wandarbeit (LED-Wand)

ENTSTEHUNG
2005

PROJEKTKOSTEN
40 000 Euro

WEITERE KÜNSTLER
Michael Sellmann (siehe S. 92–95)
Hans-Joachim Härtel

Es gibt Kunstwerke, wie Michael Sellmanns »Kreuzworträtsel« für das Umweltbundesamt in Dessau (siehe S. 92–95), die in ihrer Struktur einfach wirken und doch sehr komplex sind. Und es gibt Arbeiten, die in ihrem technischen Aufwand und ihrer abstrakten Bildlichkeit zunächst vielleicht kompliziert wirken, dann aber eine große Klarheit und Selbstverständlichkeit an den Tag legen. Zu letzteren gehört der »Konsequenzen« betitelte interaktive Lichtstreifen, den die Münchner Künstlerin Elisabeth Heindl im selben Dessauer Umweltbundesamt im hochfrequentierten Durchgangsbereich vom Forum zum Atrium installiert hat.

Es ist eine im Jahre 2005 auf der Westseite angebrachte 11,80 x 1,18 Meter große Wand aus Leuchtdioden (LED) mit insgesamt zweihundert rechnergesteuerten LED-Streifen. Ein Sensor, der auf die Bewegungen der vorübergehenden Bediensteten und Besucher reagiert, aktiviert diese in unterschiedlicher Stärke rot und grün aufleuchtenden Streifen nach dem Zufallsprinzip. Mit jedem neuen Passanten verdichten sich die von RNA-Strukturen inspirierten Linien, erstarren zwischenzeitlich zu Standbildern, bis sie sich bei der nächsten Bewegungsmeldung erneut verändern.

Als Schülerin des Architekten, Raumplaners und Designers Paolo Nestler, von dem die farbintensive Innengestaltung zahlreicher Münchner U-Bahnhöfe stammt, hat Elisabeth Heindl einen besonderen Hang zur Architektur. Sie versetzt skulpturale Räume in Bewegung oder manipuliert durch Hinzufügung neuer architektonischer Elemente gegebene Raumsituationen so, dass sie Bewusstseinsprozesse in Gang setzen.

Bei der LED-Wand in Dessau überzeugen zunächst einmal die formalen Qualitäten. Die komplementär grünen und roten Farbstriche und die sich stets ändernden horizontalen Strichstrukturen sind ebenso schön anzusehen wie das elegant 10 : 1 proportionierte Seitenverhältnis der Gesamtfläche, die die LED-Wand zum belebenden Element der Passage macht. »Konsequenzen« geht ein symbiotisches Verhältnis mit der Wand ein und harmoniert als gehobenes Design auch bestens mit den lichten Trennelementen. An prominenter Stelle bietet der Lichtstreifen so ein abstraktes Schauspiel, das sich weder zurücknimmt noch in den Vordergrund spielt.

So gut sich die Arbeit in Sauerbruch Huttons Architektur mit der farbigen Holz-Glasfassade und in den Durchgang einfügt, so wenig erschöpft sie sich in einem formalen Selbstbezug als Gestaltungselement. Sie bewahrt sich zwar ihre Eigengesetzlichkeit, ist aber, indem sie die Mitarbeiterströme registriert und sich so interaktiv auf die Umgebung bezieht, doch nicht autonom. Aufgrund der Durchgangssituation erschließt sie sich den Passanten, die gleichzeitig der Grund der Bildveränderungen sind. Dabei wird »Konsequenzen« zur medientechnischen Reflexion über das Leben schlechthin. Mit den im Vorübergehen strichcodemäßig erfassten Menschen entsteht ein »ent-emotionalisiertes« Bild des Kommens und Gehens, das

bewusst formale Analogien zu RNA-Strukturen aufweist. Elisabeth Heindl selbst holt weit aus, um den Ausgangspunkt ihrer Arbeit zu beschreiben: »Menschen hinterlassen durch ihre Existenz Spuren, genetische, physische und geistige, materielle wie immaterielle, konstruktive und destruktive.«

Das in der Veränderung der Bildfläche sichtbar gemachte Betreten des nicht mehr der Öffentlichkeit, sondern nur noch den Mitarbeitern des Umweltbundesamts zugänglichen Atriums steigert Elisabeth Heindl zu

Elisabeth Heindl

1960 geboren in München
1980–86 Studium an der Akademie der bildenden Künste München bei Paolo Nestler und Sir Eduardo Paolozzi
Lebt und arbeitet in München.

PREISE/STIPENDIEN

1999▸Stipendium des Landes Sachsen-Anhalt
1998▸Stipendium der Mathias Pschorr Stiftung
1994▸Stipendium der Erwin und Gisela von Steiner Stiftung
1986▸Dachauer Kunstpreis
1984▸Kunstpreis des 88. Deutschen Katholikentages

KUNST AM BAU

MGM Media Gruppe, München
Umweltbundesamt, Dessau

EINZELAUSSTELLUNGEN (AUSWAHL)

2005▸»Raum in Bewegung«, Kunsthaus Orplid in Solln, München
2002▸Vessilli di Silenzio, Neapel
2001▸Neues Stadtmuseum, Landsberg ▸Galerie Markt Bruckmühl (mit Sigrid Pahlitzsch)
2000▸Galerie Epikur, Domus Aurea, Wuppertal,
1999▸Orplid, München ▸marquardt Ausstellungen, München ▸Kunstverein, Kronach
1998▸KunstKreis, Landshut ▸Kulturwerkstatt, urban, Fürstenfeldbruck
1997▸marquardt Ausstellungen, München ▸Liebenweinturm, Burghausen
1995▸marquardt Ausstellungen, München
1994▸Ladengalerie Lothringer Straße, München
1993▸Landesmuseum, Galerie et zetera, Mainz
1990▸Produzentengalerie, München
1989▸Galerie der KVD, Raumbilder-Bildräume, Dachau (mit Annekathrin Norrmann)
1987▸Produzentengalerie, München
1986▸Produzentengalerie, Motion, München

einer universellen ästhetischen Erfahrung und Betrachtung des Lebens. Das Kommen und Gehen der Bediensteten und Besucher wird in der objektiven Klarheit und intersubjektiven Ästhetik digital gesteuerter Lichtspuren zum Sinnbild des Entstehens und Vergehens.

Elisabeth Heindls Werk hat mit Informationsästhetik, dem Glauben an die (durch den Zufallsgenerator selbstverständlich eingeschränkte) Berechenbarkeit und Verbindlichkeit von Schönheit zu tun. Auch die in den

neunziger Jahren virulenten Medientheorien dürften hier einen Widerhall gefunden haben. Doch illustriert Elisabeth Heindl weder zustimmend noch ablehnend endzeitliche Szenarien, sondern bringt die Dinge behutsam und künstlerisch ausgewogen in einen Dialog.

»Konsequenzen« entzieht sich in der Prozessualität und im formalen Habitus der Vorstellung eines traditionellen Kunstwerks. Dabei zeigen gerade diese interaktiven Lichtstreifen, wie sehr sich »Medienarbeiten« als Kunst am Bau eignen, wenn sie die Erscheinung konkreter Kunst und die Prozessualität wechselnder Bilder mit poetischen Inhalten verbinden.

Die Designorientierung von Elisabeth Heindls Werk erlaubt einen schnellen visuellen Zugriff auf das Sinnbild des Lebensgleichnisses und wird der Flüchtigkeit der architektonischen Durchgangssituation zwischen Forum und Atrium, die das Einnehmen eines traditionellen Betrachterstandpunktes ausschließt, auf prägnante und anregende Art und Weise gerecht.

AUSSTELLUNGSBETEILIGUNGEN (AUSWAHL)

2006 ▸ »Kunst und Kirche«, Begegnungen, Wehr-Öflingen
▸ »Skulpturenweg«, Bruckmühl
2003 ▸ »Kunst und Kirche. Dialoge«, Wehr-Öflingen
▸ »Glas Hier und Heute«, Schloss Theuern, Amberg
2001 ▸ Stipendiatenausstellung, Kunstverein, Röderhof
▸ »Artionale«, München
▸ »Kirchenträume«, Karlsruhe
▸ Kloster Drübeck
1999 ▸ »Das Geistige in der Kunst«, Kreissparkasse, Esslingen
1996 ▸ »Bildhauerzeichnungen«, Kunstverein Eisenturm, Mainz
1992 ▸ Galerie Karin Sachs, München
▸ »Bayerische Kunst unserer Tage«, Nationalgalerie, Breslau
1989 ▸ Galerie der Landesbank, München
▸ Kleiner Kunstpalast, Meran
1988 ▸ Part, Heiliggeistkirche, Speyer
1987 ▸ »Dominanz Schwarz«, Palais Walderdorff, Trier
1984 ▸ »Das Gelbe vom«, Galerie der Künstler, München
1983 ▸ »Dzonk«, Künstlerwerkstatt Lothringer Straße, München
1982 ▸ Stavanger Kunstverein
▸ »Robert Jacobsen und ehemalige Schüler«, Residenz, München
▸ »Bildhauer in Deutschland«, Nordjyllands Kunstmuseum, Arlborg

STANDORT KUNST AM BAU

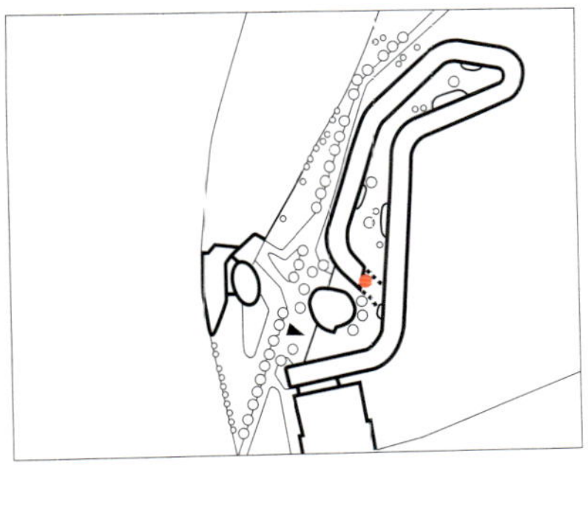

Veronika Kellndorfer
o. T., 1999

Bundesarbeitsgericht, Erfurt

Ulrike Drasdo
o. T., 1999

Ian Hamilton Finlay
o. T., 1999

Katharina Grosse
o. T., 1999

Veronika Kellndorfer
o. T., 1999

Klaus Kinold
o. T., 1999

Jürgen Partenheimer
Weltachse, 1999

Ricardo Saro
o. T., 1999

Rémy Zaugg
o. T., 1999

Architektur

STANDORT
Hugo-Preuss-Platz 1, 99084 Erfurt

ARCHITEKTEN/PLANUNG
Weinmiller Architekten BDA

BAUHERR
Bundesrepublik Deutschland, vertreten durch das Bundesministerium für Raumordnung, Bauwesen und Städtebau, vertreten durch die Oberfinanzdirektion Erfurt, Staatsbauamt Erfurt

BAUZEIT
1996–99

VERFAHREN
Wettbewerb (EU-weit) 1995

PROJEKTKOSTEN
63,2 Mio. Euro

Nachdem die Föderalismuskommission 1992 die Verlegung des Bundesarbeitsgerichtes von Kassel nach Thüringen beschlossen und man sich auf Erfurt als neuen Standort geeinigt hatte, entstand dort der im Jahre 2000 eingeweihte neue Dienstsitz. Die Berliner Architektin Gesine Weinmiller errichtete in einem Park unterhalb der barocken Zitadelle Petersberg einen viergeschossigen rechteckigen Baublock, der zwei Innenhöfe umschließt. Die Fassade aus Sichtbeton und Naturstein gibt keinen Aufschluss über Struktur und Funktion der dahinterliegenden Räume. Der halb verschlossene, halb transparente Bau sucht den Ausgleich von demokratisch gestimmter Offenheit und Repräsentation. Ebenso innen. Das einschüchternde Pathos großer Portale und steiler Treppen ist vermieden und doch biedert sich hier nichts an. Alles ist edel und erhaben, von der klaren Strukturgebung bis hin zur Ausstattung mit Eichenpaneelen, Teppichböden oder gediegenem Naturstein.

Katharina Grosse
o. T., 1999

Die ausgeprägte architektonische Ästhetik des Gebäudes mit ihren abstrakten Tendenzen setzt sich in der Kunst am Bau fort. Diese ging aus einem bereits 1997/98 durchgeführten Kunstwettbewerb hervor, deren Jury auch die Architektin Gesine Weinmiller angehörte. Die Liste der beteiligten Künstler und ihrer Werke ist beachtlich. Jürgen Partenheimer stellte eine aus Bronzewürfeln bestehende Stele in den Innenhof, Katharina Grosse steuerte drei farbige Aluminiumtafeln bei, Ricardo Saro zwei Ölgemälde, Ulrike Drasdo textile Wandbehänge, Veronika Kellndorfer eine in die Architektur eingesetzte Installation aus Glastafeln, Klaus Kinold fotografische Arbeiten und Rémy Zaugg vier Schrifttafeln. Nicht zu vergessen die Schieferbänke am Teich von Ian Hamilton Finlay. Trotz der Vielfalt der Positionen wirkt die Ausstattung wie aus einem Guss, was dem Umstand zu verdanken ist, dass alle Künstler eine auffallende Architekturaffinität mitbringen.

Veronika Kellndorfer geht mit ihren Tableaus auf bauliche Gegebenheiten ein. Im Bundesarbeitsgericht hat sie die nördliche Seitenwand des großen Verhandlungssaals durch wandhohe und über Eck gezogene Glastafeln ersetzt. Diesen sind im Siebdruckverfahren Fotos der Fenster des Hauptpostamtes von Neapel aufgedruckt. Die auf der Westseite negativ, auf der Ostseite positiv bedruckten Glaswände spiegeln symbolisch die Transparenz demokratischer Entscheidungsprozesse. Sie bringen sich aber auch über formale Bezüge zur Architektur ins Spiel, indem sie die von Waagerechten und Senkrechten geprägte Struktur der gerasterten, nur durch versetzt angeordnete Schiefertafeln aufgelockerten Fassade des Gerichtsgebäudes reflektieren.

Enge Bezüge zur Architektur charakterisieren auch die Bildtafeln der raumbezogen arbeitenden Düsseldorfer Malerin Katharina Grosse im südli-

VERSCHIEDENE STANDORTE
IM INNEN- UND AUSSENBEREICH
ENTSTEHUNG
1999
VERFAHREN
beschränkter Realisierungswettbewerb

chen der zwei kleinen Verhandlungssäle. »Ich lasse mich auf die Konditionen ein, in die die Arbeit eingebettet wird. Im White Cube sind andere gegeben als im Außenraum oder in dem Turmzimmer eines Wasserschlosses«, sagte Grosse einmal im Interview. Die abstrakte Farbmalerei ist auf Aluminiumtafeln aufgetragen. Die drei flachen Tafeln stellen die Grenze zwischen Bildkunstwerk und Architektur nicht in Frage. Sie reflektieren aber doch in Farbe und Form die Architektur und den Raum bis hin zu seiner Möblierung.

Die Architektur bleibt auch bei Ricardo Saro Ausgangspunkt. Der bei Hannover lebende Maler stellt auf zwei Ölgemälden, die auf der Rückwand des nördlichen Verhandlungssaals angebracht sind, Farbflächen gegeneinander. In vielen Schichten aufgebaut, legen die roten und blauen Quadrate nicht nur einen Dualismus an den Tag, wie er zu einem Gericht, in dem zwei Parteien aufeinandertreffen, passt. Sie paraphrasieren mit abstrahierten Maßen und Proportionen auch die architektonische Umgebung.

Die Kunst des Bundearbeitsgerichts ist insgesamt eher abstrakt ausgerichtet, gegenständliche oder gar erzählende Malerei gibt es hier nicht. Selbst die textilen Wandbehänge der Bildweberin Ulrike Drasdo im kleineren der Besprechungsräume im dritten Obergeschoss halten sich bedeckt und lassen durch ihr Binnenmuster allenfalls vage an Buchrücken denken. Die offensichtlich Bauhaus-Idealen verpflichteten drei Textilbilder dienen sich trotz kräftig leuchtener Farben mit einem geometrisch abstrakten Muster dem Habitus des Ambientes an.

Rémy Zauggs vier Aluminiumschrifttafeln sind der malerischen Sinnlichkeit abholde sprachbildliche Abstraktionen: »ICH, DAS BILD, ICH ÖFFNE DIE AUGEN UND DIE WELT SIEHT MICH« ist auf einer Tafel zu lesen oder »UND GÄBE ES, WENN ICH WORT ERGREIFE, DIE WELT NICHT MEHR« auf einer anderen. Die Arbeiten reflektieren die Aufgabe des

Ricardo Saro
o. T., 1999

Ulrike Drasdo
o. T., 1999

Gerichts, indem sie – so die Erläuterungen Zauggs – die Kunst der Interpretation als Grundlage von Recht und Gerechtigkeit in unserer Gesellschaft thematisieren. Der 2005 verstorbene Schweizer Künstler fand nicht nur durch seine langanhaltende Zusammenarbeit mit dem Schweizer Architektenpaar Jacques Herzog und Pierre de Meuron Beachtung, sondern machte auch als »Philosophenkünstler« mit theoretischen Arbeiten auf sich aufmerksam. In dem Buch »Das Kunstmuseum, das ich mir erträume oder Der Ort des Werkes und des Menschen« (1987) plädierte er für architektonische Einfachheit und die (vielfach nicht gegebene) unmittelbare Präsenz des Kunstwerkes. Seinen Vorstellungen entsprechend bilden die Tafeln keine lineare Abfolge und »Saalflucht«, sondern begleiten in größeren Abständen den Weg vom Bibliotheksfoyer ins Foyer vor dem Sitzungsbereich.

Architektur in Reinkultur gibt es bei Klaus Kinold. Kinold, der sich nach dem Architekturstudium bei Egon Eiermann der Architekturfotografie zuwandte und von 1987 bis 1996 einen Lehrauftrag für Fotografie an der Staatlichen Akademie der Bildenden Künste in Stuttgart hatte, bringt als einer der Großen seines Faches ein dem Ausstattungsduktus des Bundesarbeitsgerichts sehr entgegenkommendes Credo mit: »Ich will Architektur zeigen, wie sie ist.« Den beiden hinterleuchteten gläsernen Trennelementen der Tresen im Casino im Erdgeschoss hat der in München lebende Kinold Fotos

Ulrike Drasdo

PROJEKTNAME
o. T.
GATTUNG
Textile Wandbehänge
D-MARK
18 500

BIOGRAFIE
1951 geboren in Suhl
1980–83 Fachschule für Angewandte Kunst, Schneeberg
1992–94 Lehrtätigkeit an der Erfurter Malschule
Lebt in Hohenfelden.

AUSSTELLUNGEN (AUSWAHL)
2007 ▸ Stadtbibliothek, Weimar
▸ Thüringer Landtag, Erfurt (mit der Künstlergruppe TAT)
▸ Kulturhof zum Güldenen Krönbacken, Erfurt (mit der Künstlergruppe TAT)
▸ Linde-KCA-Dresden GmbH, Dresden
▸ Haunscher Hof, Bad Salzungen
▸ Glockenmuseum, Apolda (mit der Künstlergruppe TAT)
2006 ▸ ARThuer – Thüringer Kunstmesse, Erfurt
▸ Thüringer Freilichtmuseum Hohenfelden
2005 ▸ Stadtkirche Wittenberg
▸ Kulturhof »Güldener Krönbacken Erfurt«
2004 ▸ ARThuer – Thüringer Kunstmesse, Erfurt
2002/03 ▸ Thüringer Energie AG, Erfurt
2002 ▸ ARThuer – Thüringer Kunstmesse, Erfurt
▸ Landeskunstausstellung Thüringen, Erfurt
2001 ▸ Kunsthaus Apolda Avantgarde, Apolda
2000 ▸ ARThuer – Thüringer Kunstmesse, Erfurt

der Bewehrungsgitter des Rohbaus des Bundesarbeitsgerichts aufgedruckt und nimmt damit direkten Bezug auf die architektonische Großform.

Auch Jürgen Partenheimer bezieht sich wie die anderen der hier vertretenen Künstler formal auf das Gebäude. Die aus 14 fragil-stabil übereinander gestapelten und ultramarin bemalten Bronzewürfeln gebildete »Weltachse« im Vorhof reagiert mit ihrer Höhe von zehneinhalb Metern nicht nur auf die Proportion des Hofes, sondern bietet dem Eintretenden auch einen optischen Halt, wobei mit Partenheimers Worten »die fragile, doch markante Senkrechte wie ein Pol innerlicher Verankerung von Architektur und inhaltlicher Bestimmung des Ortes« wirkt.

Auch den von den Landschaftsarchitekten Kinast, Vogt und Partner, Zürich, gestalteten Außenbereich des Bundesarbeitsgerichts prägen Würde, Zurückhaltung und Distinktion. Dabei haben die zwei Schieferbänke auf der Freifläche östlich des Teiches einen hohen poetischen Reiz. Der im Jahre 2006 verstorbene schottische Künstler Ian Hamilton Finlay hat den Bänken Verse des römischen Dichters Horaz eingemeißelt: »STERILISQUE DIU PALUS APTAQUE REMIS / VICINAS URBES ALIT ET GRAVE SENTIT ARATRUM«; die Übersetzung folgt auf der zweiten Bank: »DA WO EHMALS RUDER DIE HOHEN WELLEN TEILTEN / DA LOCKERT JETZT DER PFLUG DAS LAND«. Fernab von jedem Mainstream sind die Bänke ein schwergewichtiges Stück Hochkultur und damit für Hamiltons künstlerische Aktivitäten typisch. Schon früh hat Hamilton Steine beschriftet und als »One Word Poems« in den »Little Sparta« genannten großen und weltberühmten Garten seines Hauses nahe Edinburgh aufgenommen.

Rémy Zaugg
o. T., 1999

Die Kunst im Bundesarbeitsgericht kümmert sich nur hintergründig um die vom Gericht wahrgenommenen Aufgaben, wobei thematische Beziehungen – mit Ausnahme von Zaugg – in der Entgegensetzung von Formen und Farben oder von Positiv und Negativ rein formal ausgetragen werden. Kunst und Architektur dagegen begegnen sich auf mehreren Ebenen, wobei die Kunst die Architektur nicht »gegen den Strich bürstet«. Das Bundesarbeitsgericht in Erfurt ist vielmehr ein Gesamtkunstwerk, in dem die Kunst die Architektur umschmeichelt und die Architektur die Kunst.

Ian Hamilton Finlay

PROJEKTNAME
o. T.
GATTUNG
2 Schieferbänke
D-MARK
41 000

BIOGRAFIE
1925 geboren in Nassau, Bahamas
2006 gestorben in Edinburgh

AUSZEICHNUNGEN
2003▸Preis des Scottish Arts Council Creative Scotland
2002▸»Scottish Horticultural Medal« der Royal Caledonian Horticultural Society
2002▸CBE in New Year's Honours
1999▸Ehrenprofessur der University of Dundee
1993▸Ehrendoktorwürde der Heriot-Watt University Edinburgh
1987▸Ehrendoktorwürde der University of Aberdeen
1985▸Turner Prize, London

PERMANENTE INSTALLATIONEN IN DEUTSCHLAND
2000▸Wallraf-Richartz-Museum, Köln
1999▸Bundesarbeitsgericht, Erfurt
▸Bundesgartenschau, Magdeburg
▸Park am Goetheturm, Frankfurt
▸Dienstgebäude für den Generalbundesanwalt beim Bundesgerichtshof, Karlsruhe
1994▸Schröder, Münchmeyer, Hengst & Co. Bank, Frankfurt am Main
1991▸Badische Landesbibliothek, Karlsruhe
▸Overbeck-Gesellschaft, Lübeck
1987▸Skulptur Projekte Münster
1979▸British Embassy, Bonn
1975▸Garten des Max-Planck-Instituts, Stuttgart

EINZELAUSSTELLUNGEN (AUSWAHL)
2007▸»Ian Hamilton Finlay & Cerith Wyn Evans«, Ingleby Gallery, Edinburgh
2007▸»The Sonnet is a Sewing-Machine for the Monostich«, Victoria Miro Gallery, London
2005▸»Sentences«, Inverleith House, Royal Botanic Garden Edinburgh
▸»L'Idylle des Cerises«, Ingleby Gallery, Edinburgh
▸»Early Works from the Wild Hawthorn Press 1964–1971 from the Collection of Edwin Morgan«, Scottish Poetry Library, Edinburgh
▸»Of Conceits and Collaborators«, National Library of Scotland, Edinburgh
2004▸»Works on Paper 1968–2000«, The UBS Art Gallery, New York
▸»Vessels«, The Arts Club of Chicago, Chicago
2003▸»Idylls and Interventions«, Victoria Miro Gallery, London
2002▸»Maritime Works«, Tate St. Ives, Cornwall
▸Nolan/Eckman Gallery, New York
▸Ingleby Gallery, Edinburgh
2001▸»Souvenirs: 100 Postcards by Ian Hamilton Finlay«, The Scottish National Gallery of Art, Edinburgh
▸Stampa, Basel
2000▸Garden Works, Nolan/Eckman Gallery, New York
▸»Ian Hamilton Finlay/Richard Tuttle«, Stampa, Basel
▸»Nature Over Again After Poussin«, McMaster Museum of Art, Hamilton

Katharina Grosse

PROJEKTNAME
o. T.
GATTUNG
Aluminiumtafeln
D-MARK
12 500

BIOGRAFIE
1961 geboren in Freiburg/Breisgau
seit 2000 Professur an der Kunsthochschule Berlin-Weißensee. Lebt und arbeitet in Düsseldorf und Berlin.

EINZELAUSSTELLUNGEN (AUSWAHL)
2006▸De Appel, Amsterdam
▸Galerie Mark Müller, Zürich
▸Galería Helga de Alvear, Madrid
▸The Factory for Art and Design, Kopenhagen
▸Contemporary Arts Center, Cincinnati
▸Barbara Gross Galerie, München
2005▸Christopher Grimes Gallery, Los Angeles
▸Solvent Space, Richmond
▸Palais de Tokyo, Paris
▸Bergen Kunsthall, Bergen
▸Galerie Conrads, Düsseldorf
2004▸Magasin 3 Stockholm Konsthall, Stockholm
▸SAFN, Reykjavik
▸Contemporary Arts Museum Houston
▸Galeria Filomena Soares, Lissabon
▸Viafarini, Mailand
2003▸Fred-Thieler-Preis, Berlinische Galerie, Berlin
▸Christopher Grimes Gallery, Los Angeles
▸Galerie Conrads, Düsseldorf
▸Galerie Mark Müller, Zürich
2002▸Ikon Gallery, Birmingham
▸Städtische Galerie im Lenbachhaus, München
▸Barbara Gross Galerie, München
▸»Inside the White Cube«, White Cube, London
▸Kunsthalle zu Kiel
2001▸Billboard, Auckland
▸Sarah Cottier Gallery, Sydney
▸UCLA Hammer Museum, Los Angeles
2000▸Galerie Mark Müller, Zürich
▸Galerie Sfeir-Semler, Hamburg

Veronika Kellndorfer

PROJEKTNAME
o. T.
GATTUNG
Glastafeln
D-MARK
66 000

BIOGRAFIE
1962 geboren in München
1983–90 Studium an der Hochschule der Künste, Berlin
Lebt und arbeitet in Berlin.

PREISE/AUSZEICHNUNGEN
2005▸»Project grant«, Hauptstadtkulturfonds
▸Villa Massimo, Artist in Residence, Rom
2003▸Villa Aurora, Artist in Residence, Los Angeles
2001▸Grant, Senat für Wissenschaft, Forschung und Kultur, Berlin
2000▸Akademie Schloss Solitude, Artist in Residence, Stuttgart
1998▸Grant, Stiftung Kunstfonds, Bonn

Klaus Kinold
o. T., 1999

KUNST AM BAU/ARBEITEN IM ÖFFENTLICHEN RAUM

2004 ▸ »sur le pont«, Lichtarbeit für eine Brücke, Berlin
2002 ▸ »de passage, window for an underpass«, Haus der Kunst, München
1999 ▸ »règle du jeu«, Fakultät für Wirtschaftswissenschaft, Otto von Guericke Universität, Magdeburg
▸ Palazzo Postale, Bundesarbeitsgericht, Erfurt
▸ »cage d'escalier«, ARD-Hauptstadtstudio, Berlin
1998 ▸ Piazza Bologna II, Außenfassade, Siemens AG, München
1997 ▸ Piazza Bologna, Siemens AG, büro orange, München
1996 ▸ »Belle Vue«, S-Bahnhof Bellevue, Berlin

EINZELAUSSTELLUNGEN (AUSWAHL)

2007 ▸ »Fahnemann Projects. dream switch«, Berlin
2006 ▸ » Okkupation«, Temporäre Interventionen in Berlin, Projekte im öffentlichen Raum, Berlin
▸ »Eames«, Hamburger Bahnhof, Berlin
▸ »Dream Spaces«, Christopher Grimes Gallery, Santa Monica
▸ »Agglomération«, Hufeisensiedlung, U-Bahnstation Blaschkoallee, Fritz-Reuter-Allee, Berlin
2005 ▸ »Transatlantic«, Martin-Gropius-Bau, Berlin
▸ »Il parco«, Villa Massimo, Rom
▸ »Exterior and interior dreams«, Berlinische Galerie, Berlin
2004 ▸ »Stardust«, Spiegel Archiv, Munich
2003 ▸ »SCHOCKEN«, Akademie Schloss Solitude und Hegelmuseum, Stuttgart
▸ »Building paradise«, University of Southern California, Los Angeles
2002 ▸ »The Invisible and the Visible«, UIA Architektur-Weltkongress, Berlin
▸ »Fiktion Berlin«, Galerie Kritiku, Adria Palais, Prag
2001 ▸ »Under ground«, Galerie Neue Meister, Albertinum, Dresden
▸ »SCHOCKEN«, Akademie Schloss Solitude und Hegelmuseum, Stuttgart
▸ »Filiale di Napoli«, Kunstbank und art forum, Berlin
2000 ▸ Solitude im Museum, Staatsgalerie Stuttgart – Musée d'Art Moderne St. Etienne
▸ Neuordnung der Sammlungen, Hamburger Bahnhof, Berlin
▸ Schloss Solitude, Stuttgart
▸ Melnikov, Brandenburgische Kunstsammlungen, Cottbus

Klaus Kinold

PROJEKTNAME
o. T.
GATTUNG
Fotografische Arbeiten
D-MARK
40 000

BIOGRAFIE

1939 geboren in Essen
Studium der Architektur bei Prof. Egon Eiermann an der TU Karlsruhe
1987–96 Lehrauftrag für Fotografie an der Staatlichen Akademie der Bildenden Künste Stuttgart. Lebt in München.

EINZELAUSSTELLUNGEN (AUSWAHL)

2001 ▸ Neues Museum Nürnberg
1999 ▸ Dany Keller Galerie, München
1997 ▸ Ausstellungsfoyer Vereinte Versicherungen, München
1996 ▸ Kunstverein Ingolstadt
1995 ▸ Galerie der Stadt Kornwestheim
▸ Die Neue Sammlung, München
1994 ▸ Lichtbild Galerie, Worpswede
1993 ▸ Kunsthalle, Bielefeld
1987 ▸ Galerie Roland Angst, München
1985 ▸ Werkstatt Galerie, München
▸ Portofolie Galerie, Antwerpen
1984 ▸ Sprengel Museum, Hannover
▸ Musei Comunali, Rimini
▸ Galerie Jutta Rößner, Stuttgart
1983 ▸ Galerie Rudolf Kicken, Köln

Jürgen Partenheimer

PROJEKTNAME
»Weltachse«
GATTUNG
14 bemalte Bronzewürfel
D-MARK
108 000

BIOGRAFIE
1947 geboren in München
1968 Studium der Kunstgeschichte, Philosophie und Theatergeschichte in München
1973 Meisterschülerdiplom am Art Department der University of Arizona
1976 Promotion in München
1982-94 Gastprofessuren unter anderem an der University of Arizona, Tuscon, der Staatlichen Akademie der bildenden Künste Düsseldorf, der Rijksakademie van Beeldende Kunsten, Amsterdam, und dem Edinburgh College of Art
Lebt und arbeitet in der Nähe von Köln.

AUSSTELLUNGEN (AUSWAHL)
2006▸Staatliche Kunsthalle Karlsruhe
▸Häusler Contemporary, München
2005▸Villa Massimo, Rom
▸Sächsische Landesbibliothek - Staats- und Universitätsbibliothek Dresden
▸Sinclair House, Bad Homburg
▸»Munch revisited«, Museum für Kunst und Kulturgeschichte, Dortmund
▸»Loveparade 1«, Häusler Contemporary, München
▸»Krypta 182«, Bergisch-Gladbach
2005▸»Farbe + Kontraste und Nebenwirkungen – Teil 2«, Kunsthaus Essen
2004/05▸Kunstverein Dortmund
2004▸Royal Hibernian Academy, Dublin
▸Pinacoteca do Estado, São Paulo
▸Museum am Ostwall, Dortmund
▸Kunsthaus Essen
▸»Der Schein der Dinge«, Museum am Ostwall, Dortmund
▸Centro Galego de Arte Contemporánea, Santiago de Compostela
2003▸Kunsthaus Grenchen
▸Häusler Contemporary, München
▸Galerie Onrust, Amsterdam
▸Galerie Hans Strelow, Düsseldorf
2002▸»Zeitgenössische ...«, Galerie Netuschil, Darmstadt
▸»La Robe des Choses«, Stedelijk Museum voor Actuele Kunst, Gent
2001▸Kunstmuseum Bonn
2000▸National Museum of Fine Arts, Peking
▸Gemeentemuseum, Den Haag

Jürgen Partenheimer
Weltachse, 1999

Ian Hamilton Finlay
o. T., 1999

Ricardo Saro

PROJEKTNAME
o. T.
GATTUNG
zwei Ölbilder
D-MARK
27 000

BIOGRAFIE
1947 geboren in Santander/Spanien
1967-71 Studium an der Werkkunstschule Hannover
1972-81 Studium der Hochschule der Künste Berlin
1996-98 Artist in Residence an der Universität Witten-Herdecke
PREISE/STIPENDIUM
1993▸Niedersächsisches Künstlerstipendium
1993▸Sprengelpreis für Bildende Kunst

AUSSTELLUNGEN (AUSWAHL)
2006▸»Accrochage«, Art Studio 1, Deinste
2001▸»Accrochage«, Galerie Peter Zimmermann, Mannheim
2000▸»Ricardo Saro Bilder«, Galerie Peter Zimmermann, Mannheim
1999▸»Die Farbe (rot) hat mich«, Karl Ernst Osthaus Museum, Hagen

Rémy Zaugg

PROJEKTNAME
o. T.
GATTUNG
vier Schrifttafeln
D-MARK
100 000

BIOGRAFIE
1943 geboren in Courgenay
2005 gestorben in Basel

AUSSTELLUNGEN (AUSWAHL)
2004▸»White Spirit«, Frac Lorraine, Metz
▸»A-Z«, Brooke Alexander Gallery, New York
▸Barbara Gross Galerie, München
2003▸»Rémy Zaugg Works 1963-2003«, Mai 36 Galerie, Zürich
▸»On Kawara: Consciousness, meditation, watcher on the hill, 2002 - Rémy Zaugg: De la mort II, 1999-2002«, Le Consortium, Dijon
▸»Talking Pieces - Text und Bild in der Zeitgenössischen Kunst«, Städtisches Museum Leverkusen Schloss Morsbroich, Leverkusen
▸»Warum!«, Martin-Gropius-Bau, Berlin
2002▸»Les années 70 : l'art en cause«, CAPC Musée d'Art Contemporain Entrepôt, Bordeaux
▸»Imagine, You Are Standing Here in Front of Me«, Caldic Collection, Museum Boijmans Van Beuningen, Rotterdam
▸»French Collection - rien ne presse/slow and steady/festina lente/deuxième épisode«, Musée d'Art Moderne et Contemporain, Genf
▸»Nouvelle simplicité - art »construit« et architecture suisse contemporaine«, Espace de l'Art Concret, Château de Mouans, Mouans-Sartoux
▸»About death II«, Art Unlimited, Art 33, Basel
2001▸»To Be Continued«, Magasin 3 Stockholm Konsthall
▸»Abbild. Recent Portraiture and Depiction«, Steirischer Herbst, Graz
2000▸»Über den Tod«, Kunsthalle Bern

STANDORTE KUNST AM BAU
1 Ulrike Drasdo
2 Ian Hamilton Finlay
3 Katharina Grosse
4 Veronika Kellndorfer
5 Klaus Kinold
6 Jürgen Partenheimer
7 Ricardo Saro
8 Rémy Zaugg

Matt Mullican
o. T., 2001

Internationaler Seegerichtshof, Hamburg

Matt Mullican

o. T., 2001

Architektur

BAUMASSNAHME
Neubau Internationaler Seegerichtshof, Hamburg
BAUHERR
Bundesrepublik Deutschland unter Beteiligung der Freien und Hansstadt Hamburg, vertreten durch Bundesministerium für Verkehr, Bau- und Wohnungswesen, Oberfinanzdirektion Hamburg/LVB, Finanzbauamt Hamburg
NUTZER
Internationaler Seegerichtshof, vertreten durch das Bundesministerium der Justiz
STANDORT
Am Internationalen Seegerichtshof 1, 22609 Hamburg
ARCHITEKTEN/PLANUNG
Alexander Freiherr von Branca und Emanuela Freiin von Branca, München
BAUZEIT
1997–2000
VERFAHREN
Wettbewerb
PROJEKTKOSTEN
123,2 Mio. D-Mark

Kunst am Bau

VERFAHREN
zwei Direktvergaben
beschränkter Wettbewerb für den nicht überdachten Innenhof mit fünf Künstlern
STANDORT
Eingangshalle und südlicher Innenhof
KÜNSTLER
Matt Mullican
TITEL/WERK
o. T.
MATERIAL/TECHNIK
Gießharz-Metalllegierung im Boden
ENTSTEHUNG
2001
PROJEKTKOSTEN
300 043,56 D-Mark (Honorar und Ausführungskosten)
WEITERE KÜNSTLER
Heimo Zobernig (siehe S. 114–117)
Wettbewerbssieger: Thomas Stricker (siehe S. 118–121)

Als 1981 entschieden wurde, den Internationalen Seegerichtshof (International Tribunal for the Law of the Sea) in der Bundesrepublik Deutschland zu etablieren und als Sitz Hamburg zu wählen, gelangte erstmals eine wichtige Rechtseinrichtung der Vereinten Nationen nach Deutschland. Was das Bundeskabinett veranlasste, das Dienstgebäude auf einem besonders attraktiven und weitläufigen bundeseigenen Parkgrundstück am nördlichen Elbufer im Stadtteil Altona anzusiedeln.

Nicht nur die Institution und ihr Sitz auf deutschem Boden ist besonders. Auch die Kunst beziehungsweise ihr Zustandekommen unterscheidet sich insofern von den meisten Kunst-am-Bau-Projekten, als das auf Internationalität bedachte Gestaltungskonzept für den von Alexander Freiherr von Branca und Emanuela Freiin von Branca, München, 1997 bis 2000 realisierten Neubau in der Hand eines Moderators lag.

Schon im November 1998 hatte der damalige Leiter des Hamburger Kunstvereins und heutige Rektor der Wiener Kunstakademie Stephan Schmidt-Wulffen für den Seegerichtshof Kunststandorte ausgesucht und manchem dieser Orte recht konkret Künstler und Kunstwerke zugedacht. Für den nördlichen Innenhof wurde ein auf fünf Künstler beschränkter Wettbewerb ausgelobt. Für die mit einem Schriftzug zu versehenden Freiflächen dagegen wurde Heimo Zobernig (siehe S. 114–117) vorgeschlagen und nach einer Begutachtung durch eine Jury, die auch die Entwürfe des Wettbewerbs beurteilte, beauftragt. Ebenso mit schon recht konkreten Vorstellungen wünschte man sich für die Eingangshalle im Erdgeschoss eine freie Bodenzeichnung mit Motiven aus dem Tätigkeitsbereich des Seegerichtshofs und dachte dabei an den amerikanischen Künstler Matt Mullican.

Die in drei Wertungsrunden angenommene titellose »Bodenzeichnung« könnte zurückhaltender und anspruchsvoller kaum sein. Es handelt sich dabei um eine in einem speziellen Gussverfahren in Steinbodenfräsung realisierte Einlegearbeit, die Matt Mullican nach mehrfacher Ortsbesichtigung in Erinnerung an Bodenarbeiten in englischen Kirchen dann im Jahre 2000 realisierte. Sie zeigt in einfacher Linienführung Vierecke und Kreise, mit denen der in New York lebende mehrfache Documenta-Künstler aus dem überaus reichen ikonografischen Fundus seines Œuvres schöpft.

Matt Mullicans Werk prägt eine immense Vielfalt an Bildern, Gattungen, Medien, Techniken und Materialien. All seine Objekte und Zeichnungen,

Fotos, Piktogramme, Frottagen, Fahnen, Videos, Computer- und computergenerierte Arbeiten, Installationen, Performances, Plakate, Leuchtkästen, Pinnwände und Glasmalereien zeugen von einer hohen thematischen Kohärenz. Eine Matt-Mullican-Ausstellung, die 2000/01 durch Europa wanderte, hatte den bezeichnenden Titel »More Details from an Imaginary Universe« und deutete an, dass Mullican eigentlich nur noch Aspekte zu einem bereits bestehenden »Kosmos« nachlieferte.

In der Tat verweisen Mullicans einzelne Arbeiten dieses vielschichtig ausgreifenden »work in progress« immer wieder auf ein großes Ganzes, nämlich die fünfstufige »Kosmologie«. In unterschiedlichen Formen und Materialien variiert Mullican dieses Sinnbild seiner Kunst wie mit einem Baukastensystem. Mit einfachen Symbolen unterscheidet er die Sphären der Materie (»physical elements«), der Gegenstände (»world framed«), der kreativen Kräfte und Künste (»world unframed«), der Zeichen und Begriffe (»language«) und der geistigen Kräfte (»subjective meaning«), die er der Materie antipodisch entgegensetzt.

Die Hamburger Arbeit knüpft an diesen Kosmos an. Eine die Halle durchlaufende Linie verbindet zwei »Charts« genannte tableauähnliche Bildfelder nach einer Unterbrechung mit einem Globus im öffentlich nicht zugänglichen südlichen Teil der Halle. Die Charts im großen öffentlichen Foyer, das als Kommunikations- und Erschließungszentrum dient, zeigen zum Eingang und zum anderen Gebäudeflügel hin in einem Viereck mit einschwingenden Seiten unter anderem »Five Worlds«: einen gerahmten Kreis, der die »world framed« bezeichnet, und von den zwei ungerahmten Kreisen der »world unframed« und von zwei »signs«, die für Schrift stehen. Den oberen beziehungsweise unteren Abschluss der Bildfelder bilden das einen Kopf darstellende Zeichen für das Subjekt beziehungsweise das vier Kreise einschließende Symbol für die Elemente. Daneben befinden sich noch zwei geografische Globen, die bei aller Abstraktheit eine Verortung der am Internationalen Seegerichtshof beteiligten Nationen erlauben.

Als Schöpfungen des Geistes, als freie Setzungen bilden Mullicans »icons« eine über der Sprache angesiedelte abstrakte Grammatik. Wie Bahnhofs- und Flughafenpiktogramme kürzen sie Kommunikationsprozesse zeichenhaft ab und entpuppen sich als Strategie der Weltaneignung, die das Versagen herkömmlicher Betrachtungs-, Erklärungs- und Verständi-

Matt Mullican

1951 geboren in Santa Monica
1974 Bachelor of Fine Arts am California Institute of the Arts, Valencia,
Lebt und arbeitet in New York.

EINZELAUSSTELLUNGEN (AUSWAHL)

2006 ▸ »talking the talk walking the walk«, Mai 36 Galerie, Zürich
▸ »Works from the 70's and 80's«, Tracy Williams Gallery, New York
▸ »Direct Cast – Neue Skulpturen«, Galerie Daniel Blau, München
▸ »Room Number 4«, Christina Guerra, Lissabon
▸ »Five Suitcases of Love, Truth, Work and Beauty«, Christine Burgin Gallery, New York
▸ »Performance«, Galeria 1 da Culturgest, Lissabon
2005 ▸ »Mullican World«, Le Frac Picardie, Amiens
▸ »Two Rooms. Learning from That Person's Work«, Galerie Klosterfelde
▸ »Love, Work, Truth and Beauty«, Galerie Nelson, Paris
▸ »Model Architecture«, Lentos Kunstmuseum, Linz
▸ »Ecstasy. In and About Altered States«, Museum of Contemporary Art, Los Angeles
2004 ▸ »Nothing Should Exist«, Tracy Williams Gallery, New York
▸ Mai 36 Galerie, Zürich
2003 ▸ Cristina Guerra Contemporary Art, Lissabon
2002 ▸ Johann Widauer, Innsbruck
▸ Anton Kern Gallery, New York
▸ Mai 36 Galerie, Zürich
2001 ▸ The Museum of Modern Art, Oxford
▸ Fundació Antoni Tapiès, Barcelona
▸ Kunstverein St. Gallen/Kunstmuseum St. Gallen
▸ Galerie Nelson, Paris

gungsmuster indiziert. In der an bestimmte universale Begriffe und Inhalte gebundenen Übersprachlichkeit passt die Arbeit sehr gut zur Internationalität des Seegerichtshofs, dessen Eingangshalle sie nicht nur intellektuell und konzeptuell, sondern trotz der formalen Verhaltenheit auch im visuellen und dekorativen Sinn bereichert.

Wie schon die Innenarchitektur des Seegerichtshofs dominant von materialinhärenten Farben getragen wird, so fügt sich auch Mullicans als Gießharz-Metalllegierung in Steinbodenfräsung realisierte »Bodenzeichnung« dezent, aber auch so materialbewusst ins Gesamtgefüge ein, dass sie auf den Einfall der Sonne und, was den Glanz der Oberfläche anbelangt, auch auf die Berührungen durch die Nutzer des Gebäudes reagiert. Möglicherweise wird Matt Mullicans Arbeit mitunter übersehen, ignoriert und in ihrem Symbolgehalt verkannt. Doch die Freiheit, nur wenigen ein umso größerer Gewinn zu sein, durfte sich die Kunst schon immer herausnehmen.

GRUPPENAUSSTELLUNGEN (AUSWAHL)

2005 ▸ »Model Architecture«, Lentos Kunstmuseum Linz
▸ »Love, Work, Truth and Beauty«, Galerie Nelson, Paris
▸ »Two Rooms Learning From That Person's Work«, Klosterfelde, Berlin
▸ »Learning From That Person's Work«, Museum Ludwig, Köln
▸ Kallmann-Museum in der Orangerie Ismaning
▸ »Traces Everywhere«, Tracy Williams Gallery, New York
▸ »Gyroscope«, Hirshhorn Museum and Sculpture Garden, Smithsonian Institution, Washington D.C
▸ Offenes Kulturhaus Oberösterreich, Centrum für Gegenwartskunst, Linz
▸ »Wolkenbilder«, Aargauer Kunsthaus
2004 ▸ »Your Fate«, Christine Burgin Gallery, New York
▸ »The Big Nothing«, Institute of Contemporary Art, Philadelphia
▸ »Global World, Private Universe«, Kunstmuseum St. Gallen
2003 ▸ »Mapping a City: Hamburgkartierung«, Galerie für Landschaftskunst, Hamburg
2002 ▸ »Transformer«, Porin Taidemuseo, Pori
2001 ▸ »L'Effet Larsen«, Offenes Kulturhaus Oberösterreich, Centrum für Gegenwartskunst, Linz
2000 ▸ »Orbis Terrarum: Ways of Worldmaking«, Museum Plantin-Moretus, Antwerpen

STANDORT KUNST AM BAU

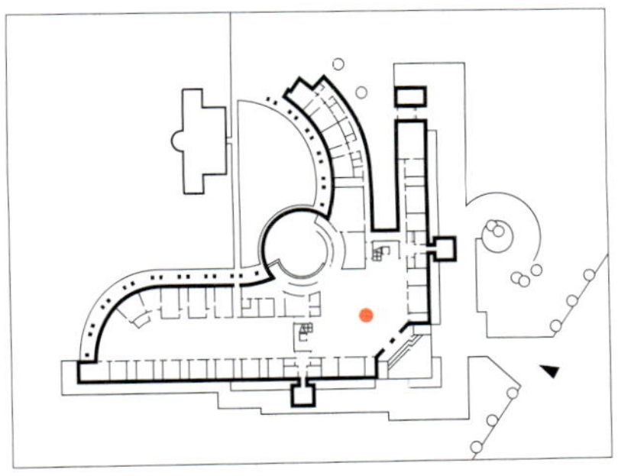

Heimo Zobernig

o. T., 2000

Architektur

BAUMASSNAHME
Neubau Internationaler Seegerichtshof, Hamburg

BAUHERR
Bundesrepublik Deutschland unter Beteiligung der Freien und Hansstadt Hamburg, vertreten durch das Bundesministerium für Verkehr, Bau- und Wohnungswesen, Oberfinanzdirektion Hamburg/LVB, Finanzbauamt Hamburg

NUTZER
Internationaler Seegerichtshof, vertreten durch das Bundesministerium der Justiz

STANDORT
Am Internationalen Seegerichtshof 1, 22609 Hamburg

ARCHITEKTEN/PLANUNG
Alexander Freiherr von Branca und Emanuela Freiin von Branca, München

BAUZEIT
1997–2000

VERFAHREN
Wettbewerb

PROJEKTKOSTEN
123,2 Mio. D-Mark

Kunst am Bau

VERFAHREN
zwei Direktvergaben
beschränkter Wettbewerb für den nicht überdachten Innenhof mit fünf Künstlern

STANDORT
Außenpflaster am Baukörper

KÜNSTLER
Heimo Zobernig

TITEL/WERK
o. T.

MATERIAL/TECHNIK
Schriftzug »Internationaler Seegerichtshof«

ENTSTEHUNG
2000

PROJEKTKOSTEN
531 844,94 D-Mark (Honorar und Ausführungskosten)

WEITERE KÜNSTLER
Matt Mullican (siehe S. 110–113)
Wettbewerbssieger: Thomas Stricker (siehe S. 118–121)

Heimo Zobernigs Kunst-am-Bau-Werk für den Internationalen Seegerichtshof (International Tribunal for the Law of the Sea) in Hamburg besteht aus nichts anderem als der Bepflasterung der Vorfahrt dieser Einrichtung mit dem Schriftzug »INTERNATIONALER SEEGERICHTSHOF«. Damit liefert Zobernig den Beweis, dass zeitgenössische Kunst nicht nur eine schwierige, sondern mitunter sogar eine sehr schwierige Angelegenheit ist. Denn die Arbeit erweist sich schnell als komplexe Herausforderung des Intellekts und der Sinne und als großer konzeptueller Wurf.

Der »Meister des Minimums«, wie der 1958 in Kärnten geborene Zobernig einmal genannt wurde, ist ein vielfältiger Künstler. In Objekten, Bildern, Installationen und Videos holt er weit aus und taucht ein in die Geschichte der künstlerischen Avantgarden am Beginn der Moderne. In formal reduzierten, oft in Materialien wie Pappe, Jute, Sperrholz, Styropor oder wie hier mit Pflastersteinen realisierten Arbeiten reflektiert er das, was Kunst neben der eigentlichen Gestaltung auch ausmacht, nämlich die Verhältnisse von Produktion, Präsentation und Rezeption. Seine Schriftbilder, die er schon 1997 im Rahmen der Skulptur Projekte Münster oder als Kunst am Bau bei der Wandgestaltung des Nord/LB-Siemenshauses in Hannover 2002 realisierte, sind entsprechend nicht nur Schriftbilder, sondern analytische Studienobjekte, die wie alle seine Werke auch dazu da sind, über die Kunst nachzudenken und sie zu kommentieren.

»Kunst ist ein Suchen in unterschiedlichen Medien«, so Zobernig selbst: »Es geht um die Frage: Was könnte die Kunst da leisten? Vorankommen erfordert skeptische Überprüfungen. Dabei kommen viele Methoden zur Anwendung, nicht nur eine. Ich reagiere ad hoc. Ich weiß auch nicht immer, was werden wird. Mit Strategie käme man nicht sehr weit.«

Auf diesem weiten Feld künstlerischer Reflexion

bewegt sich auch der ausladende, den ganzen Vorfahrtsbereich des Gebäudes in Beschlag nehmende Schriftzug »INTERNATIONALER SEEGERICHTSHOF«. Zobernig konfrontiert den Besucher mit der völlig überdimensionierten und kaum lesbaren Bezeichnung der Institution, die sich von daher eher als Buchstabenfolge denn als Name ausnimmt. Die als Weg an der Nordseite in zwei Zeilen unmittelbar ans Gebäude gelegte, dabei mit der Ober- und Unterzeile in die Rasenflächen beziehungsweise in die Beete eindringende Bezeichnung entledigt sich der vorgebenen sprachlichen Bedeutung, wird zum Ornament, zu einer konkreten Bodenskulptur. Ist die Schrift als Informationsträger funktionslos, so ist sie doch begehbar und befahrbar und hat einen paradoxen Gebrauchswert. Die Kunst ist auf den Kopf gestellt! Wie Matt Mullican (siehe S. 110–113) im Gebäudeinnern, so ordnet auch Zobernig sein Werk betrieblichen Abläufen unter, womit er auch dem Gestaltungskonzept und den Auslobungsidealen entspricht, die der Moderator der Kunst-am-Bau-Projekte, Stephan Schmidt-Wulffen, formulierte. Danach sollten nicht nur die Aufgaben und Ziele des Internationalen Seegerichtshofs zum Ausdruck kommen. Es sollte vielmehr, wie immer bei Kunst am Bau, ein sinnfälliger formaler Bezug zur Architektur gegeben sein, und schließlich durfte die Kunst nicht nur als Anschauungs-, sondern auch als Gebrauchsobjekt in Erscheinung treten.

Über den letzten Punkt geht Heimo Zobernig sogar hinaus, indem er den Besucher, der seinen Weg über die Buchstaben nimmt, zum möglicherweise ahnungslosen Komplizen einer (als solche) gar nicht wahrgenommenen Kunst macht.

Und noch eine ähnliche ästhetische Paradoxie ist gegeben, die darin besteht, dass der Schriftzug aus normaler Perspektive zwar kaum zu lesen ist, dennoch aber – auf einer für Zobernig typischen Ebene mehrfacher Abstraktion und Revision – so etwas wie eine Logofunktion übernimmt. Damit ist nicht gemeint, dass er etwa vom Flugzeug aus tatsächlich gut zu lesen wäre. Vielmehr verleiht Zobernig dem Seegerichtshof mit der Buchstaben-Pflasterung eine bildliche Identität, die aus der sehr differenzierten kritischen Auseinandersetzung mit den Ausdrucksformen und Darbietungsmustern der modernen und postmodernen Kunst abgeleitet ist. Konnte die Architektur des Historismus noch die Aufgabe und das Selbstverständnis der Gebäude über die (letztlich künstlerische, stilgebundene) Sprache der architektonischen Formen repräsentieren, so haben die Abstraktheit und Sprachlosigkeit der modernen Kunst und Architektur diese Möglichkeit verspielt. Hier offenbar setzt Zobernig an.

Entgegen dem spröden Anschein gibt Heimo Zobernig die Kunst also nicht auf. Im Gegenteil, er forciert sie. Und fordert den Betrachter. Wenn dieser sich auf das Konzept der Schönheit von Gedanken und Ideen einlässt, wird Zobernigs minimalistisch zurückgenommene Arbeit – auch hier sind Parallelen zu Matt Mullican gegeben – zu einem spannenden und großen Erlebnis.

Heimo Zobernig

1958 geboren in Mauthen/Österreich
1977–80 Studium an der Akademie der bildenden Künste Wien
1980–83 Studium an der Hochschule für Angewandte Kunst, Wien
1994/95 Gastprofessur an der Hochschule für bildende Kunst Hamburg
1999–2000 Professur an der Staatlichen Hochschule für Bildende Künste, Frankfurt am Main
seit 1999 Professor an der Akademie der bildenden Künste Wien
Lebt und arbeitet in Wien.

PREISE/STIPENDIEN
2002 ▸ 1. Preis Antifaschismus-Mahnmal Salzburg
1997 ▸ Preis für Bildende Kunst, Stadt Wien
1993 ▸ Monsignore Otto Mauer-Preis

EINZELAUSSTELLUNGEN (AUSWAHL)
2006 ▸ Nicolas Krupp – Contemporary Art Gallery, Basel
▸ Galeria Juana de Aizpuru, Madrid
2005 ▸ Kunstverein Braunschweig
2004 ▸ Galerie Johann Widauer, Innsbruck
▸ Galerie Christian Nagel, Berlin
▸ Galerie Christine Mayer, München
2003 ▸ Nicolas Krupp – Contemporary Art Gallery, Basel
▸ Museum Moderner Kunst Stiftung Ludwig Wien
▸ Kunsthalle Basel
▸ K21, Düsseldorf
▸ »Der Nagel«, Galerie Christian Nagel, Berlin (mit Franz West)
2002 ▸ Zürich Kosmos Laser Art, Wien
▸ Wandgestaltung, Nord/LB-Siemenshaus, Hannover
▸ Felsenvilla, Baden
▸ Galerie Meyer Kainer, Wien
▸ Galerie Anselm Dreher, Berlin
▸ Andrea Rosen Gallery, New York

▸»Grafica 2, Herbert Fuchs (Räume), Heimo Zobernig (Schwarz)«, Café Corso, Innsbruck
▸Mahnmal für Faschismus-Opfer, Salzburg
▸Mumok, Wien
2001▸»Farbenlehre«, Klangforum Wien, Wiener Konzerthaus (mit Ferdinand Schmatz)
▸Ausstattung der Gastateliers im Ovaltrakt des MuseumsQuartiers Wien
▸»Raumwechsel Archiv«, Basisarchiv:Kunst, Basis Wien
▸Kunstraum Buchberg, Schloss Buchberg Am Kamp
▸Galerie Johann Widauer, Innsbruck
▸Galerie Christine Mayer, München
▸Shigemori Residence, Kioto
▸»Wests und Zobernigs Zweifel«, Mumok, Wien
2000▸»Workshop. Art for Art's Sake«, Maumaus/Goethe-Institut, Lissabon
▸»Helmut Mark : Heimo Zobernig. Snapshots : de nada«, Galerie Kunstbüro, Wien
▸CCB Projectroom, Centro Cultural de Belém, Lissabon
▸Galerie & Edition Artelier, Graz
▸Wohnen am Lohbach, Innsbruck
▸Galerie Christian Nagel, Köln
▸Galerie Meyer Kainer, Wien

GRUPPENAUSSTELLUNGEN (AUSWAHL)
2001▸Documenta 11 – »Plattform 1: democracy unrealized, documenta-lounge (Klasse Zobernig)«
▸Akademie der Bildenden Künste, Wien
▸Biennale Venedig

STANDORT KUNST AM BAU

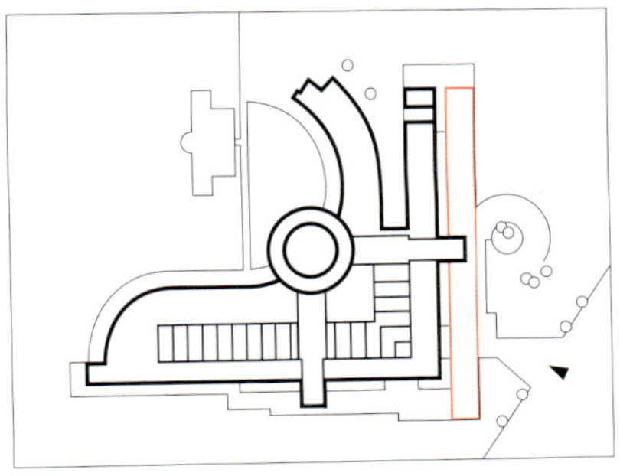

NASS
MEER OBEN, MEER UNTEN
OHNE GRUND
WÄSSRIGE SINNLICHKEIT
BEWEGLICH IM BEWEGLICHEN
KALT
IM WARMEN MOOR
TEIL IM TEIL
UND DOCH EINS
EIN GANZ SCHÖN LANGER ATEM
IM BAUCH DES WALS
VERFLÜSSIGTE GEDANKEN
WIRKLICH ANDERS
DIE SCHWERKRAFT ÜBERWUNDEN
IN IRGEND EINER FORM

Thomas Stricker

mehr als siebenzehntel, 2001

Im Rahmen der künstlerischen Gestaltung des Neubaus des Internationalen Seegerichtshofs (International Tribunal for the Law of the Sea) wurden im November 1998 Matt Mullican sowie Heimo Zobernig direkt beauftragt (siehe S. 110–113 und 114–117). Für den nördlichen Innenhof war ein auf fünf bevorzugt jüngere, dabei renommierte und bereits auch Kunst-am-Bau-erfahrene Künstler beschränkter Wettbewerb ausgeschrieben, aus dem der 1962 in St. Gallen geborene, in Düsseldorf lebende Thomas Stricker als Sieger hervorging.

Thomas Stricker ist ein Bildhauer, der in seinem Kunst- und Skulpturenverständnis weit ausholt. So hat er in Hamburg an der Außenalster eine »Meteoritenwerkstatt« eingerichtet, in der er innerhalb von zwei Monaten mit Hilfe der Parkbesucher einen 2,50 Meter hohen Meteoriten aus Beton und Blattpalladium fertigte. Im Rahmen der Skulptur Biennale Münsterland 2003 hat er gemeinsam mit den ansässigen Bauern ein riesiges Rapsfeld in Form eines Kreuzes angelegt. Ging es dabei um das Entstehen von Skulpturen unter Mitwirkung von Menschen, die von Betrachtern zu Handelnden werden und einen Bewusstseinsprozess vollziehen, so ist auch die zwischen die Gebäudeflügel in den nördlichen Innenhof des Seegerichtshofs platzierte Bronzeskulptur kein statisches Objekt.

Architektur

BAUMASSNAHME
Neubau Internationaler Seegerichtshof, Hamburg

BAUHERR
Bundesrepublik Deutsch and unter Beteiligung der Freien und Hansstadt Hamburg, vertreten durch das Bundesministerium für Verkehr, Bau- und Wohnungswesen, die Oberfinanzdirektion Hamburg/LVB, das Finanzbauamt Hamburg

NUTZER
Internationer Seegerichtshof, vertreten durch das Bundesministerium der Justiz

STANDORT
Am Internationalen Seegerichtshof 1, 22609 Hamburg

ARCHITEKTEN/PLANUNG
Alexander Freiherr von Branca und Emanuela Freiin von Branca, München

BAUZEIT
1997–2000

VERFAHREN
Wettbewerb

PROJEKTKOSTEN
123,2 Mio. D-Mark

Kunst am Bau

VERFAHREN
beschränkter Wettbewerb für den nicht überdachten Innenhof mit fünf Künstlern zwei Direktvergaben für ausgewählte Standorte

STANDORT
nördlicher Innenhof

KÜNSTLER
Thomas Stricker

TITEL/WERK
»mehr als siebenzehntel«

MATERIAL/TECHNIK
begehbare Bronzeskulptur

ENTSTEHUNG
2001

PROJEKTKOSTEN
200 000 D-Mark (Honorar und Ausführungskosten)

WEITERE KÜNSTLER
Direktvergabe an Matt Mullican (siehe S. 110–113)
Direktvergabe an Heimo Zobernig (siehe S. 114–117)

Das 2001 fertiggestellte Werk, dessen Entstehung übrigens in einer Ausstellung dokumentiert und per Webcam im Kunstmuseum St. Gallen live verfolgt werden konnte, ist ein vieldeutiges Gebilde. Dem Aussehen nach handelt es sich um eine jener Bronzekunstkugeln, wie man sie von vielen Künstlern her kennt. Stricker sucht aber nicht nur die formale Perfektion und Symbolik der Kugel. Er verknüpft mit der 2,50 Meter hohen Form zahlreiche Gedanken.

So sieht das Ganze aus der Ferne mit der türkis schimmernden Patina ein wenig nach der Erde aus, mit seinen drei Bullaugen vor allem aber nach einer Taucherkugel. Die wulstig schlingernde Oberfläche erinnert, auch das ist beabsichtigt, an eine Gehirnkoralle. Denkt man an Strickers äußerlich ähnliche Meteoriten-Plastik, sind den Assoziationsmöglichkeiten kaum mehr Grenzen gesetzt.

Stricker forciert die Vielschichtigkeit, indem er im Innern auf der Glaswand der die Gebäudeteile verbindenden Brücke mit Folien Sätze angebracht hat, die das weite Feld noch weiter machen: »TEIL IM TEIL/UND DOCH EINS/EIN GANZ SCHÖN LANGER ATEM/IM BAUCH DES WALS/VERFLÜSSIGTE GEDANKEN/WIRKLICH ANDERS/DIE SCHWERKRAFT ÜBERWUNDEN/IN IRGENDEINER FORM …«.

Thomas Stricker

1962 geboren in St. Gallen
1986–93 Studium an der Kunstakademie Düsseldorf
Lebt und arbeitet in Düsseldorf.

PREISE/STIPENDIEN (AUSWAHL)

1997▸Arbeitsstipendium der Stiftung Kunstfonds, Bonn
1996▸Förderpreis für Bildende Kunst der Stadt Düsseldorf
1994▸Peter Mertes Stipendium, Bonner Kunstverein

PROJEKTE IM ÖFFENTLICHEN RAUM

2007▸Primary Schoolgarden Kalkfeld, Namibia
2006▸»kleine Welten«, Caritasplatz, Düsseldorf
2005▸»Impluvium«, Finanzamtszentrum, Aachen
2003▸»blüht es oder blüht es nicht?«, Stromberg, Skulptur Biennale Münsterland

Stricker lässt die vom Weg aus über einen Steg erreichbare Kugel sowohl autonome Skulptur sein, die hier ist, aber auch anderswo sein könnte. Gleichzeitig aber ist sie eine speziell für diesen Ort am Seegerichtshof geschaffene und auf ihn abgestimmte begehbare Installation. Schon der Titel »mehr als siebenzehntel«, der den Anteil des Wassers an der Erdoberfläche benennt, stellt einen direkten Bezug zum Seegerichtshof her und konfrontiert die Richter mit dem, worüber sie verhandeln: dem Meer.

Stricker erklärt sein Anliegen so: »Die (...) Skulptur, ein Versuch, das Meer ins Seegericht zu holen, das Meer zu Wort kommen lassen. Ein Experiment, dem kontinentalen Denken sein Gegenüber anzudocken. Die Pole der Existenz zusammenzubringen. Wasser und Luft vermischen. Unten und Oben vertauschen. Innen nach Aussen krempeln. Das Meer als gemeinsames Erbe der Menschheit hinterfragen, die Freiheit der Meere wörtlich nehmen. Eine Arbeit, die den Richtern in ihrer Arbeit helfen soll, ihre Verantwortung zu tragen. Mit grossgeschriebener visueller Präsenz das bloss Ästhetische verlassen. Eine skulpturale Lösung einer flüssigen Thematik.«

Strickers Bronzeskulptur ist alles: Konzept, Symbol und Ding, sowohl Gegenstand der Betrachtung als auch Ort, aus dem heraus die Dinge betrachtet werden können. Sie ist Erde, gelandeter Himmelskörper, Tiefseetauchkugel, im Innern mit Sand gefüllte Koralle oder eine »angedockte Zelle, die den gesamten Innenhof zum Meeresboden erklärt« (Stricker).

Als »Arbeits-/Denk-Raum« soll sie den Richtern dienen und ihnen helfen, »die Welt aus einem anderen Blickwinkel zu betrachten« und »eine intuitive Kommunikation mit dem Meer aufzubauen und in die Tiefen der Meere hinabzutauchen«. Die Assoziationsweite ufert jedoch nicht ins Unverbindliche und Beliebige aus. Die Kugel bewältigt die angespielten Themen und den Wechsel der Perspektiven ebenso intelligent wie sinnlich. Dabei verbindet Thomas Stricker eine traditionelle Bildgebung mit einer konventionellen Materialanmutung zu einer Plastik, die mit sinnlichen Reizen nicht geizt und in spielerischer Naivität selbst kindliche Sehnsüchte nach Weltraum- oder Meeresabenteuern erlaubt.

2001 ▸ »mehr als siebenzehntel«, Internationaler Seegerichtshof, Hamburg
▸ »Das Land fliesst wirklich«, Kanal- und Wasser-Bauamt Düsseldorf und der Gemeinde Kivaa, Kenia
2000 ▸ »Die Meteoritenwerkstatt«, Kunstverein und Kulturbehörde in Hamburg
1999 ▸ »und sie dreht sich doch«, Heilpädagogische Schule Flawil

AUSSTELLUNGEN (AUSWAHL)
2006 ▸ »Impluvium«, Finanzamtszentrum Aachen
2005 ▸ »Parklandschaften. Projekte im öffentlichen Raum«, Lüdenscheid
2004 ▸ »Heimspiel«, Kunstmuseum und Kunsthalle St. Gallen
▸ »Privatgrün«, Kunstraum Fuhrwerkswaage, Hausgarten, Köln
2003 ▸ »Sculpture by the Sea«, Tamarama Beach, Sydney
▸ »Blüht es oder blüht es nicht?«, Stromberg, Skulptur Biennale Münsterland
2002 ▸ The 2nd Seoul International Media Art Biennale, Museum of Art, Seoul
2001 ▸ Förderprogramm junger Künstler, Art Cologne, Köln
▸ »Plug-In. Einheit + Mobilität«, Westfälisches Landesmuseum Münster
▸ »Medley«, Galerie Thomas Taubert, Düsseldorf
2000 ▸ »Außendienst«, Projekte in öffentlichen Räumen Hamburgs, Kunstverein und Kulturbehörde in Hamburg
▸ »Q-NST«, Kunstmuseum und Kunsthalle St. Gallen

STANDORT KUNST AM BAU

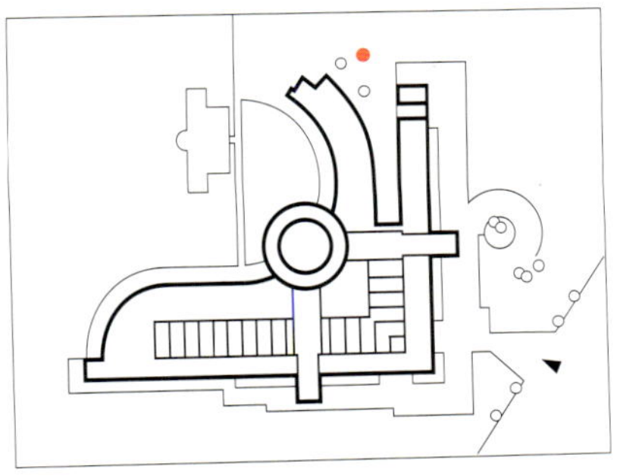

Bundesanstalt für Wasserbau, Ilmenau

Christiane Möbus

Beiboot, 2001

Der von KSP Engel und Zimmermann Architekten stammende zwei-, nach Norden hin dreigeschossige Neubau für die Bundesanstalt für Wasserbau (BAW) in Ilmenau zeichnet sich durch Form und Lage aus. In unmittelbarer Nähe zur Technischen Universität erhebt sich am Ehrenberg der geschwungene Baukörper mit einem natursteinverkleideten Sockel, einer Fassade aus Glas und Zinkblech und einer gläsernen Fuge als Akzent im Nordabschnitt. In ihrem Sockel beherbergt die Architektur Labore, Werkstätten und Lagerbereiche, in den Geschossen darüber Büros. Sie ist dem unmittelbar umgebenden Naturschutzgebiet mit seinen Feuchtwiesen und Teichen und der weiteren Topografie angepasst und besticht durch die exponierte Hanglage und den Blick auf Ilmenau und die Hügel des Thüringer Waldes.

Nach Fertigstellung der auf Beschluss der Föderalismuskommission von Berlin nach Ilmenau verlegten Bundesanstalt wurde ein Kunstwettbewerb ausgelobt, dessen hochkarätiger Findungskommission unter anderem Peter Weibel vom Zentrum für Kunst und Medientechnologie Karlsruhe angehörte. Nach Auffassung des Auslobers sollte die Kunst am Bau sowohl die Themen Informations- und Kommunikationstechnik als auch Wasser berühren und auch auf Ilmenau und Goethe, der sich hier nicht weniger als 28 Mal aufhielt und von der Umgebung Ilmenaus schwärmte, Bezug nehmen.

In diesem beschränkten Ideen- und Realisierungswettberwerb setzten sich Christian Möller und die in Hannover und Berlin lebende und arbeitende Künstlerin Christiane Möbus durch. Stammt von Christian Möller eine Hightech-Stele vor dem Gebäude, so steuert Christiane Möbus ein 8,50 Meter langes Boot bei, das auf eine eigenwillige Geschichte als Beiboot und Yacht zurückblickt und nun seit Ende 2001 an der Außenfassade des Gebäudes aufgehängt ist. Ein besonders starker Eindruck ergibt sich, wenn man das Gebäude durch den Haupteingang an der Ostseite betritt. In Verlängerung des stark frequentierten Eingangsfoyers suggeriert dann eben jenes vor dem Balkon an der durchfensterten Außenwand hängende Boot für einen kurzen Moment die Möglichkeit des Gebrauchs, wobei die abgewinkelten Kräne die Berge des Thüringer Waldes durchaus kunstschön einfassen.

Ihrem Erläuterungsbericht zu »Beiboot« stellt Christiane Möbus ein Zitat Goethes voran: »… es gibt nur ein ewig Neues, das sich aus den erweiterten Elementen des Vergangenen gestaltet, und die echte Sehnsucht muß stets produktiv sein, ein neues Bessres erschaffen.« Dann schreibt sie:

Architektur

BAUMASSNAHME
Neubau der Außenstelle der Bundesanstalt für Wasserbau in Ilmenau
BAUHERR
Bundesrepublik Deutschland
NUTZER
Bundesanstalt für Wasserbau in Ilmenau
STANDORT
Am Ehrenberg 8, 98693 Ilmenau
ARCHITEKTEN/PLANUNG
KSP Engel und Zimmermann Architekten, Braunschweig
BAUZEIT
1997–99
VERFAHREN
europaweit ausgeschriebenes Auswahlverfahren (1996)
PROJEKTKOSTEN
31,054 Mio. D-Mark

Kunst am Bau

VERFAHREN
beschränkter Ideen- und Realisierungswettbewerb mit neun Teilnehmern und zwei ausgewählten Künstlern
STANDORT
Außenfassade
KÜNSTLER
Christiane Möbus
TITEL/WERK
Beiboot
MATERIAL/TECHNIK
Objekt
ENTSTEHUNG
2001
PROJEKTKOSTEN
44 000 Euro
WEITERE KÜNSTLER
Christian Möller: »Virtuelle Ufer«, Stele im Außenbereich

»Die neue Architektur beherbergt als Gehäuse der Bundesanstalt für Wasserbau einen derart lebenswichtig funktionierenden Bereich. Inhalt und Form stellen sich als Einheit dar – ein komplexer Apparat, durchaus vergleichbar einem Ozeandampfer. Hier scheint er, in Gestalt einer großzügigen Bewegung, am ›Kai des Waldes‹ angelegt zu haben. Betritt man das Gebäude und durchschreitet die lichtdurchflutete Eingangshalle, schweift der Blick durch die gegenüberliegende Glasfront weit bis zum Horizont. Hier fühlt man sich wie auf einem Schiff. Man tritt an die ›Reling‹, findet wie selbstverständlich ein Beiboot vor und steigt von ›Deck‹ zu ›Deck‹. Nun könnte man ›ablegen‹, den Wasserläufen und den Assoziationsströmen der eigenen Phantasie folgen. Die Gedanken ziehen in neue Gefilde. Auf die Mannschaft kann man sich wie auf Vertrautes und Bewährtes verlassen. Sehnsucht und Neugier mobilisieren und locken, mehr von der Welt zu verstehen; Unternehmungslust und Unternehmensgeist lassen Neues entdecken und beflügeln die Forschung. Ich möchte mit meiner Skulptur – einem originalen Beiboot – dem hier ansässigen Team der Bundesanstalt für Wasserbau symbolisch allzeit gute Fahrt wünschen.«

Seit den siebziger Jahren verwendet Christiane Möbus, die an der Berliner Universität der Künste eine Professur innehat, nicht nur Tierpräparate, sondern auch immer wieder Fundstücke wie Boote oder Kutschen. Im Berliner Jakob-Kaiser-Haus, dem Haus der Fraktionen, installierte sie 2001 vier von der Decke beweglich herabhängende Rennachter, die den demokratischen Wettbewerb symbolisieren sollen.

Christiane Möbus

1947 geboren in Celle
1966–70 Studium an der Hochschule für Bildende Künste Braunschweig
1970/71 DAAD-Stipendiatin in New York
1981/82 Gastprofessur an der Hochschule für bildende Künste Hamburg
1982–90 Professur an der Hochschule für Bildende Künste Braunschweig
1984–86 Gaststudium an der Tierärztlichen Hochschule Hannover
1990 Gastprofessur an der Kunsthochschule Valand, Universität Göteborg
seit 1990 Professur an der Hochschule der Künste Berlin (heute: Universität der Künste Berlin)
Lebt und arbeitet in Hannover und Berlin.

PREISE

2001▸Kunstpreis der Stadtsparkasse Hannover
1993▸Niedersachsenpreis
1986▸Förderpreis des Kunstpreises Berlin, Akademie der Künste, Berlin
1984▸Niedersächsisches Künstlerstipendium
1983▸Werkstipendium des Kunstfonds e.V.

Mit dem spektakulären Eingriff der Installation eines originalen Beibootes an der Fassade der Bundesanstalt für Wasserbau in Ilmenau gelingt es Christiane Möbus, das gesamte Gebäude metaphorisch in Beschlag zu nehmen und es – ihrer Erläuterung entsprechend – in ein Schiff mit all seinen symbolischen Konnotationen umzudeuten. Dabei kann sich der Betrachter nicht nur von dem wie auf Wolken schwebenden Boot zu archetypischen Menschheitsphantasien vom Fliegen und Schweben anregen lassen. Er kann sich auch jener durch die Rahmung der seitlichen Kräne nahegelegten Betrachtung des Ortes und der Natur widmen, die Goethe bei seinen zahlreichen amtlichen Besuchen der Stadt als Minister in Weimar immer wieder faszinierte: »Ilmenau hat mir viel Zeit, Mühe und Geld gekostet, dafür habe ich aber auch etwas gelernt und mir eine Anschauung der Natur erworben, die ich um keinen Preis umtauschen möchte.«

Möbus' Arbeit geht als Kunst am Bau über die Objektkunst hinaus. Das Boot ist mehr als ein künstlerisch nicht bearbeitetes Readymade. In der Liaison mit dem Bau und dessen Zweck wird es Bestandteil einer ausgreifenden Ideenkunst, deren Assoziationsfeld überaus positiv besetzt ist. An der Außenfassade des hochmodernen Gebäudes, das sich in einem doch deutlichen Abstand zu einem Teich befindet, nimmt sich das Beiboot auch gewitzt aus und begibt sich mit der Umgebung und dem entfernten Stadtraum in einen Dialog. Von innen, aus dem Foyer der Bundesanstalt für Wasserbau heraus betrachtet, entwickelt es reine, heitere Poesie.

1981 ▸ Förderpreis des Kunstkreises im Bundesverband der Deutschen Industrie
1980 ▸ Bernhard-Sprengel-Preis für Bildende Kunst
1978 ▸ Villa-Romana-Preis
1977–79 ▸ Karl-Schmidt-Rottluff-Stipendium

GRUPPEN- UND EINZELAUSSTELLUNGEN
2007 ▸ neues museum, Nürnberg
2005 ▸ Schloss Agathenburg bei Stade
▸ Kunsthalle Bremen
▸ »Ein Arkadien der Moderne«, Gruppenausstellung aus Anlass des hundertjährigen Bestehens der Villa Romana in Florenz
▸ Galerie Elke Dröscher, Hamburg
2003 ▸ »AUTO-NOM. Das Automobil in der zeitgenössischen Kunst«, NRW Forum Kultur und Wirtschaft, Düsseldorf
▸ »Drehen, Kreisen, Rotieren – Kunst in Bewegung«, Kunstmuseum Ahlen
2002 ▸ »Das Tier in mir«, Staatliche Kunsthalle Baden-Baden
▸ »Ich bin mein Auto. Die maschinalen Ebenbilder des Menschen«, Staatliche Kunsthalle Baden-Baden
2001 ▸ »auf dem Rücken der Tiere«, Ludwig Forum für internationale Kunst, Aachen
1997 ▸ »Auf dem Rücken der Tiere«, Kunstverein Hannover
1996 ▸ Berlinische Galerie im Martin-Gropius-Bau, Berlin
1995 ▸ Galerie Anselm Dreher, Berlin
1994 ▸ »Auf dem Rücken der Tiere«, Kunstverein Braunschweig
1991 ▸ Kunstforum, Städtische Galerie im Lenbachhaus, München
1990 ▸ »Positionen von Künstlerinnen des 20. Jahrhunderts«, Museum Wiesbaden
1989 ▸ Museum Moderner Kunst, Palais Liechtenstein, Wien
1988 ▸ Galerie Defet, Nürnberg
1986 ▸ Provinciaal- Museum, Hasselt in Belgien
▸ Forum Kunst, Rottweil
1985 ▸ Biennale 18 Middelheim, Antwerpen
▸ Städtisches Museum Abteiberg, Mönchengladbach
1984 ▸ Galerie Ruperl Walser, München
1983 ▸ »Deutsche Bildhauer der Gegenwart – III«, Kunstverein Augsburg
▸ Suermondt-Ludwig-Museum, Aachen
1980 ▸ Wilhelm Lehmbruck Museum, Duisburg
▸ XI. Biennale des Jeunes, Paris
▸ Kunstmuseum Hannover, Sammlung Sprengel
▸ Galerie Schema, Florenz
1976 ▸ Kunstverein Hannover
1971 ▸ Paula Becker-Modersohn-Haus, Bremen

STANDORT KUNST AM BAU

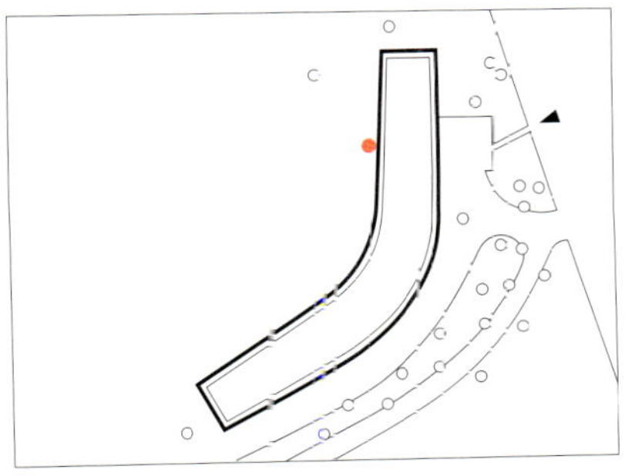

Stephan Balkenhol

o. T., 1998

Architektur

BAUMASSNAHME
Neubau der Bundesforschungsanstalt für Ernährung, heute: Bundesforschungsanstalt für Ernährung und Lebensmittel

BAUHERR
Bundesrepublik Deutschland, vertreten durch Bundesministerium für Verkehr, Bau- und Stadtentwicklung, Oberfinanzdirektion Karlsruhe, Bundesbau Baden-Württemberg, Betriebsleitung, Staatliches Hochbauamt Baden-Baden

NUTZER
Bundesforschungsanstalt für Ernährung, heute: Bundesforschungsanstalt für Ernährung und Lebensmittel

STANDORT
Haid-und-Neu-Straße 9, 76131 Karlsruhe

ARCHITEKTEN/PLANUNG
Architektengruppe Planen und Bauen (APB Architekten: Beisert, Wilkens, Grossmann-Hensel), Hamburg

BAUZEIT
1993–98 (Übergabe; offizielle Einweihung 1999)

VERFAHREN
Wettbewerb

PROJEKTKOSTEN
ca. 63 Mio. Euro

Kunst am Bau

VERFAHREN
Ideen- und Realisierungswettbewerb mit 19 Teilnehmern und fünf ausgewählten Künstlern

STANDORT
Eingangsbereich und Foyer des Obergeschosses

KÜNSTLER
Stephan Balkenhol

TITEL/WERK
o. T. (»Großer Mann mit Möhre«)
o. T. (»Kleiner Mann mit Möhre«)

MATERIAL/TECHNIK
gefasste Pappelholzskulpturen

ENTSTEHUNG
1998

PROJEKTKOSTEN
72 000 D-Mark (beide Werke)

1999 wurde nach über fünfjähriger Bauzeit der Neubau der Bundesforschungsanstalt für Ernährung (heute: Bundesforschungsanstalt für Ernährung und Lebensmittel) in Karlsruhe eingeweiht. Das von der Hamburger Architektengruppe Planen und Bauen (APB Architekten: Beisert, Wilkens, Grossmann-Hensel) geplante und realisierte Gebäude vereint in einem viergeschossigen Bau über einem L-förmigen Grundriss mehrere Abteilungen, die zuvor in Stuttgart, Leopoldhafen und Karlsruhe angesiedelt waren.

Mit dem Bau verband sich ein von der Kunstkommission der Landesvermögens- und Bauabteilung (heute: Abteilung Bundesbau Baden-Württemberg, Betriebsleitung) bei der Oberfinanzdirektion Karlsruhe durchgeführtes und außerordentlich umfangreiches Kunst-am-Bau-Projekt. Von 23 zum Kunstwettbewerb eingeladenen Künstlern wurden nicht weniger als fünf mit Aufträgen bedacht. Stephan Balkenhol und Dieter Krieg (siehe S. 130–133) sowie darüber hinaus die Malerin Rune Mields mit der Bildgestaltung des Weges zum Eingang, der Bildhauer Johannes Brus mit Außenskulpturen und Ludger Gerdes mit zwei Diptychen sorgen im Innen- und Außenbereich mit einer Vielzahl unterschiedlich gearteter Werke für die künstlerische Attraktivität der nahe der Universität gelegenen Forschungsanstalt.

Stephan Balkenhol, der seit 1991 in Karlsruhe lebt und an der Akademie der bildenden Künste lehrt, durfte da nicht fehlen. Balkenhol gehört zu den bekanntesten und beliebtesten Vertretern der figürlichen Bildhauerei Deutschlands. Seine über- oder unterlebensgroßen Menschen und Tiere bevölkern zahlreiche Museen, öffentliche Plätze und Gebäude. Zum Kunstwettbewerb der damaligen Bundesforschungsanstalt für Ernährung reichte Balkenhol drei Vorschläge ein: für den Platz vor dem Eingang eine etwa vier Meter hohe Plastik aus Bronze oder Aluminium, die eine Figur auf einer Möhre zeigt, sowie zwei über- beziehungsweise unterlebensgroße Pappelholzfiguren für den Innenbereich. Von den drei »Variationen« wurden die beiden innenräumlichen im Jahre 1998 realisiert. Prominent im großen Eingangsbereich platziert ist die inoffiziell »Großer Mann mit Möhre« genannte fast drei Meter hohe Figur »o. T.«, während im Foyer des Obergeschosses vor dem Vortragssaal eine auf einem Modelliertisch postierte unterlebensgroße Figur steht.

Mit diesen beiden Figuren für die damalige Bundesforschungsanstalt für Ernährung blieb Stephan Balkenhol sich treu. Er gebraucht mit dem für

seine Kunst so typischen Pappelholz ein Material, dem er sich nach seinem Studium in den frühen achtziger Jahren zuwandte. In seiner nie gleichen groben Struktur verlangt es dem Künstler ein spontanes Vorgehen ab und ist insofern in besonderem Maße an der Entstehung der Skulptur mitbeteiligt. Wie alle Figuren Balkenhols sind auch die beiden männlichen Gestalten alters- und modemäßig nicht näher charakterisiert und kaum einschätzbar. Auch die gewöhnliche Kleidung, Hose und Oberhemd, und die Beigabe eines Gegenstandes sind bei Balkenhol häufig wiederkehrende Motive.

So erscheinen in der Bundesforschungsanstalt, einmal im Eingangsbereich, einmal im Foyer des Obergeschosses, anonyme Durchschnittstypen

WEITERE KÜNSTLER

Dieter Krieg: Gemäldezyklus (siehe S. 130–133)
Johannes Brus: Säulenreihe mit Früchtemotiven im Außenbereich
Ludger Gerdes: Gemälde als Diptychen im Eingangsbereich
Rune Mields: Bodenarbeit mit Fibonaccireihe im Außenbereich
Matthias Dämpfle: »Geometrisches Apfelbäumchen« (Ankauf des Wettbewerbsbeitrags/Wettbewerbmodells)

Stephan Balkenhol

1957 geboren in Fritzlar
1976-82 Studium an der Hochschule für Bildende Künste Hamburg
Lehrauftrag an der Städelschule in Frankfurt am Main
1991 Lehrauftrag an der Staatlichen Akademie der Bildenden Künste Karlsruhe
seit 1992 Professur an der Staatlichen Akademie der Bildenden Künste Karlsruhe

PREISE/AUSZEICHNUNGEN

1990 ▸ Bremer Kunstpreis
1989 ▸ Förderpreis zum Internationalen Preis des Landes Baden-Württemberg
1986 ▸ Arbeitsstipendium der Freien und Hansestadt Hamburg
1983 ▸ Karl-Schmidt-Rottluff-Stipendium

EINZELAUSSTELLUNGEN (AUSWAHL)

2006 ▸ Museum Küppersmühle, Duisburg
▸ Galerie Löhrl, Mönchengladbach
▸ Kunsthalle, Baden-Baden
2005 ▸ Opera City Gallery, Tokio
▸ Stephen Friedman Gallery, London
▸ Galerie Akinci, Amsterdam
▸ Johnen & Schöttle, Köln
▸ The National Museum of Art, Osaka
▸ Galerie Ropac, Salzburg
▸ Galleria Monica De Cardenas, Mailand
2004 ▸ Galerie Rüdiger Schöttle, München
▸ Galeria OMR, Mexiko
▸ Dörrie – Priess, Hamburg
▸ Mai 36 Galerie, Zürich
▸ Galerie Löhrl, Mönchengladbach
2003 ▸ Galerie Thaddaeus Ropac, Paris
▸ Le Rectangle/Goethe-Institut, Lyon
▸ Barbara Gladstone Gallery, New York
▸ »Skulpturen, Fotografien, Zeichnungen und Material«, Sprengel Museum, Hannover
▸ Stephen Friedman Gallery, London
▸ Galleri Lars Bohman, Stockholm
2002 ▸ »Installation«, Begegnungsstätte Kleine Synagoge, Erfurt
▸ Galerie Rüdiger Schöttle, München
▸ Regen Projects, Los Angeles
▸ »Nel bosco«, Galleria Monica De Cardenas, Mailand
▸ Galerie Löhrl, Mönchengladbach
▸ »New Sculptures«, Deweer Art Gallery, Otegem
▸ Mai 36 Galerie, Zürich
▸ »Skulpturen«, Galerie Akinci, Amsterdam
▸ Galeria Pepe Cobo, Sevilla

im Hemd, die allein die daneben aufgestellte beziehungsweise unter dem Arm getragene Möhre unterscheidet. Wie man sieht, ist die Möhre diesem Jedermann über den Kopf gewachsen. Da man sich in einer Bundesforschungsanstalt für Ernährung und Lebensmittel befindet, erinnert man sich der Institutsaufgaben, des gesundheitlichen Verbraucherschutzes in Sachen Ernährung. Angesichts der aus den Fugen geratenen und offensichtlich gestörten Größenverhältnisse könnte man an Genmanipulation denken und beunruhigt sein. Doch das ist man keineswegs. Das liegt nicht nur daran, dass sich die eklatanten Maßstabsverschiebungen, die so ortsspezifisch auf die in der Bundesforschungsanstalt für Ernährung und Lebensmittel wahrgenommenen Aufgaben bezogen sein können, auch bei anderen Figuren Balkenhols finden, sondern an der allgemeinen Ausstrahlung der Skulpturen. Die Figuren sind von Aufgeregtheit weit entfernt, und ihre Erscheinung ist nicht so angelegt, dass man sich Sorgen machen müsste. Die Konstellation Mann/Möhre entwickelt sich nicht zum Krisenszenario und neigt weitaus weniger zum politischen Statement als zur poetischen Erfindung freier, in keine bestimmte Richtung gelenkter Gedanken.

Die beiden bunt bemalten Pappelholzskulpturen sichern sich sowohl vom Sujet her als auch von ihrer besonderen, zwischen Neo-Expressionismus, Pop-Art und Volkskunst angesiedelten Ästhetik her die Sympathien der Mitarbeiter und Besucher der Bundesforschungsanstalt. Auch Holz als natürlicher Werkstoff ist durchweg positiv besetzt. Die ins Auge stechende Handwerklichkeit und die künstlerische Bravour, mit der die Grobheit des Materials bewältigt ist, gefallen und rühren selbst flüchtige Betrachter ebenso an wie die phantastisch vom Alltag entrückte Skurrilität der Sujets und die expressive Bemalung.

Stephan Balkenhols Möhren-Figuren spitzen kein bestimmtes Thema zu und sind nicht auf eine bestimmte »Botschaft« festgelegt. Gerade dadurch sind sie präsent. Der sogenannte »Große Mann mit Möhre« bringt gute Voraussetzung als inoffizielles Institutslogo mit. An prominenter Stelle im Eingangsbereich scheint er mit der ihm eigenen Ästhetik das ganze Institut zu repräsentieren. Wo sich früher eher ein Bronzeporträt etwa des obersten Dienstherrn, eines Ahnherrn oder bedeutenden Forschungsvertreters des Instituts befunden hätte, stellt Balkenhol die Nähe schaffende und von einer stark betonten künstlerischen Handschrift geprägte Pappelholzskulptur eines Jedermann mit Möhre auf eine Plinthe. Damit errichtete Balkenhol gleichsam all jenen, die hier arbeiten, ein Denkmal. Gleichzeitig hat er ein unhierarchisches, demokratisches Monument der Alltäglichkeit geschaffen.

2001▸Centro Galego de Arte Contemporánea, Santiago de Compostela
▸Galerie Thaddaeus Ropac, Salzburg
▸Neue Arbeiten, Dörrie – Priess, Hamburg
▸»Escultura reciente«, Galería OMR, México
▸»Houtsculpturen«, Fries Museum, Leeuwarden
▸Museum der bildenden Künste, Leipzig
▸Galleria Monica de Cardenas, Mailand
▸Zeichnungen und Skulpturen, Kunstforum Bâloise, Basel
2000▸Galerie Löhrl, Mönchengladbach
▸Barbara Gladstone Gallery, New York
▸Museum Haus Kleve – Ewald Mataré-Sammlung, Kleve
▸Stephen Friedman Gallery, London
▸Mai 36 Galerie, Zürich
▸Johnen & Schöttle, Köln
▸The Contemporary Arts Center, Cincinnati
▸»Skulpturen/Fotografien/Zeichnungen«, Oldenburger Kunstverein und Landesmuseum Oldenburg

STANDORTE KUNST AM BAU

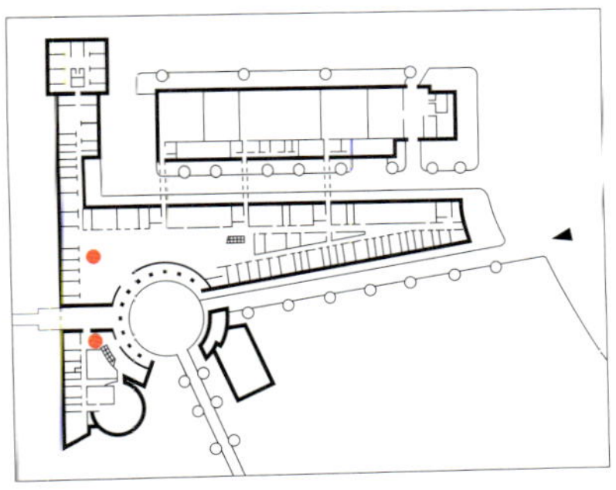

gut

Dieter Krieg

o. T. (»gut« »für« »die« »augn«), 1994 (erworben 1999)
o. T. (Spiegeleier), 1994 (erworben 2004)

Architektur

BAUMASSNAHME
Neubau der Bundesforschungsanstalt für Ernährung, heute: Bundesforschungsanstalt für Ernährung und Lebensmittel
BAUHERR
Bundesrepublik Deutschland, vertreten durch Bundesministerium für Verkehr, Bau- und Stadtentwicklung, Oberfinanzdirektion Karlsruhe, Bundesbau Baden-Württemberg, Betriebsleitung, Staatliches Hochbauamt Baden-Baden
NUTZER
Bundesforschungsanstalt für Ernährung, heute: Bundesforschungsanstalt für Ernährung und Lebensmittel
STANDORT
Haid-und-Neu-Straße 9, 76131 Karlsruhe
ARCHITEKTEN/PLANUNG
Architektengruppe Planen und Bauen (APB Architekten: Beisert, Wilkens, Grossmann-Hensel), Hamburg
BAUZEIT
1993–98 (Übergabe; offizielle Einweihung 1999)
VERFAHREN
Wettbewerb
PROJEKTKOSTEN
ca. 63 Mio. Euro (Gesamtbaukosten)

Kunst am Bau

VERFAHREN
Ideen- und Realisierungswettbewerb mit 19 Teilnehmern und fünf ausgewählten Künstlern
STANDORT
Technikum und Eingangshalle
KÜNSTLER
Dieter Krieg
TITEL/WERK
o. T. (»gut« »für« »die« »augn«) (Wettbewerbsbeitrag)
o. T. (Spiegeleier) (später angekaufte Leihgabe)
MATERIAL/TECHNIK
vierteiliger Gemäldezyklus, Acryl auf Leinwand
ENTSTEHUNG
1994
PROJEKTKOSTEN
Zyklus: 99 900 D-Mark (1998)
Spiegelei-Gemälde: 51 000 Euro (2004)

Der im Jahre 2005 achtundsechzigjährig verstorbene Dieter Krieg war einer der wichtigsten deutschen Maler der Gegenwart. Mit einem 1994 entstandenen Möhren-Zyklus beteiligte er sich erfolgreich an dem 1995 ausgeschriebenen Kunstwettbewerb der damaligen Bundesforschungsanstalt für Ernährung (siehe S. 126–129). Zudem stellte er der Bundesforschungsanstalt zunächst als Dauerleihgabe zwei, im Jahre 2004 schließlich angekaufte großformatige Spiegelei-Gemälde zur Verfügung. Darüber hinaus befinden sich im Foyer des Obergeschosses sieben, als Illustration des Wettbewerbsbeitrags entstandene Acrylzeichnungen auf Papier. Die Motive

Möhre und Spiegelei passen in geradezu archteypischer Weise zur Bundesforschungsanstalt. Allerdings relativiert sich der Eindruck einer allzu engen und scheinbar illustrativen Institutsbezogenheit der im offenen Treppenhaus des Foyers übereinanderhängenden Spiegelei-Bilder und des in den Werkstätten des Technikums untergebrachten Möhren-Zyklus. Denn die den Möhrenbildern aufgeklebten Papierbahnen mit den krakeligen Worten »gut« »für« »die« »augn« ergeben in der suggerierten Einheit von Bild und Wort nicht nur die zyklisch hingestammelte ernährungswissenschaftliche Binsenweisheit »Karotten sind gut für die Augen«. Sondern sie meinen noch etwas anderes, das zweifellos gut für die Augen ist, nämlich die Kunst.

Der künstlerische Aufwand für die viermal in Acryl auf 3,65 Meter hohe und gesamt 9,45 Meter breite Bildträger gemalten Möhren und die beiden von Dieter Krieg der Bundesanstalt zunächst als Dauerleihgabe zur Verfügung gestellten, dann angekauften großformatigen Spiegelei-Bilder ist nur damit zu erklären, dass es vorrangig gar nicht um das geht, was den Institutsbezug ausmacht: die Bildmotive von Möhre und Ei. Die Bilder sind nicht dazu da, den Mitarbeitern der Bundesforschungsanstalt für Ernährung und Lebensmittel vor Augen zu führen, was sie zu tun, zu prüfen und zu überwachen haben. Thema der Gemälde ist vielmehr die Malerei selbst. Ihre Botschaft ist die Kunst, die freie und reine Malerei, die das Eigelb so unvergleichlich schön aus der Bildmitte herausstrahlen lässt und dabei gleichzeitig doch die Bildmotive im dicken Farbbrei und im mitreißenden Gestus

künstlerischer Spontaneität zu ersticken droht.

Dieter Kriegs doppeldeutiges Statement »gut für die augn« reflektiert die Selbstbespiegelung der Kunst, die unter ständigem Legitimierungsdruck steht, seitdem Künstler vor ungefähr einhundert Jahren begannen, die Grundlagen der Kunst in Frage zu stellen. Gerade die in Kriegs Gemälden angesprochene schön anzusehende »Augenkunst« war bald verpönt, die gegenständliche Malerei wurde zugunsten der abstrakten aufgegeben und dann schließlich die Malerei zugunsten der Objekt- und Aktionskunst.

Dieter Krieg, der von 1978 bis 2002 als Professor für Malerei an der Kunstakademie Düsseldorf lehrte, stand wie viele seiner Kollegen vor dem Dilemma, dass er von der Malerei nicht lassen konnte, obwohl diese totgesagt oder zumindest ihr Ende verkündet war. Die Maler reagierten damals unterschiedlich. Gerhard Richter wählte in den sechziger Jahren zunächst Grau zur bevorzugten »Farbe« und frönte in seinen Bildern der »Aussageverweigerung«. Georg Baselitz stellte seine Bilder auf den Kopf. Und Sigmar Polke deckte noch 1994 in einem hintergründigen Landschaftsgemälde »Die drei Lügen der Malerei« auf. Dieter Krieg geriet ebenfalls ins Grübeln und machte nicht das Motiv, sondern die Malerei zum Thema. Er malte Bilder mit Titeln wie »totes Gleis der Malerei« oder »weiße Mäuse colorieren«. Dabei sprach er einmal vom »Schock durch das bedeutungslose Objekt«, das seinem Schaffen als Impetus sichtbar zugrunde liegt und zu umfangreichen Bilderserien von Spiegeleiern, Möhren, Kerzen, Blüten, Vorhängen, Büchern, Eimern, Kreuzen und Ähnlichem mehr führte.

Im Format, der Materialintensität und dem gestischen Furor sind Kriegs Gemälde in der Bundesforschungsanstalt für Ernährung und Lebensmittel ein Fest für Auge und Geist. Zur Unerheblichkeit der gemalten Dinge aber steht nach herkömmlichen ästhetischen Regeln der malerische Aufwand in keinem Verhältnis. Die Banalität des Dargestellten stellt die mit formalen Mitteln aufgebaute Aura und Würde in Frage und löst sie auf. Wie die in der Eingangshalle und im Foyer des Obergeschosses aufgestellten Skulpturen von Stephan Balkenhol konfrontieren Dieter Kriegs Darstellungen die Mitarbeiter und Besucher mit dem Phänomen der Unangemessenheit von Bildform und Bildinhalt. Balkenhol entlarvt eine künstlerisch überkommene Monumentalität, indem er Jedermann-Figuren auf den hoheitsvollen Sockel stellt und ironisch überhöht. Krieg dagegen füllt die für althergebrachtes Pathos und für Erhabenheit stehenden hoheitsvollen Großformate mit

WEITERE KÜNSTLER

Stephan Balkenhol: zwei Skulpturen (siehe S. 126–129)
Johannes Brus: Säulenreihe mit Früchtemotiven im Außenbereich
Ludger Gerdes: Gemälde als Diptychen im Eingangsbereich
Rune Mields: Bodenarbeit mit Fibonaccireihe im Außenbereich

Dieter Krieg

1937 geboren in Lindau am Bodensee
1958–62 Studium an der Staatliche Akademie der Bildenden Künste Karlsruhe bei HAP Grieshaber und Herbert Kitzel
1971/72 Gastlehrauftrag an der Staatlichen Akademie der Bildenden Künste Karlsruhe
1975/76 Gastdozentur an der Staatlichen Hochschule für Bildende Künste/Städelschule, Frankfurt am Main
1978–2002 Professur an der Kunstakademie, Düsseldorf
2005 gestorben in Quadrath-Ichendorf

PREISE

2006 ▸ [posthum] Preis der Cologne Fine Art
1998 ▸ Hans-Molfenter-Preis der Stadt Stuttgart
1993 ▸ Hans-Thoma-Preis des Landes Baden-Württemberg
1989 ▸ Internationaler Kunstpreis des Landes Vorarlberg
1985 ▸ Karl-Ströher-Preis, Frankfurt
1970 ▸ Kunstpreis der Stadt Darmstadt
1969 ▸ Kunstpreis der Böttcherstrasse, Bremen
1968 ▸ Preis der Veranstalter der Biennale Danuvius 68, Bratislava
1966 ▸ Deutscher Kunstpreis der Jugend für Malerei, Baden-Baden

EINZELAUSSTELLUNGEN (AUSWAHL)

2006 ▸ »Wörtliche Malerei«, Kunstmuseum Bonn (mit Rolf-Gunter Dienst)
▸ Kunstmuseum Bochum
▸ Künstlerverein Malkasten, Düsseldorf
▸ Arp Museum – Bahnhof Rolandseck, Remagen
2004 ▸ Kunsthalle Rostock
▸ Alte Spinnerei/Forum Kunst, Rottweil
2003 ▸ Kunstverein Augsburg
▸ Kunstmuseum Celle, Sammlung Simon
2002 ▸ Krypta 182, Bergisch Gladbach
▸ Deutsche Gesellschaft für christliche Kunst, München
2000 ▸ Trinitatiskirche, Köln

Sujets, deren Belanglosigkeit zu klassischen Vorstellungen von würdigen und angemessenen Bildinhalten eine krasse Gegenposition bezieht.

Was die in ihrer Ausdrucksstärke den Betrachter sofort einnehmenden Tafelbilder davon abhält, eine zu Kunst am Bau umdeklarierte Museumsware zu sein, ist das von Dieter Krieg in allen Werkphasen angewandte Prinzip, Bilder in Serien zu malen, in Serien zu hängen und vor allem in Serien zu denken. Wiederholung und Variation sind eine Strategie, Anspruch und Anschein von künstlerischer Einmaligkeit und Absolutheit gar nicht erst aufkommen zu lassen. Und es ist klar, dass die Mitarbeiter der Bundesforschungsanstalt ein gemaltes Spiegelei anders wahrnehmen, wenn sie es in zweifacher Ausführung sehen. Entsprechend bildet die vierfache Wiederholung des Möhren-Motivs im Laborbereich einen Schutzwall, der die Bilder davor bewahrt, als gewöhnliche dekorative Ausstattungsstücke

vereinnahmt und missverstanden zu werden. Dies gilt umso mehr, als der Betrachter gehalten ist, die Worte »gut« »für« »die« »augn« zu einem Satz zusammenzufügen.

Ob man Dieter Kriegs Gemälde als Anti-Kunst betrachtet, die sich als Hochkunst verkleidet, oder als Hochkunst, die sich als Anti-Kunst ausgibt: Mit ihnen hat ein markantes und symptomatisches Stück Malereigeschichte des 20. Jahrhunderts Eingang in die Hallen der Karlsruher Bundesforschungsanstalt für Ernährung und Lebensmittel gefunden.

GRUPPENAUSSTELLUNGEN (AUSWAHL)

2006 ▸ »What would I be without you …«, City Gallery, Prag

2005 ▸ »Lichtkunst aus Kunstlicht«, Zentrum für Kunst und Medientechnologie Karlsruhe

▸ »Bilderlust«, Galerie Margareta Friesen, Dresden

2004 ▸ »Neue Figuration in den 80er Jahren«, Galerie Wolfgang Gymrek, Düsseldorf

▸ »El Regreso de los Gigantes«, Museo Nacional de Bellas Artes, Santiago de Chile

2003 ▸ »Masse Farbe – Dieter Krieg und Artur Stoll«, Kunsthalle Darmstadt

▸ »El Regreso de los Gigantes«, Museo Nacional de Arte Decorativo, Buenos Aires

▸ »Mal doch mal n' Auto«, Galerie Tedden-Garage, Oberhausen

STANDORTE KUNST AM BAU

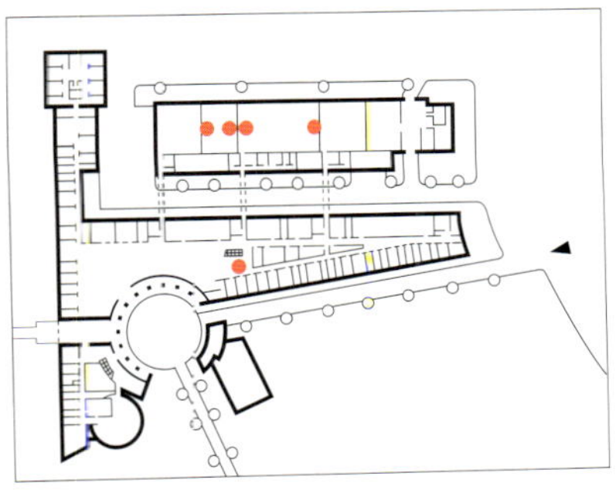

Markus Lüpertz

Bundesadler, 2005

Architektur

BAUMASSNAHME
Erweiterung des Bundesgerichtshofs in Karlsruhe
BAUHERR
Bundesrepublik Deutschland, vertreten durch Bundesministerium für Verkehr, Bau und Stadtentwicklung, Oberfinanzdirektion Karlsruhe, Bundesbau Baden-Württemberg, Staatliches Hochbauamt Baden-Baden
NUTZER
Bundesgerichtshof
STANDORT
Herrenstraße 45 a, 76133 Karlsruhe
ARCHITEKTEN/PLANUNG
Dohle + Lohse Architekten, Braunschweig
BAUZEIT
2000–03
VERFAHREN
Wettbewerb mit 95 Teilnehmern

Kunst am Bau

VERFAHREN
Direktvergabe nach Anfrage bei mehreren Künstlern; vorangegangen war ein beschränkter einstufiger Realisierungswettbewerb mit elf Teilnehmern und drei ausgewählten Künstlern
STANDORT
großer Sitzungssaal im Westflügel des Neubaus
KÜNSTLER
Markus Lüpertz
TITEL/WERK
Bundesadler
MATERIAL/TECHNIK
gefasste Bronzeplastik, ca. 1 m hoch
ENTSTEHUNG
2005
PROJEKTKOSTEN
40 000 Euro
WEITERE KÜNSTLER
Rudolf Herz: Schriftrotunde LEX INJUSTA … (siehe S. 138–141)
Georg Herold: Vitrinenskulptur »o. T.« (siehe S. 142–145)

Der Bundesgerichtshof in der Innenstadt von Karlsruhe ist ein bemerkenswertes Ensemble unterschiedlicher architektonischer Stile und Ausdrucksformen. Sehenswert sind nicht nur das Erbgroßherzogliche Palais, das Scheibenhaus von Erich Schelling aus dem Jahre 1960 und der 2003 fertiggestellte mäanderförmige Neubau des Senats- und Bibliotheksgebäudes, sondern auch das vier Hektar große parkähnliche Gelände. Sehenswert sind auch über hundert Kunstwerke vor allem aus der zweiten Hälfte des 20. Jahrhunderts, die der 1950 gegründete Bundesgerichtshof im Laufe der Zeit zusammengetragen hat. Dem mehrfach ausgezeichneten Erweiterungsbau von Dohle + Lohse Architekten aus Braunschweig, welcher sechs Zivilsenate mit zwei Sitzungssälen, die umfangreiche Bibliothek des Bundesgerichtshofs und die Dokumentationsstelle sowie ein kleines Museum zur Rechtsgeschichte beherbergt, sind drei weitere Kunst-am-Bau-Arbeiten zu verdanken. Als eine von zwei Empfehlungen aus einem auf zwölf Künstler beschränkten Wettbewerb, den die Kunstkommission der damaligen Landesvermögens- und Bauabteilung (heute: Bundesbau Baden-Württemberg, Betriebsleitung) bei der Oberfinanzdirektion Karlsruhe ausgelobt hatte, realisierte Rudolf Herz im Jahre 2003 im großen Innenhof gegenüber der Bibliothek die bronzene Schriftrotunde LEX INJUSTA NON EST (»Ein ungerechtes Gesetz gibt es nicht«/»Ein ungerechtes Gesetz ist kein Gesetz«, siehe S. 138–141), während Georg Herold im Wartebereich vor den Sitzungssälen eine Vitrinenskulptur (siehe S. 142–145) installierte.

Ohne vorangegangenen Wettbewerb empfahl die Kunstkommission zwei Jahre darauf, Markus Lüpertz mit der Schaffung eines Bundesadlers für den großen Sitzungssaal im Westflügel des Neubaus zu beauftragen, der die Hoheitsmacht des Staates repräsentieren und gleichzeitig reflektieren sollte.

Die Verpflichtung von Markus Lüpertz für den Bundesgerichtshof fand in den Medien ein relativ breites Echo. Mit Markus Lüpertz engagierten die Verantwortlichen einen Künstler, der nicht nur durch eine bis 1986 an der Staatlichen Akademie der Bildenden Künste wahrgenommene Professur mit

Karlsruhe verbunden war. Sie entschieden sich auch für einen Künstler, der längst auf dem Wege war, sich als »Staatskünstler« zu etablieren und der mit der Skulptur »Die Philosophin« schon 2001 den Sprung ins zentrale Eingangsfoyer des Bundeskanzleramts geschafft hatte. Dabei ist Lüpertz ein explizit unpolitischer Künstler. Günter Hirsch, der Präsident des Bundesgerichtshofs, gab Lüpertz gegenüber in einem Vorgespräch zu bedenken, dass bei der Gestaltung eines staatlichen Symbols für ein oberstes Gericht der künstlerischen Freiheit natürlich gewisse Grenzen gesetzt seien, wobei der Bundesgerichtshof allerdings auch nicht als herz- und seelenloser Ort gedacht werden dürfte.

Markus Lüpertz lag die Aufgabe am Herzen. Er betrieb Anatomiestudien und begab sich zu genauen Naturbeobachtungen in den Zoo. Letztlich schuf er einen bronzenen Hybriden, der in erster Linie aber künstlerischen Intentionen folgt. Dazu rüttelte er am alten, auf Karl den Großen zurückgehenden Symbol des Reichsadlers und entfernte sich von den üblichen Hoheitssymbolen, wie man sie auch auf dem Dienststellenschild am Eingang zum Bundesgerichtshof sieht oder bei dem von Ludwig Gies geschaffenen Bundesadler, der alle vom Bundestag je genutzten Plenarsäle ziert. In direkter Anknüpfung an das Staatswappen der Weimarer Republik beschrieb Bundespräsident Theodor Heuss in der »Bekanntmachung betreffend das Bundeswappen und den Bundesadler« vom 20. Januar 1950, wie das Tier in seiner staatstragenden Rolle darzustellen sei: »Auf Grund eines Beschlusses der Bundesregierung gebe ich hiermit bekannt, daß das Bundeswappen auf goldgelbem Grund den einköpfigen schwarzen Adler zeigt, den Kopf nach rechts gewendet, die Flügel offen, aber mit geschlossenem Gefieder, Schnabel, Zunge und Fänge von roter Farbe. Wird der Bundesadler ohne Umrahmung dargestellt, so sind das gleiche Bild und die gleichen Farben wie beim Adler im Bundeswappen zu verwenden, doch sind die Spitzen des Gefieders nach außen gerichtet.«

Markus Lüpertz

1941 geboren in Liberec (Reichenberg)
1956–61 Studium an der Werkkunstschule, Krefeld, bei Laurenz Goosens sowie an der Kunstakademie Düsseldorf
1974 Professur an der Staatlichen Akademie der Bildenden Künste Karlsruhe
seit 1986 Professur an der Kunstakademie Düsseldorf
seit 1988 Rektor der Kunstakademie Düsseldorf
Lebt und arbeitet in Berlin, Düsseldorf und Karlsruhe.

PREISE

2003 ▸ IV. Internationaler Preis »Julio González«
1970 ▸ Preis der Villa Romana

AUSSTELLUNGEN (AUSWAHL)

2006 ▸ »Riesenbilder«, Galerie Daniel Blau, München
▸ Shanghai Zendai Museum of Modern Art, Shanghai (mit Georg Baselitz, Jörg Immendorff, A. R. Penck)
▸ » Daphne«, Stiftung Museum Schloss Moyland
▸ »RO'MA: Markus Lüpertz«, Museum Kuppersmühle für Moderne Kunst, Duisburg (mit Rosemarie Trockel)
2005 ▸ »New Paintings and Drawings«, Michael Werner Gallery, New York
▸ »Leinwände und Zeichnungen«, Vonderbank Fine Art Gallery, Frankfurt am Main
▸ Galeria Colón XVI, Bilbao
▸ » Die gescheiterte Hoffnung«, Halle 6 – Galerie Christiane Hölz, Düsseldorff
▸ »Markus Lüpertz: Daphne«, Sinclair-Haus, Kulturforum der Altana AG, Bad Homburg
▸ Nationalmuseum Breslau
2004 ▸ »About the Three Graces«, Michael Werner Gallery, New York und Köln
▸ »Escultures i Dibuixos«, Galeria Jule Kewenig, Palma de Mallorca
2003 ▸ »Skulpturen und Zeichnungen«, Galerie Michael Werner, Köln
2002 ▸ »Malerei, Zeichnung, Skulptur«, Museum Würth, Künzelsau
▸ »la memoria y la forma«, Ivam Centre Julio Gonzalez, Valencia
2001 ▸ » Malerei, Zeichnung und Skulpturen«, Städtische Museen Jena, Galerie im Stadtmuseum, Jena
2000 ▸ » Ne meurs pas avec les problèmes de ton temps – Never die with the problems of your time – Stirb nicht mit den Problemen deiner Zeit», L'Espal, Centre Culturel, Le Mans
▸ »Bronzeskulpturen und die Serie der Kaltnadelradierungen ›Die Philosophin‹«, Sabine Knust, Maximilian Verlag, München

Lüpertz' etwa 1 Meter hohes Bronzetier verstößt – vermutlich höchst absichtsvoll – in allen wesentlichen Punkten gegen diese Beschreibung. Statt heraldischer Zweidimensionaliät liefert Lüpertz eine große pralle neo-expressive Vollplastik. Das Tier erscheint nicht mehr nur schwarz, sondern

in dynamischer Überwindung der (politisch gemeinten) Einseitigkeit schwarz und weiß. Die Flügel sind nicht offen, sondern in gesuchtem Widerspruch angelegt. Die Adlerbrust ist geschwollen, doch Schnabel, Zunge und Fänge sind nicht vorhanden oder nicht extra betont. Betont hingegen ist das sprichwörtliche Adlerauge. Die auffälligste Abweichung: Der Kopf blickt – vielleicht nur, um künstlerische Freiheit zu demonstrieren – nach links.

Lüpertz macht durch gezielte Regelverstöße aus dem immer auch Macht und Sieg symbolisierenden Wappenvogel ein bizarres, fast ambivalentes Geschöpf. Es ist so konzipiert, dass es – scharfäugig und zugleich seltsam beklommen – über den großen Sitzungssaal im Bundesgerichtshof wacht, wenn hier letztinstanzliche Dinge verhandelt werden. Ist ein Emblem emotional neutralisiert und kann auf eindimensionale Deutungsmuster festgelegt werden, so sucht Lüpertz' Plastik im Unterschied dazu auf sinnlicher und intellektueller Ebene einen vertieften Dialog mit den Richtern, Anwälten, Klägern, Beklagten und Zuschauern. Lüpertz hat dabei mehrere Fährten gelegt. Das in Form und Farbe unregelmäßige abstrakte Muster des Gefieders evoziert das Bild eines Staates als eines komplexen und kraftgespannten Gebildes. Der wachsame Blick des Vogels und die anliegenden Schwingen scheinen Scharfsinn und geduldiges Abwarten als Grundlage und Voraussetzung der Rechtsprechung und Verfahrensführung einzufordern. Gleichzeitig suggeriert die Umformulierung der geöffneten zu geschlossenen Flügeln eine Friedfertigkeit, die unter Umständen sogar zur Gefährdung des vom Adler verkörperten Staates führen könnte. Eine kleine Schlange in den Krallen lässt den Adler in Anlehnung an die traditionelle Symbolik als Sieger über das Böse erscheinen. Die Eintiefung in der Brust des Tieres dagegen ist in ihrer Bedeutung kaum festzulegen. Sie weist in Richtung »Herzlosigkeit«, die dem Akt des unparteiischen Richtens zugrunde liegen sollte. Andererseits suggeriert sie eine gewisse »Offen- und Weitherzigkeit«, die den natürlichen Vorgang des Greifens und Zerreißens der Beute relativiert und die Symbolik einer Vernichtung des Bösen abschwächt.

In der thematisch vielschichtigen Spannung bewährt sich der Lüpertz'-sche Adler, der in einer eigens für ihn nachträglich in die Architektur eingefügten keilförmigen und leicht aus der Achse gerückten Nische des Großen Sitzungssaales des Bundesgerichtshofs steht, als Kunst am Bau besser als jedes traditionelle Wappensymbol.

STANDORT KUNST AM BAU

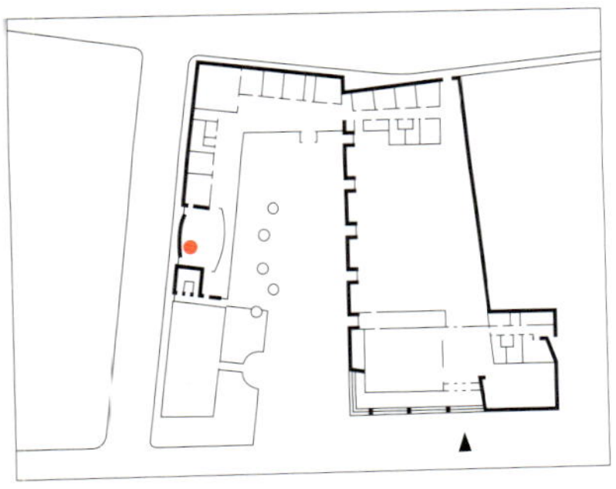

Rudolf Herz

LEX INJUSTA NON EST, 2003

Bundesgerichtshof, Karlsruhe

Rudolf Herz

LEX INJUSTA NON EST, 2003

Zu den drei Arbeiten, die im Zuge des Erweiterungsbaus des Bundesgerichtshofs in Karlsruhe angeschafft wurden (siehe S. 134–137 und 142–145), gehört die bronzene Schriftrotunde LEX INJUSTA NON EST (»Ein ungerechtes Gesetz gibt es nicht«) von Rudolf Herz im Innenhof gegenüber der Bibliothek. Der mit einem Innendurchmesser von etwa fünf Metern kreisförmig gelegte Schriftzug aus etwa 40 Zentimeter hohen Bronzemajuskeln wirkt wie ein von einem breiten demokratischen Konsens getragenes Postulat.

Aber der Schein trügt. Kunst ist keine leichte Kost, und schon gar nicht die von Rudolf Herz. Wie kaum ein zweiter hat sich Rudolf Herz, der auch als Kunsthistoriker tätig ist, in seinem Werk mit Denkmälern auseinandergesetzt. Auch die Karlsruher Arbeit zeichnet sich durch ein großes gesellschaftspolitisches Bewusstsein aus.

Der unter den sechs Bäumen des heranwachsenden Gerichtshains als Sitzmöbel arrangierte Satz hat es in sich. Die in dieser Form von Herz erfundene Feststellung ist eine bedeutungsschwere Abwandlung des alten rechtsphilosophischen Grundsatzes LEX INJUSTA NON EST LEX (»Ein ungerechtes Gesetz ist kein Gesetz«), der ein ausgewogenes Verhältnis zwischen Recht und Gesetz fordert.

Nun heißt es aber bei Rudolf Herz »Ein ungerechtes Gesetz gibt es nicht«. Die kreisförmige Anordnung lässt zwar die Lesart LEX INJUSTA NON EST LEX zu, faktisch aber verkürzt sie den ethisch fundierten Satz zu der autoritären Behauptung, dass es nur gerechte Gesetze gibt. Beinhaltet die Aussage »Ein ungerechtes Gesetz ist kein Gesetz« das Recht auf Widerstand gegen gesetzliches Unrecht, so folgt die Wendung »Ein ungerechtes Gesetz gibt es nicht« absolutistischen Auffassungen und verweigert die Anerkennung eines übergesetzlichen Rechtes, wie dies auch für den nationalsozialistischen Unrechtsstaat charakteristisch war.

Der von Herz scheinbar spielerisch vorgenommene Eingriff verleiht nicht dem Glauben Ausdruck, dass es keine ungerechten Gesetze gäbe. Vielmehr thematisiert die Verkürzung die machtpolitische Vereinnahmung von Recht und Gesetz, wobei schon die verneinende Formulierung »Ein ungerechtes Gesetz gibt es nicht« einem erwarteten Widerspruch vorgreift und sich ihres Unrechts bewusst zu sein scheint.

Rudolf Herz verbindet in seiner Arbeit für den Bundesgerichtshof die beiden so unterschiedlichen Auffassungen zu einem explosiven Gemisch. Der Rechtsgedanke LEX INJUSTA NON EST LEX, den die Bundesrepublik

Architektur

BAUMASSNAHME
Erweiterung des Bundesgerichtshofs in Karlsruhe
BAUHERR
Bundesrepublik Deutschland, vertreten durch Bundesministerium für Verkehr, Bau und Stadtentwicklung, Oberfinanzdirektion Karlsruhe, Bundesbau Baden-Württemberg, Staatliches Hochbauamt Baden-Baden
NUTZER
Bundesgerichtshof
STANDORT
Herrenstraße 45a, 76133 Karlsruhe
ARCHITEKTEN/PLANUNG
Dohle + Lohse Architekten, Braunschweig
BAUZEIT
2000–03
VERFAHREN
Wettbewerb mit 95 Teilnehmern

Kunst am Bau

VERFAHREN
beschränkter einstufiger Realisierungswettbewerb mit elf Teilnehmern und drei ausgewählten Künstlern
STANDORT
Wartebereich vor den Sitzungssälen im Westflügel des Neubaus
KÜNSTLER
Rudolf Herz
TITEL/WERK
LEX INJUSTA NON EST – Schriftrotunde
MATERIAL/TECHNIK
Bodenskulptur aus 40 cm hohen Buchstaben
ENTSTEHUNG
2003
PROJEKTKOSTEN
61 400 Euro
WEITERE KÜNSTLER
Georg Herold: Vitrinenskulptur »o. T.« (siehe S. 142–145)
Markus Lüpertz: Bundesadler (Direktbeauftragung) (siehe S. 134–137)

ähnlich im Grundgesetz beansprucht, ergibt sich nur assoziativ aus dem verkürzten LEX INJUSTA NON EST, in dem das überwundene totalitäre System aufscheint. So sie den Spruch kennen und des Lateinischen kundig sind, entscheiden sich viele Betrachter vermutlich eher für die NON EST LEX-Version, wobei diese projektive politische und moralische Aneignung für den Umgang mit Denkmalkunst insgesamt bezeichnend ist.

Rudolf Herz geht in seinen Arbeiten seit Jahren vom »Scheitern herkömmlicher Denkmalskunst« aus. Zum Wettbewerb für das Berliner »Denkmal für die ermordeten Juden Europas« schlug er 1997 gemeinsam mit Reinhard Matz vor, ein Stück Autobahn mit Kopfsteinpflaster zu versehen, um so eine Fahrtgeschwindigkeit von 30 Stundenkilometern zu erzwingen und die Menschen zum Innehalten und Besinnen zu bewegen. Oder er schickte

auf der Suche nach neuen Präsentationsformen die demontierten Granitbüsten des Dresdner Lenin-Denkmals mit einem Sattelzug auf Reisen.

Auch in der Karlsruher Arbeit thematisiert Herz nicht einfach die Sentenz LEX INJUSTA NON EST, sondern er fragt nach adäquaten und inadäquaten Formen ihrer Präsentation. Um den üblichen Vereinnahmungen der Denkmäler zu entgehen, verkehrt Herz erst einmal den bekannten Satz ins krasse Gegenteil, indem er das zweite LEX weglässt. Dann macht er aus dieser – so oder so – schwergewichtigen Sentenz ein bronzenes Kunstwerk, mit dem sich sowohl demokratische als auch undemokratische Wertvorstellungen kommunizieren und demonstrieren lassen. Die Kreisform verdankt sich nicht allein der Absicht, ein zweites LEX als Lesart zu provozieren. Sie symbolisiert auch Dynamik und die nicht endende Notwendigkeit, sich mit der Frage nach Recht und Gesetz auseinanderzusetzen. Andererseits suggeriert die Plastik als kommunikatives Sitzmöbel unter Bäumen aber auch eine gewisse Gemütlichkeit. Diese begibt sich in einen bewussten Widerspruch zur auratischen Unantastbarkeit von Kunst und zur Bedeutung der von ihr transportierten Aussage und lässt erkennen, wie ein bedeutungsschweres Diktum zur Floskel werden kann. Ist es eine bewusste Strategie, dass die Schriftrotunde zwar an einen kultischen Thingplatz

Rudolf Herz

1954 geboren in Sonthofen
1974–81 Studium an der Akademie der Bildenden Künste München
1983–93 Studium der Kunstgeschichte, Geschichteund Archäologie in München und Hamburg
1994 Promotion in Kunstgeschichte/Visuelle Kommunikation an der Carl-von-Ossietzky-Universität Oldenburg
Lebt in Paris und München.

STIPENDIEN/PREISE

1999 ▸ Projektstipendium der Stiftung Kunstfonds, Bonn
1997 ▸ Preisträger im Wettbewerb zum »Denkmal für die ermordeten Juden Europas«, Berlin (zusammen mit Reinhard Matz)
1996 ▸ Stipendium des Deutschen Historischen Instituts, London
1995 ▸ Stipendium der Deutschen Akademie Villa Massimo, Rom
1993 ▸ Stipendium des Deutschen Historischen Instituts, Washington D.C.
1992 ▸ Baldreit-Stipendium der Stadt Baden-Baden
1991 ▸ Künstlerischer Förderpreis des Freistaates Bayern
1990 ▸ Förderpreis der Stadt München
1987 ▸ Stipendium für Zeitgenössische Deutsche Fotografie der Alfried Krupp von Bohlen und Halbach Stiftung, Essen

SKULPTUREN/PROJEKTE/ENTWÜRFE FÜR DEN ÖFFENTLICHEN RAUM

2005 ▸ U-Bahnstation Olympiapark Nord, München
2003 ▸ »LEX INJUSTA NON EST«, Bundesgerichtshof, Karlsruhe
2002 ▸ »Sol lucet omnibus«, Landesvollzugsanstalt Augsburg
2000 ▸ »Indien und nicht Amerika«, Universität Konstanz
1997 ▸ »Überschrieben«, Wettbewerbsentwurf für ein »Denkmal für die ermordeten Juden Europas«, Berlin (mit Reinhard Matz)
1996 ▸ »In Erwartung der Ernte«, Engen-Welschingen
1991 ▸ »Lenins Lager«, Entwurf für eine Skulptur in Dresden
▸ »Biotop«, Denkmal am Königsplatz (mit Thomas Lehnerer)
1990 ▸ Schild an der Feldherrnhalle, München (mit Thomas Lehnerer)

erinnert, die Bronzelettern im Sommer zum Sitzen und Ausruhen aber in der Regel zu heiß und im Winter zu kalt sind?

Rudolf Herz' Werk im Innenhof des Bundesgerichtshofs ist ein Denkmal und als solches sowohl Absichtserklärung als auch Unschuldsbeteuerung. Dabei verweigert es die repräsentative Hoheitlichkeit und gedankliche Selbstverständlichkeit, die üblicherweise von Denkmalkunst erwartet wird. Mit gestalterischen Mitteln reflektiert es vielmehr die Gefahren einer Kunst, die sich auf eindimensionale Präsentations- und Denkmuster festlegt, und auch die Gefahren einer Werkaneignung, die die Kunst korrumpiert oder ignoriert. Herz' plastischer Schriftzug LEX INJUSTA NON EST selbst liefert sich der Gefahr aus, vorschnell und einseitig als LEX INJUSTA NON EST LEX interpretiert und vereinnahmt zu werden. Dieses grundsätzliche Nachdenken scheint das zentrale Anliegen des eher leise sinnierenden als laut anklagenden Werkes zu sein.

EINZELAUSSTELLUNGEN (AUSWAHL)

2004 ▸ »Lenin on Tour«, Performance mit folgenden Stationen: Haus der Kunst, München; Goethe-Institut, Rom; Kunsthalle Wien; Center for Contemporary Art, Prag; Kunsthaus Dresden; Bremer Senat; Volksbühne, Akademie der Künste, Berlin
2003 ▸ »Prologo sul Lago Maggiore«, G 2003, Ascona
2002 ▸ »The War«, Kunstverein Kassel (mit Michael Hofstetter)
1999 ▸ »Rat Race«, Kunstverein Konstanz
1998 ▸ »Flesh for Your Fantasy«, Kunstbunker Tumulka, München
1997 ▸ »Transit III«, Halle K, Hamburg ▸ »Transit II«, Neues Museum Weserburg, Bremen ▸ »Transit I«, Neue Gesellschaft für Bildende Kunst, Berlin
1996 ▸ »Rotfront«, Badischer Kunstverein, Karlsruhe
1995 ▸ »Zugzwang«, Kunstverein Ruhr, Essen ▸ »Späte Triumphe des erschöpften Widerspruchs«, Villa Massimo, Rom
1988 ▸ »Schauplatz«, Kunstforum/Städtische Galerie im Lenbachhaus, München

GRUPPENAUSSTELLUNGEN (AUSWAHL)

2005 ▸ »Zur Vorstellung des Terrors: Die RAF-Ausstellung«, Kunst-Werke, Berlin ▸ »My private heroes«, MARTa, Herford ▸ »Bronze: The Power of Life and Death«, Henry Moore Institute, Leeds
2004 ▸ »Laocoon Devoured«, Artium, Centro-Museo Vasco de Arte Contemporaneo, Vitoria-Gasteiz ▸ »After-Images«, Neues Museum Weserburg, Bremen
2003 ▸ »no art no city! Stadtutopien in der zeitgenössischen Kunst«, Städtische Galerie im Buntentor, Bremen
2002 ▸ »Power«, Casino Luxembourg, Forum d'art contemporain, Luxembourg ▸ »Mirroring Evil: Nazi Imagery/Recent Art«, The Jewish Museum, New York ▸ »Iconoclash«, Zentrum für Kunst und Medientechnologie, Karlsruhe ▸ »Arte in Memoria«, Ostia Antica, Rom
2001 ▸ »Mémoire des camps. Photographies des camps de concentration et d'extermination nazis (1933–1999)«, Patrimoine photographique, Paris
2000 ▸ »Die scheinbaren Dinge«, Haus der Kunst, München ▸ »Counter-Monuments and Memory«, Museum of Modern Art, New York
1999 ▸ »Metaformen. Dekonstruktivistische Positionen in Architektur und Kunst«, Kunsthalle, Düsseldorf ▸ »Das XX. Jahrhundert. Ein Jahrhundert Kunst in Deutschland«, Hamburger Bahnhof/Nationalgalerie, Berlin
1998 ▸ Ausstellung zum Denkmal für die ermordeten Juden Europas, Galerie im Marstall, Berlin
1997 ▸ »Deutschland-Bilder«, Martin-Gropius-Bau, Berlin
1996 ▸ »Summer of Photography«, ICC/MUKA Antwerpen
1995 ▸ »Realität, Anspruch, Medium«, Kunstmuseum Wiesbaden
1989 ▸ »Zeitgenössische Deutsche Fotografie«, Folkwang-Museum, Essen ▸ Erste Foto-Triennale, Villa Merkel, Esslingen
1984 ▸ »Wer überlebt, winkt«, Neue Gesellschaft für Bildende Kunst, Berlin
1980 ▸ »Der Mann, der den Tempel anzündete, um unsterblich zu werden«, Teilbereich Kunst (Rudolf Herz, Thomas Lehnerer und Stephan Huber), Akademie der Bildenden Künste München

STANDORT KUNST AM BAU

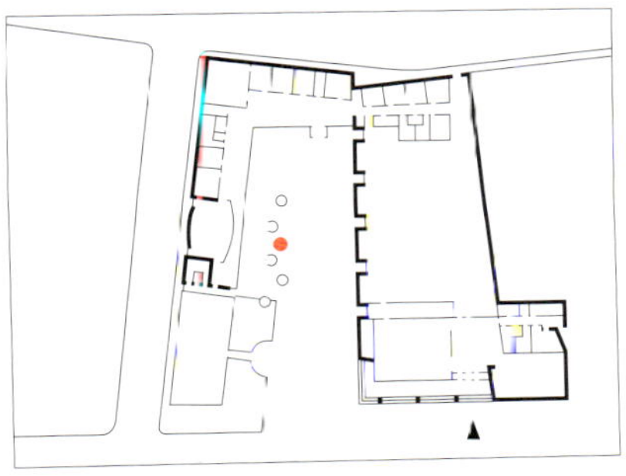

Georg Herold
o. T., 2003

Bundesgerichtshof, Karlsruhe

Georg Herold

o. T., 2003

Architektur

BAUMASSNAHME
Erweiterung des Bundesgerichtshofs in Karlsruhe
BAUHERR
Bundesrepublik Deutschland, vertreten durch Bundesministerium für Verkehr, Bau und Stadtentwicklung, Oberfinanzdirektion Karlsruhe, Bundesbau Baden-Württemberg, Staatliches Hochbauamt Baden-Baden
NUTZER
Bundesgerichtshof
STANDORT
Herrenstraße 45 a, 76133 Karlsruhe
ARCHITEKTEN/PLANUNG
Dohle + Lohse Architekten, Braunschweig
BAUZEIT
2000–03
VERFAHREN
Wettbewerb mit 95 Teilnehmern

Kunst am Bau

VERFAHREN
beschränkter einstufiger Realisierungswettbewerb mit elf Teilnehmern und drei ausgewählten Künstlern
STANDORT
Wartebereich vor den Sitzungssälen im Westflügel des Neubaus
KÜNSTLER
Georg Herold
TITEL/WERK
»o. T.«
MATERIAL/TECHNIK
Vitrinenskulptur
ENTSTEHUNG
2003
PROJEKTKOSTEN
41 300 Euro
WEITERE KÜNSTLER
Rudolf Herz: Schriftrotunde LEX INJUSTA NON EST (siehe S. 138–141)
Markus Lüpertz: Bundesadler (Direktbeauftragung) (siehe S. 134–137)

Georg Herolds Vitrine für den Erweiterungsbau des Bundesgerichtshofs fügt sich in die Reihe hintersinnig-kritischer Skulpturen aus betont kunstlosen Materialien, mit denen der in Köln lebende und arbeitende Künstler seit Jahrzehnten den Kunstbegriff und traditionelle künstlerische Ausdrucksformen hinterfragt.

Die im Rahmen des 2003 durchgeführten beschränkten Kunstwettbewerbs für den Bundesgerichtshof in Auftrag gegebene Arbeit ist ein einfach konstruierter dreiteiliger verglaster Holzkasten. Die im Wartebereich vor den Sitzungssälen stehende Vitrine ist als lichtes und transparentes Kunstgebilde durchaus schön anzusehen und fügt sich über dem mit Glasplatten ummäntelten Sockel und dem schlanken quaderförmigen Gerüst gut in die Flucht des Gebäudeflügels.

Es handelt sich um einen Glasschrank, wie er ähnlich auch in Eingangsbereichen und Fluren von Behörden oder Schulen stehen könnte. Wo sich dort in schöner Ordnung Pokale, schuleigene Kunst oder Unterrichtsmaterialien befinden, herrscht hier ein Chaos wie nach einer Implosion, bei der die Vitrinenböden und mit Wasser befüllten Glasbehälter in Schräglage geraten sind.

Wie beim Bundesadler von Markus Lüpertz und der bronzenen Schriftrotunde LEX INJUSTA NON EST (»Ein ungerechtes Gesetz gibt es nicht«/»Ein ungerechtes Gesetz ist kein Gesetz«), die Rudolf Herz im Innenhof des Bundesgerichtshofs realisiert hat (siehe S. 138–141), scheint es sich auch bei diesem Beitrag um ein Werk mit juristischer Konnotation zu handeln. Das Verhältnis zwischen der Schräglage der Vitrinenböden und dem horizontalen Wasserstand in den Glasbehältern weckt Assoziationen an die Waage der Justitia. Je tiefer man in das Wesen der Skulptur eindringt, umso grundsätzlicher wird die Problemstellung. Das beginnt mit der Frage: Lassen sich hier übliche Vorstellungen von Ordnung und Unordnung überhaupt zuweisen? Immerhin ist die Schläglage der Bretter bereits in der Konstruktion der Vitrine vorgesehen, so dass einige für eine horizontale Einpassung zu lang wären.

Je genauer man das Werk betrachtet, umso mehr Bedeutungsschichten entdeckt man. Von der rektangulären Gesamtordnung des Rahmens weicht die schräge Lage der Bretter ab; und als physikalische Größe kommt die stets waagrechte Wasseroberfläche in den Glasbehältern ins Spiel. Sie kann zwar den Verlauf der Horizontalen als Norm aufzeigen. Aber sie kann die Schräglage der Bretter und deren daraus resultierende Funktionslosigkeit nicht ausgleichen. Auch auf der visuellen Ebene wird die Horizontale des Wassers viel zu sehr vom Eindruck der schiefen Bretter überlagert, um eine

»gesetzmäßige« Ordnung ins Recht zu setzen, die der Schieflage als Korrektiv entgegenwirken würde. Die Bretter dagegen sind als Träger nur mehr oder weniger brauchbare, immerhin aber stabilisierende Bestandteile des von der Vitrine verkörperten Systems.

Die von der Werkstruktur und der konstruktiven Bildlogik vorgegebene Lesart des Systems führt zu dem Eindruck, dass in und mit der Vitrine gar keine klassische Regalbrettordnung angestrebt ist. Die Horizontale scheint – entgegen dem ersten Eindruck – nicht das Ideal zu sein. Zwar hat die Skulptur die Gestalt einer Vitrine, letztlich aber stellt sie ein eigenes System dar.

Dass man die Vitrine auf die Aufgabe und Tätigkeit des Bundesgerichtshofs hin interpretiert, ist verständlich, auch wenn Herold die Arbeit nicht speziell für diesen Ort entwickelt hat, sondern auf ähnliche frühere Glasvitrinen mit Wasserbehältern zurückgriff. Dabei stellt das konstruktiv

Georg Herold

1947 geboren in Jena
1969–73 Kunststudium, Burg Giebichenstein, Halle an der Saale
1973 Fluchtversuch nach Westdeutschland, nach neun Monaten Haft Erlaubnis zur Ausreise in den Westen
1974–76 Studium an der Akademie der Bildenden Künste München
1977–81 Studium an der Hochschule für Bildende Künste Hamburg bei Sigmar Polke
1982/83 Bühnenbildner an der Schaubühne und am Schillertheater, Berlin eigenes Atelier in Köln
1998 Günter-Fruhtrunk-Preis der Akademie der Bildenden Künste München
seit 2000 Professur an der Kunstakademie Düsseldorf
Lebt in Köln.

AUSSTELLUNGEN (AUSWAHL)
2007 ▸ »Georg Herold«, Stedelijk Museum voor Actuele Kunst, Gent
2006 ▸ Friedrich Petzel Gallery, New York
2005 ▸ Museum Moderner Kunst Kärnten, Klagenfurt
▸ Galerie Max Hetzler, Berlin
▸ Galerie Bärbel Grässlin, Frankfurt am Main
▸ Kunstverein Hannover
▸ Kunsthalle Baden-Baden
2004 ▸ Galerie Klein, Bad Münstereifel
▸ »Bollinger War's« Anthony Reynolds Gallery, London
1999 ▸ »Retro Visage«, Kunsthalle Zürich
▸ »Alles in Ordnung«, BAWAG-Foundation, Wien
1995 ▸ »XTOONE« Kunstmuseum Wolfsburg
1994 ▸ Vila Arson, Nizza
1993 ▸ »Just do it!«, Stedelijk Museum, Amsterdam
1990 ▸ Museum of Modern Art, San Francisco
▸ »Geld spielt keine Rolle«, Kölnischer Kunstverein
1989 ▸ »Ziegelbilder«, Kunsthalle Zürich

GRUPPENAUSSTELLUNGEN (AUSWAHL)
2007 ▸ »Borderlines«, Bergen Kunstmuseum
▸ »10. Triennale Kleinplastik«, Fellbach
▸ »100 Jahre Kunsthalle Mannheim«, Kunsthalle Mannheim
▸ »Kommando Friedrich Hölderlin Berlin«, Galerie Max Hetzler, Berlin
▸ »Private Corporate IV«, Daimler Chrysler Contemporary, Berlin
2006/07 ▸ »Artists for Tichy – Tichy for Artists«, Museum Moderner Kunst Stiftung Wörlen, Passau

schlüssige Gerüst kein Erkenntnismodell dar, das sich die Richter und Beteiligten des Bundesgerichtshofs zum Vorbild nehmen könnten.

Denn Herolds Skulptur unterscheidet sich deutlich von tradierten Justitia-Allegorien, bei denen es um das Ausbalancieren und Wiederherstellen von Gerechtigkeit geht. So sind zwar die Mitarbeiter des Bundesgerichtshofs aufgerufen, dafür Sorge zu tragen, dass der von Georg Herold vorgegebene Pegelstand des verdunstenden Wassers eingehalten wird – genauso wie es in einem Staatssystem der Rechtspflege bedarf. Nur ändert sich dadurch nichts an den Strukturen. Die Rechtsprechung beseitigt keine Unordnung und kein Unrecht. Sie hat nur aufzeigende Funktion und gibt eine Norm vor, deren Einhaltung – nach Lesart der Vitrine und der darin horizontal verlaufenden Bretter – möglich, aber nicht notwendig ist.

Und so ist hier eigentlich alles so, wie es sein sollte, auch wenn die Ordnung von vorgegebenen Ordnungsvorstellungen abweicht. Diese »andere« Ordnung hat Georg Herold in seiner Arbeit für den Bundesgerichtshof thematisiert. Herold sagte kürzlich: »Das ist sowieso mein Programm – Dinge vom Sockel holen.« Hier nun holt er die Erwartung einer verbindlichen Rechtsallegorie vom Sockel. Denn die Dinge sind nicht nur in der Waagerechten auszubalancieren, sondern in komplexen Zusammenhängen zu sehen. Wenn Georg Herolds Vitrine als interessant, vielleicht erbaulich und in der minimalistischen Sprödigkeit ihrer Bildsprache und Materialästhetik als schön empfunden wird, liegt das nicht zuletzt daran, dass es sich hierbei um ein durchaus auch dadaistisch angehauchtes und ironisches Spiel mit der Kunst und deren Wahrnehmung handelt.

▸ »Faster! Bigger! Better! Signetwerke der Sammlungen«, ZKM/Museum für Neue Kunst & Medienmuseum, Karlsruhe
2005/06 ▸ »Flashback – eine Revision der Kunst der 80er Jahre«, Kunstmuseum Basel, Museum für Gegenwartskunst
2004 ▸ »15 Jahre Deichtorhallen«, Deichtorhallen, Hamburg
▸ »BIACS 1«, Biennale Sevilla
▸ »Für die Konstruktion des Unmöglichen«, European Kunsthalle, Köln
▸ »actionbutton«, The State Russian Museum, St. Petersburg
▸ »Rhinegold. Art from Cologne«, Tate Liverpool
▸ »Contemporary German Art«, San Francisco Museum of Modern Art
▸ »Support 2. Die Neue Galerie als Sammlung«, Neue Galerie, Graz
▸ »Ich bin hier und du bist dort ...«, Galerie für Zeitgenössische Kunst, Leipzig
▸ »Berlin–Moskau/Moskau–Berlin 1950–2000«, Tretjakov Galerie, Moskau
▸ »cremers haufen«, Westfälisches Landesmuseum, Münster
▸ »Das Große Fressen. Von Pop bis heute«, Kunsthalle Bielefeld
2003–05 ▸ »Gibt's mich wirklich/Blinde wehrt Euch!«, Kunstsammlung im Ständehaus, Düsseldorf
2003/04 ▸ »Sand in der Vaseline«, Neues Museum Nürnberg
▸ »Invite #8«, Klosterfelde Berlin
▸ »A Clear Vision«, Deichtorhallen, Hamburg
▸ »Berlin–Moskau/Moskau–Berlin«, Martin-Gropius-Bau, Berlin
▸ »Support 1. Die Neue Galerie als Sammlung«, Neue Galerie, Graz
▸ »Private/Corporate II«, Daimler Chrysler Contemporary, Berlin
2003 ▸ »Lieber zu viel als zu wenig«, NGBK Berlin
▸ »Skulpturensommer Baden-Baden«, Kunsthalle Baden-Baden
▸ »Because if it's not love ...« Institute of Visual Culture, Cambridge
▸ »Bright Lights, Big City«, David Zwirner, New York
▸ »actionbutton«, Hamburger Bahnhof, Berlin
▸ »Phantom der Lust«, Neue Galerie, Graz
2002/03 ▸ »Wahnzimmer«, Museum Folkwang, Essen
▸ »Sand in der Vaseline«, Kaiser Wilhelm Museum, Krefeld
2002 ▸ »Iconoclash«, ZKM, Karlsruhe
2001 ▸ Frankfurter Kreuz, Schirn Kunsthalle, Frankfurt am Main
1997 ▸ Skulptur Projekte Münster, Westfälisches Landesmuseum, Münster
▸ »Deutschlandbilder«, Martin-Gropius-Bau, Berlin
1992 ▸ Documenta IX, Kassel
1991 ▸ »Metropolis«, Martin-Gropius-Bau, Berlin
1989 ▸ »BiNationale/The BiNational«, Minneapolis Institute of Fine Arts
1987 ▸ Skulptur Projekte Münster, Westfälisches Landesmuseum, Münster
1986 ▸ »What about having our mother back!« (mit Werner Büttner und Albert Oehlen), Institute of Contemporary Arts, London

STANDORT KUNST AM BAU

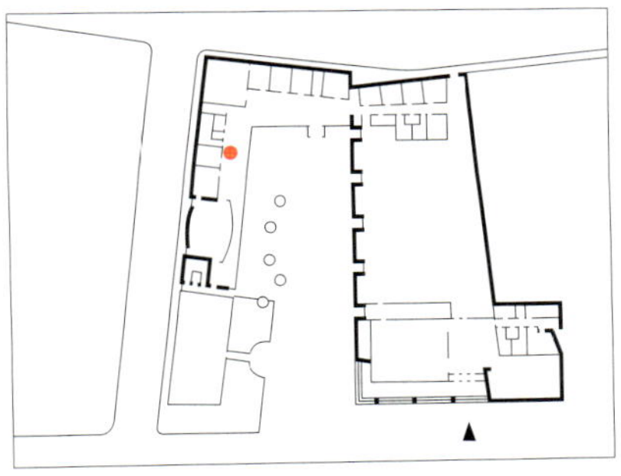

Anett Stuth
Landschaftsfotografien, 2000

Anett Stuth
Landschaftsfotografien, 2000
Gert Rappenecker
Landschaftsbilder, 2000

Architektur

BAUMASSNAHME
Neubau/Umbau
BAUHERR
Bundesrepublik Deutschland, vertreten durch die Oberfinanzdirektion Chemnitz, vertreten durch das Staatliche Hochbauamt Leipzig I
NUTZER
Bundeswehr
STANDORT
Bahnhofstraße 86, 04158 Leipzig
ARCHITEKTEN/PLANUNG
Ludwig Eckl + Partner, Regensburg
BAUZEIT
1996-2000
VERFAHREN
Wettbewerb
PROJEKTKOSTEN
52,2 Mio. Euro (Gesamtinvestitionskosten)

Kunst am Bau

VERFAHREN
beschränkter Realisierungswettbewerb für die Gestaltung des Eingangsbereichs (sechs Teilnehmer) und für nichtbaugebundene Kunstwerke für die drei Etagen des Bettenhauses (neun Teilnehmer)

Anett Stuth, Landschaftsfotografien

STANDORT
Gebäude 1 (Bettenhaus), Etagenflur 1. OG
KÜNSTLER
Anett Stuth, Leipzig
TITEL/WERK
Landschaftsfotografien
MATERIAL/TECHNIK
70 Fotografien auf Acrylglasplatten 40 x 60 cm
ENTSTEHUNG
2000
PROJEKTKOSTEN
49 690 D-Mark

Kunst im Krankenhaus ist eine ästhetische Bereicherung, die auch die Befindlichkeit der Patienten verbessern und den Heilprozess beschleunigen kann. Dabei ist Kunst im Krankenhaus nicht gleich Kunst im Krankenhaus. Das Foyer eines Krankenhauses bringt andere Gestaltungsvoraussetzungen mit als etwa die Flure der Bettenhäuser, in denen sich dreidimensional ausgreifende plastische Arbeiten schon aus betrieblichen Gründen verbieten. Auch kann es nicht vorrangig um eine kennerschaftlich verfeinerte Ästhetik und um die Erhabenheit der Präsentation gehen. Zudem wird sich die Mehrzahl der Patienten und Beschäftigten eher leichte und heitere als existenzielle oder abstrakte Themen wünschen.

Die Auslober des einstufigen beschränkten Wettbewerbs für den vom Architekturbüro Ludwig Eckl + Partner aus Regensburg im Jahre 2000 fertiggestellten Neubauteil des (im Zuge der Bundeswehrreform schon wieder geschlossenen) Bundeswehrkrankenhauses Leipzig in Wiederitzsch folgten diesen naheliegenden Vorstellungen. Für das schließlich mit Karl Schlamingers »Metallband« realisierte »baugebundene Kunstwerk« im Eingangsbereich gab es keinerlei Vorgaben. Anders bei den baunngebundenen Werken für die Flure des Bettenhauses. Für sie waren wartungsarme zweidimensionale Bilder und »Landschaftsmotive« gewünscht, die aller Voraussicht

nach positiv stimmen werden. Beauftragt wurden die Maler und Fotografen Anett Stuth, Gert Rappenecker und Udo Beha. Anett Stuth und Gert Rappenecker verfolgen mit ihren Arbeiten eine Doppel-Strategie.

Anett Stuth hat im Etagenflur des 1. Obergeschosses 70 Fotografien im Format 40 x 60 Zentimeter angebracht. Es sind angenehm anzusehende, ruhig und beruhigend wirkende Bilder von Bäumen, Pflanzen, Seen, Flüssen und dem Meer, von Wäldern, Hügeln und Bergen - Bilder von allem, was im

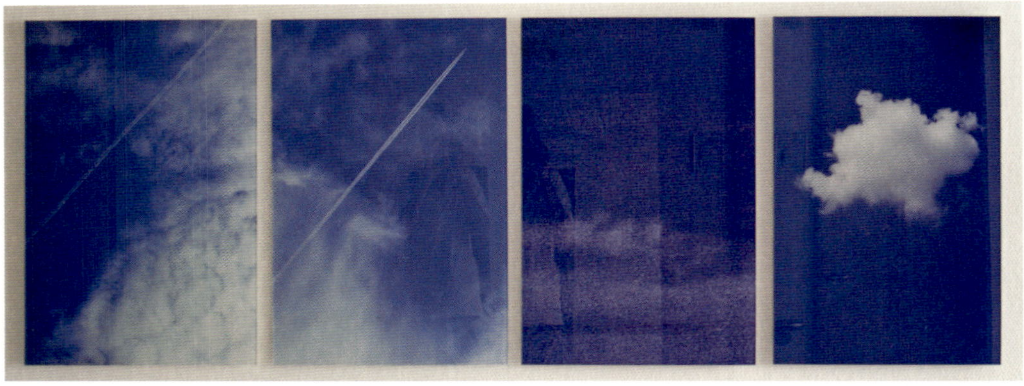

Anett Stuth

1965 geboren in Leipzig
1991/92 Studium der Fotografie bei Prof. Arno Fischer an der Hochschule für Grafik und Buchkunst Leipzig
1993-96 Studium und Diplom bei Prof. Timm Rautert an der Hochschule für Grafik und Buchkunst Leipzig
1996-98 Meisterschülerstudium bei Prof. Timm Rautert
Lebt und arbeitet in Berlin und Leipzig.

EINZELAUSSTELLUNGEN (AUSWAHL)
2007▸ Löhrl Fotografie - Die Fotogalerie, Mönchengladbach
2006▸ »Räume«, Galerie Kleindienst, Leipzig
▸ »Raum Zeit Bild«, Kunstverein Oberhausen
2004▸ »Raum Zeit Bild«, Löhrl Fotografie – Die Fotogalerie, Mönchengladbach
▸ »kölnphoto IV«, Sonderausstellung zur KUNSTKÖLN, Löhrl Fotografie – Die Fotogalerie
2003▸ »Raum Zeit Bild«, Galerie Kleindienst, Leipzig

GRUPPENAUSSTELLUNGEN (AUSWAHL)
2006 ▸ »Leipzig und die Fotografie«, Kunsthalle der Sparkasse Leipzig
2005 ▸ »Architektur mobil«, Wilhelm-Hack-Museum, Ludwigshafen
▸ »City Scape East«, Castello Estense di Ferrara
2004 ▸ »Land«, Galerie Netuschil, Darmstadt
2003 ▸ »Solo mortale«, Kasseler Kunstverein
2002 ▸ »Gegenüber - Menschenbilder in der Gegenwartsfotografie«, Landesmuseum Oberösterreich, Linz
▸ »East – City Scape East«, Galerie für zeitgenössische Kunst, Leipzig
2001 ▸ »Inshallah«, Galerie Paula Böttcher, Berlin
▸ »East – City Scape East«, Bauhaus Dessau
2000 ▸ »Stadtlandschaften«, Expo 2000, Sprengelmuseum/Preussag, Hannover
▸ »Rekonstruktion«, Kunstverein Zwickau

STANDORT KUNST AM BAU
1. Obergeschoss

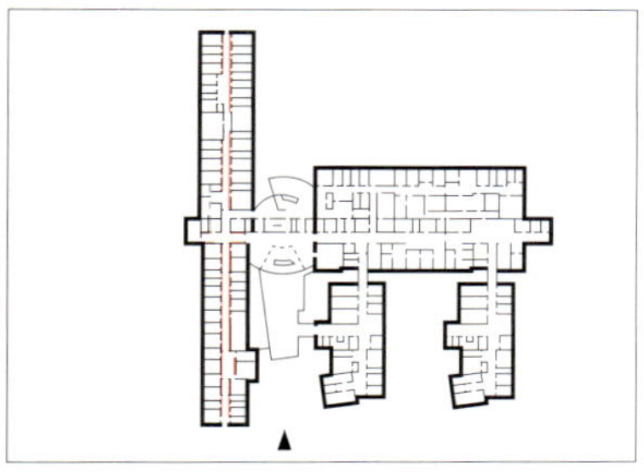

Spannungsfeld von Natur und Kultur ästhetisch betrachtete und reflektierte Landschaft ist und gleichzeitig in einem eher vegetativen Sinn für Wachstum und Leben steht. Dabei sind es keine romantischen Verklärungen. Die im Diasec-Verfahren hinter Glas angebrachten Fotos der Leipziger Künstlerin verbinden vielmehr fotografierte reale Landschaften mit Versatzstücken aus Gemälden der alten Meister. Nicht nur Caspar David Friedrich, van Gogh, Manet oder die Niederländer des 17. Jahrhunderts sind in Stuths Fotografien wiederzuentdecken, es finden sich darin auch Aneignungen aus der banalen, zumindest nicht erhabenen Wirklichkeit der Werbefotografie.

Anett Stuths zu drei-, vier- oder fünfteiligen Motivgruppen zusammengefassten Bilder lassen keinen Zweifel an ihrem Selbstverständnis aufkommen. Das Einbringen unterschiedlicher Wirklichkeits- und Zeitebenen ist die einzig legitime Möglichkeit des Zugangs zur Natur als jenes Daseins- und Erlebnisraumes, der für die Selbsterfahrung des Menschen noch immer elementar wichtig ist. Landschaft als sinngebendes Kontinuum aber ist heute allenfalls noch in der heilen Welt der Schlager und Heimatfilme zu haben. So schafft Stuth den Spagat, in den Bildern einerseits die historische Bedingtheit und die Brüche unserer Landschaftswahrnehmung sichtbar zu machen und gleichzeitig die Natur wieder als eine vom Alltag – zumal vom Krankenhausalltag der Patienten – deutlich abgerückte Gegenwelt zu vergegenwärtigen. Die als Tableaus ästhetisch überhöhten Bilder wirken der Monotonie des Krankenhausflurs entgegen und werden zu »Fenstern«, die den Blick auf die Natur freigeben und dabei neue Sicht-, Erlebnis- und Erkenntnisräume öffnen.

Gert Rappenecker, Landschaftsbilder

STANDORT
Gebäude 1 (Bettenhaus), Etagenflur 2. OG
KÜNSTLER
Gert Rappenecker, Zürich
TITEL/WERK
Landschaftsbilder
MATERIAL/TECHNIK
10 Gemälde 50 x 70 cm, 1 Gemälde 110 x 150 cm
10 Fotografien 50 x 70 cm, 1 Fotografie 110 x 150 cm
ENTSTEHUNG
2000
PROJEKTKOSTEN
50 000 D-Mark

WEITERE KÜNSTLER
Udo Beha: Mittelgebirgslandschaft (Gebäude 1, Etagenflur 3. OG)
Karl Schlamminger: »Metallband« (Eingangsbereich)

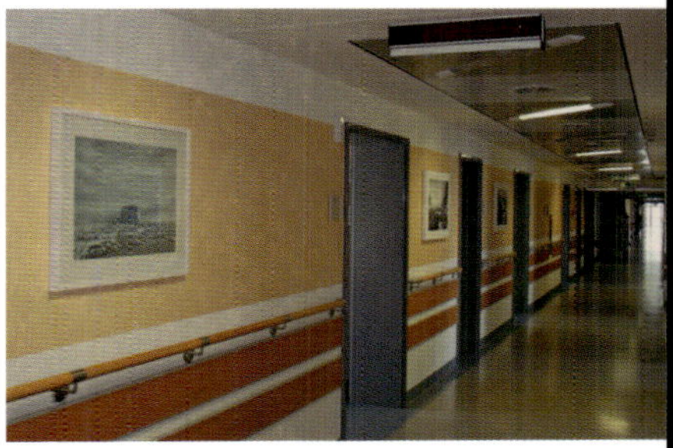

Gert Rappenecker fragt – ähnlich wie Anett Stuth – nach dem Wirklichkeitsbegriff von Landschaft und der »Bilder«, die wir von ihr haben. Der in Zürich arbeitende Künstler belebt mit einer Reihe von schwarzweiß gehaltenen Landschaftsmalereien und Landschaftsfotos den Flur des zweiten Obergeschosses.

Die aus entrückten Perspektiven und von idealen Standorten aus gesehenen Berge, Seen und Felsenlandschaften sind durchaus »erhaben«. Alles an ihnen ist zu zerklüftet, zu rauh und zu umnebelt, um einfach nur schön oder gar idyllisch genannt zu werden. So entrückt aber diese heroischen Landschaften für den einzelnen Betrachter auch sein mögen, so wirken die Sujets doch nicht fremd. Das liegt daran, dass Rappenecker hier längst massentaugliche »Images« variiert, die Reisebüchern und Reisekatalogen entstammen.

Diese »Fundbilder« unterzieht Rappenecker einem eigentümlichen Aneignungsprozess. Die Fotos der Motive hat er auf weiß grundierte Leinwand aufgezogen und mit schwarzer und weißer Ölfarbe übermalt. Diesen zehn, alternierend auf der linken beziehungsweise rechten Wand angebrachten 50 x 70 Zentimeter großen Gemälden stellt er als direktes Pendant auf der gegenüberliegenden Wand gleichgroße Fotografien dieser übermalten Landschaften gegenüber.

Über die gesamte Länge des Ganges hat Rappenecker einen hellbeigen Dispersionsanstrich angebracht, der den räumlichen Zusammenhang der aufgrund der Farbbeschränkung und Motivkorrespondenz ohnehin stark kohärenten Bildfolge verstärkt, zu der noch ein größeres Foto und ein Gemälde (110 x 150 Zentimeter) in der Nähe des Treppenaufgangs als Mittel der Akzentuierung und Hinführung zählen.

Der von Gert Rappenecker mehrfach vollzogene Medientransfer und die Selbstthematisierung des Bildes als Bild wirkt wie ein Prozess persönlicher Aneignung bei gleichzeitiger künstlerischer Infragestellung von Bildgegenständen, die ihre Glaubwürdigkeit und einmalige Aura längst eingebüßt haben, die als oft gesehene und oft verkitschte Sehnsuchtsmotive aber nach wie vor Allgemeingültigkeit beanspruchen. In einem Interview legte Gert Rappenecker sein Verhältnis zur Landschaft dar: »Die Landschaft ist für mich ein abstraktes Phänomen, das sich sehr gut eignet als Projektionsfläche für private und öffentliche Sehnsüchte. Man erwartet in der Ferne

Gert Rappenecker

1955 geboren in Freiburg im Breisgau
1976-80 Studium an der Accademia di Belle Arti, Florenz/Carrara
1980-84 Studium an der Staatlichen Akademie der Bildenden Künste Stuttgart
Lebt und arbeitet in Zürich.

EINZELAUSSTELLUNGEN (AUSWAHL)
2002 ▸ »Subtitles«, Galerie Martina Detterer, Frankfurt
2001 ▸ »Somewhere not here«, Stadtgalerie Bern
2000 ▸ Stalke Galleri, Kopenhagen
▸ Galerie Martina Detterer, Frankfurt
1999 ▸ Kunsthalle St. Gallen
▸ Galerie Martina Detterer, Frankfurt am Main
1998 ▸ Galerie Menotti, Baden/Wien
1997 ▸ Galerie Martina Detterer, Frankfurt am Main
▸ Renos Xippas, Paris
1996 ▸ »Homes and land«, Megan Fox Gallery, Santa Fe
1995 ▸ Galerie Martina Detterer, Frankfurt am Main
1994 ▸ Galerie Philippe Rizzo, Paris
▸ Résidence Secondaire, Paris
1993 ▸ Galerie Martina Detterer, Frankfurt am Main
1991 ▸ Galerie Martina Detterer, Frankfurt am Main

Freiheit, Glück, Macht, die heile Welt, Ewigkeit - Sehnsüchte, die vor allem über die Medien generiert werden. Die Landschaft ist somit ein grandioses Remake, wo sich die Hoffnungen und Ideale am Horizont bündeln. Irgendwie sehe ich alle meine Arbeiten als Teile dieser Landschaft.«

Sowohl die Bilder von Anett Stuth als auch die von Gert Rappenecker sind einerseits sehr »bildkritisch«. Gleichzeitig aber machen sie deutlich, dass eine reine Vernunftorientierung, die das Schöne und Natürliche aus dem Bereich der Kunst und der Erfahrung ausgrenzt, gerade in einem Krankenhaus fehl am Platz ist.

GRUPPENAUSSTELLUNGEN (AUSWAHL)
2006 ▸ »Nouvelles Collections«, Kunsthaus Centre PasquArt - Centre d Art, Biel
2003 ▸ »Narcissus, new visions of self-representation«, Crac Alsace, Altkirch
▸ »Living with Duchamp«, The Tang Museum, New York
▸ »Bellissima. Körper – Konstrukt – Schönheit«, Galerie der Hochschule für Grafik und Buchkunst, Leipzig
2001 ▸ »Malereien«, Galerie Bernhard Bischoff, Thun
2000 ▸ »Face à face«, Kunstpanorama, Luzern
1999 ▸ »On paper«, Stalke Gallery, Kopenhagen
1997 ▸ »Alpenblick«, Kunsthalle Wien
▸ »Augenzeugen«, Kunstmuseum Ehrenhof, Düsseldorf
1996 ▸ »Landschaft«, Schloss Burgk an der Saale; Haus am Waldsee, Berlin
▸ »Die Macht der Verführung«, Galerie Wewerka, Berlin
1995 ▸ »Pittura/Immedia«, Neue Galerie am Landesmuseum, Graz
▸ Palace of Art, Budapest
▸ »The Mutated Painting«, Galerie Martina Detterer, Frankfurt am Main
▸ Sammlung Dresdner Bank, Frankfurt, München
▸ Anina Nosei Gallery, New York
1994 ▸ »Paysage en train«, Galérie Météo, Paris
▸ Laure Genillard Gallery, London
▸ Anina Nosei Gallery, New York
1993 ▸ »Panorama«, Galerie Martina Detterer, Frankfurt am Main
▸ »Medium Messages«, Wooster Gardens, New York
▸ »Images d'Allemagne«, Paris und Rom
▸ Sammlung der Deutschen Bank, Frankfurt am Main
1992 ▸ »Another Subjectivity«, Galerie Martina Detterer, Frankfurt am Main
1991 ▸ »BildLicht«, Museum des 20. Jahrhunderts, Wien
▸ »Gullivers Reisen«, Galerie Sophia Ungers, Köln
1990 ▸ »Von der Natur in der Kunst«, Messepalast Wien

STANDORT KUNST AM BAU
2. Obergeschoss

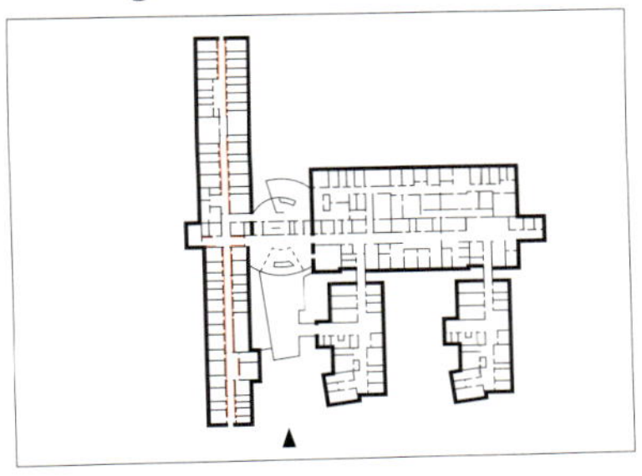

Karsten Krause und Nils-R. Schultze
Lichtspektrum 010, 2006

Karsten Krause und Nils-R. Schultze

Lichtspektrum 010, 2006

Zolldienststellen zeichnen sich üblicherweise nicht durch besondere Attraktivität aus. Eine rühmliche Ausnahme bildet der 2006 fertiggestellte Neubau der wissenschaftlichen Abteilung der Zolltechnischen Prüfungs- und Lehranstalt München im Industriegebiet von Markt Schwaben. Zwischen Sonnenuntergang und Sonnenaufgang verwandelt sich der dreigeschossige Funktionsbau dank der Intervention der Berliner Lichtkünstler und Lichtdesigner Karsten Krause und Nils-R. Schultze in eine apart-bizarre Lichtskulptur.

Die Künstler setzen Spektrallicht gegen weißes Neonlicht und machen sich dabei die Eigenheiten der von Georg Geiselbrecht, Andreas Beeg + Partner gemeinsam mit dem Staatlichen Hochbauamt Rosenheim geplanten Architektur zu eigen. Der in West-Ost-Richtung ausgerichtete Gebäudekomplex öffnet sich auf der Südseite mit einem dreigeschossigen Verwaltungstrakt. Dahinter liegt der ebenfalls dreigeschossige, aber höhere und zweibündige Labortrakt, der mit dem Verwaltungsteil durch eine helle hohe Halle verbunden ist. Mit 17 horizontalen Leuchtstoff-Hintergrundleuchten an der Decke und je drei seitlichen vertikalen Leuchten beleuchten Krause und Schultze aus dieser Halle heraus den hinteren Teil des Gebäudes mit wechselndem Spektrallicht. Dabei wird – von außen betrachtet – der niedrigere vordere Gebäudeteil zu großen Teilen verschattet, während sich auf dem dahinterliegenden Trakt das Lichtspektrum entfaltet, das an den Außenseiten weiß ausläuft. Auf den Fluchtbalkonen dieses vorderen Gebäudeteils haben Krause und Schultze in gleichmäßig versetztem vertikalem Rhythmus 13 jeweils 1,5 Meter lange weiße dimmbare Leuchtstofflichtlinien montiert, die sich in unterschiedlicher Konstellation gegen die Dämmerung und die Nacht absetzen und auf dem dunklen Gebäudetrakt wie Strichcodes wirken.

Im Unterschied zu anderen Lichtkünstlern, die mit Leuchtstoffröhren Raumgrenzen auflösen und dem Betrachter neue, spirituelle und metaphysische Wahrnehmungsräume erschließen, geben Krause und Schultze keine verfeinerte Philosophie des Raumes, sondern eine Illumination, der es vorrangig um Physik und Optik geht – und damit um ein ortsspezifisches Phänomen. Denn die Farbigkeit der Lichtinstallation ist Ausdruck der Tätigkeit, die die Zolltechnische Prüfungs- und Lehranstalt verrichtet. Krause

Architektur

BAUMASSNAHME
Neubau der Zolltechnischen Prüfungs- und Lehranstalt München, Markt Schwaben

BAUHERR
Bundesrepublik Deutschland, vertreten durch das Staatliche Hochbauamt Rosenheim

NUTZER
Zolltechnischen Prüfungs- und Lehranstalt München, Wissenschaftliche Abteilung

STANDORT
Lilienthalstr. 3, 85570 Markt Schwaben

ARCHITEKTEN/PLANUNG
Geiselbrecht, Beeg + Partner, Staatliches Hochbauamt Rosenheim

BAUZEIT
2004–06

VERFAHREN
Verhandlungsverfahren nach VOF (Verdingungsordnung für freiberufliche Leistungen)

PROJEKTKOSTEN
17 Mio. Euro (Gesamtbaukosten)

Kunst am Bau

VERFAHREN
einstufiger anonymer Wettbewerb mit acht Teilnehmern
Thema: Licht/Lichtkunst für die Halle und den Eingangsvorbereich

STANDORT
Halle, Fluchtbalkone

KÜNSTLER
Karsten Krause und Nils-R. Schultze, Berlin

TITEL/WERK
»Lichtspektrum 010«

MATERIAL/TECHNIK
Lichtinstallation

ENTSTEHUNG
2006

PROJEKTKOSTEN
60 000 Euro

und Schultze bedienen sich bei ihrem Lichtobjekt nämlich der Spektralanalyse, die die dort beschäftigten Chemiker bei der Untersuchung und Klassifizierung von Waren anwenden. Dabei entsteht ein aufgefächerter Lichtstrahl mit dem Farbverlauf Rot-Gelb-Grün-Blau, wobei im Spektrum fehlende Farblinien auf bestimmte Stoffe in den Waren schließen lassen. Auf diese bei der Analyse möglicherweise nicht vorhandenen Farbbereiche spielen die vor dem dunklen Hintergrund der Fassade unterschiedlich aufleuchtenden weißen Leuchtröhren an.

Karsten Krause

1962 geboren in Oderberg
ab 1992 Beleuchtungsmeister in der Berliner Veranstaltungs- und Verwaltungs-GmbH
1997 Technischer Leiter bei der Schiller Theater Betriebs-GmbH
Seit 1998 freiberuflicher Lichtdesigner im gemeinsamen Studio mit Nils-R. Schultze in Berlin, tätig in den Gebieten Lichtkunst, Theaterproduktion, Event- und Messestanddesign
Lebt und arbeitet in Berlin.

PROJEKTE (AUSWAHL)

2007 ▸ »Return to Sender«, Gastspiel in Ramallah, Technische Leitung und Lichtdesign
▸ »Berlindesign«, Ausstellung im Automobilforum Berlin, Lichtplanung
2006 ▸ Gemäldegalerie, Lichtplanung
▸ Zentralverband Elektrotechnik- und Elektronikindustrie (ZVEI)
▸ Phaeno, Wolfsburg, Planung Beleuchtungsoptimierung
▸ »Lichtspektrum 010«, Zolltechnischen Prüfungs- und Lehranstalt München, Markt Schwaben
▸ »Deutscher Zukunftspreis«, Deutsches Museum München, Lichtplanung
2005 ▸ t-com, Haus Berlin, Lichtplanung der Außeninszenierung
▸ IID Night, E-Werk Berlin, Lichtplanung und technische Leitung
▸ Phaeno Wolfsburg, Lichtplanung
▸ Deutscher Filmpreis, Philharmonie Berlin
▸ Chilenischer Exportverband, Gala-Abend im Postmuseum Berlin, Licht und Raumkonzept
2004 ▸ t-com, Haus in Berlin, Lichtplanung, Außen- und Inneninszenierung
▸ Autostadt Wolfsburg, Lamborghini-Pavillon, Lichtplanung
2002 ▸ Pergamon-Museum, Berlin, Lange Nacht der Museen
▸ Oper »Olympische Gesänge, Pergamon-Museum, Berlin
▸ Hudson House, Los Angeles, Lichtplanung und Baubegleitung
2001 ▸ Autoshow Mini Night, Paris, Lichtplanung
▸ Mini Dealer Ship, Lissabon
▸ Lange Nacht der elektronischen Musik, Akademie der Künste, Berlin
▸ FIFI Award 2001, Lichtplanung

Dem Entwurf des Lichtspektrums von Karsten Krause und Nils-R. Schultze ging ein beschränkter Kunst-am-Bau-Wettbewerb voraus, der an den Boom der Lichtkunst anknüpfte. Ohne sich im Detail festzulegen und die Künstler einzuengen, wünschte sich der Auslober für die Halle und den Eingangsvorbereich eine »nachvollziehbare« Lichtkunst, die auf die räumliche Situation des Baukörpers Bezug nimmt und den Erlebniswert der Gesamtanlage steigert.

Diesen Anspruch erfüllt das siegreiche Lichtobjekt voll und ganz. Die Farbigkeit ist im Ansatz zwar wissenschaftlich-analytisch, dabei aber, was Stimmungswerte anbelangt, doch weitaus emotionaler und weniger neutral, als man zunächst annehmen könnte. Das liegt vor allem daran, dass die eine halbe Stunde vor Sonnenuntergang eingeschaltete und eine halbe Stunde nach Sonnenaufgang wieder ausgeschaltete Lichtinstallation auf verschiedene äußere Messwerte in einer Weise reagiert, die den Zusammenhang zwischen den Messgrößen und den jeweiligen Farben der Lichtinstallation veranschaulicht. Denn auch der Betrachter der Lichtinstallation ist diesen Faktoren, nämlich der Jahreszeit, der Außentemperatur und der Umgebungslautstärke, unmittelbar ausgesetzt. Dabei folgt die Auswahl des Farbkanons der Jahreszeit dergestalt, dass beispielsweise im Frühling die Farben am kräftigsten sind. Die jeweilige Außentemperatur bewirkt, dass an kalten Tagen die Farben wärmer und an warmen Tagen die Farben kälter werden. Die Umgebungsgeräusche schließlich vergrößern mit zunehmender Stärke auch die Geschwindigkeit der Lichtveränderungen.

Die die ganze Nacht über leuchtende Lichtinstallation setzt nach außen hin ein allgemein positiv empfundenes optisches Zeichen, das ursprünglich weithin sichtbar war, nun aber durch einen weiteren Neubau in der Fernwirkung eingeschränkt ist. Im Innern bietet das Objekt den Mitarbeitern, die auf dem Weg vom Büro zum Labor häufig die Halle frequentieren, Kunst sozusagen im Vorübergehen. Das innerhalb der Arbeitszeiten auf die frühen Morgen- und die Abendstunden des Winters beschränkte Atmosphärische dieser Kunst erfordert kein Stehenbleiben und muss weder gelesen noch verstanden werden, um seine Wirkung zu entfalten.

STANDORT KUNST AM BAU

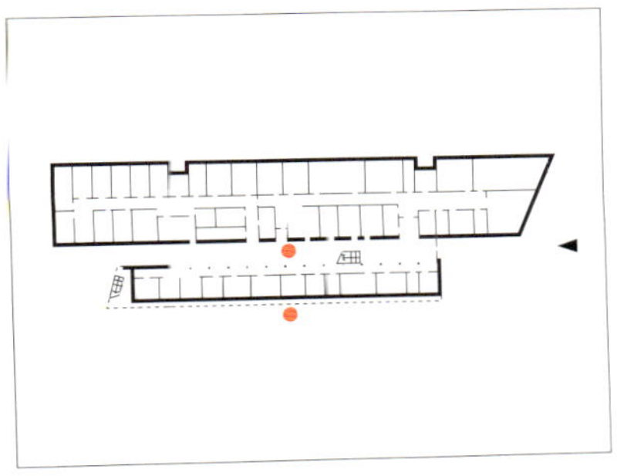

Nils-R. Schultze

1965 geboren in Berlin
Kunst- und Design-Studium an der Kunsthochschule Berlin-Weißensee
Studienaufenthalte in den USA, Russland und Japan
Lebt und arbeitet in Berlin.

INSTALLATIONEN/AUSSTELLUNGEN (AUSWAHL)

2006 ▸ »Lichtspektrum 010«, Zolltechnischen Prüfungs- und Lehranstalt München, Markt Schwaben
▸ »Licht im Schloss«, Lingnerschloss, Dresden
▸ »Kult und Spiel«, Parochialkirche, Berlin, Ausstellungsbeteiligung
2005 ▸ »Moverballett«, Arnstein, Installation aus 250 bewegten Solarmovern
▸ »Light Fountains«, Lichtobjekte im städtischen Kontext, Berlin
2004 ▸ »Versteckte Botschaften«, Stahlobjekt, Wissenschaftspark Berlin-Adlershof
▸ »Light Fountains«, Lichtobjekte im städtischen Kontext, Berlin
▸ »Lichttor«, Bissee
▸ »Frequency 010«, permanente Lichtinstallation, Ferdinand-Braun-Institut für Höchstfrequenztechnik, Berlin
2003 ▸ »Light Fountains«, Lichtobjekte im städtischen Kontext, Berlin
▸ »Leuchtende Botschaften«, Installation zur Langen Nacht der Wissenschaften, Berlin
▸ »Grünes Licht für Adlershof«, permanente Laserinstallation, Berlin
2002 ▸ »Light Fountains«, Lichtobjekte im städtischen Kontext, Berlin
▸ »Fliegende Worte«, Installation zur Langen Nacht der Wissenschaften, Berlin

TRAK Wendisch
Feld, 2006 / Pollen, 2006

Bundesanstalt für Züchtungsforschung an Kulturpflanzen, Quedlinburg

TRAK Wendisch

Feld, 2006 / Pollen, 2006

Architektur

BAUMASSNAHME
Neubau eines Instituts- und Verwaltungsgebäudes mit neuer Gewächshausanlage und zentralem Versorgungsgebäude für die Bundesanstalt für Züchtungsforschung an Kulturpflanzen in Quedlinburg

BAUHERR
Bundesrepublik Deutschland, vertreten durch das Bundesministerium für Verkehr, Bau- und Stadtentwicklung, vertreten durch den Landesbetrieb Bau Sachsen-Anhalt, Hauptniederlassung, diese vertreten durch die Niederlassung West Halberstadt

NUTZER
Bundesanstalt für Züchtungsforschung an Kulturpflanzen

STANDORT
Bundesanstalt für Züchtungsforschung an Kulturpflanzen, Erwin Baur Str. 27, 06484 Quedlinburg

ARCHITEKTEN/PLANUNG
struhk architekten Planungsgesellschaft mbH (vormals Struhk und Partner), Braunschweig

BAUZEIT
2003–06

VERFAHREN
Wettbewerb

PROJEKTKOSTEN
ca. 50 Mio. Euro

Kunst am Bau

VERFAHREN
Nationaler einstufiger, beschränkter Wettbewerb mit vorgeschaltetem Teilnahmewettbewerb mit ausgewählten 16 Künstlern
Aufgabe: Gestaltung von vier Standorten im Gebäudeinnern und vier im Außenbereich

STANDORT
Außenanlagen im Eingangsbereich

KÜNSTLER
TRAK Wendisch, Berlin

TITEL/WERK
»Feld«
»Pollen« (Dreiergruppe)

MATERIAL/TECHNIK
»Feld«: 6 m hohe und 1,6 cm starke Edelstahlrundstangen auf Betonplatte
»Pollen«: Durchmesser 120 cm, gegossene, ziselierte und farbig patinierte Bronze

Nur drei Kilometer von der zum Weltkulturerbe gehörenden historischen Quedlinburger Altstadt entfernt liegt der Neubau des Instituts- und Verwaltungsgebäudes für die Bundesanstalt für Züchtungsforschung an Kulturpflanzen. Obwohl sich hierhin kaum je Touristen verirren, hat der Bund an diesem entlegenen Ort für 200 Mitarbeiter, deren Aufgabe die Qualitätssicherung von Nahrungs- und Industriepflanzen ist, ein bemerkenswertes Stück Baukultur verwirklicht.

Das Braunschweiger Büro struhk architekten dockte einem nord-südlich verlaufenden gläsernen Erschließungstrakt in Ost-West-Ausrichtung fünf schnörkellos klare, doppelgeschossige Zeilenbauten an und verwirklichte so die »Idee eines Kapillarsystems, das sich von groß nach klein verzweigt«. Dezent und kompromisslos zugleich, fügt sich so der 2006 seiner Bestimmung übergebene Bau in die sanfte Hügellandschaft am Fuße des Harzes ein.

Für die Kunst am Bau wurde im Jahre 2004 ein nationaler einstufiger beschränkter Wettbewerb mit einem vorgeschalteten Teilnahmewettbewerb ausgeschrieben. Aus 400 Bewerbern ermittelte ein Auswahlgremium 16 Künstler und empfahl schließlich für die Eingangshalle und Magistrale die Glasgestaltung von Günter Grohs sowie für die Außenanlagen die Realisierung der Plastiken von TRAK Wendisch.

TRAK Wendisch gehört zu den Bildhauern aus der ehemaligen DDR, die in den frühen neunziger Jahren bekannt wurden. Seine Holzskulpturen und Plastiken sind von Realismus weit entfernt. Die Figuren haben extreme Proportionen, nehmen exzessive Haltungen ein und folgen in ihrem ungewöhnlichen Habitus subjektiven Maßstäben. In Sachen Kunst am Bau reüssierte Wendisch 2000/01 mit einem Aluminiumguss zweier in entgegengesetzter Richtung ausschreitender Seiltänzer für den Innenhof des Auswärtigen Amtes in Berlin.

Bei der Bundesanstalt für Züchtungsforschung wendet sich TRAK Wendisch der Pflanzenwelt zu. Für die von Künstler, Architekt und Landschaftsarchitekt gemeinsam festgelegten Standorte der Außenanlagen im Eingangsbereich hat er zwei Werkgruppen geschaffen: die auf dem Hauptweg zum Eingang und auf dem Rasen platzierte »Pollen«-Gruppe und die »Feld« genannten Arbeiten auf dem Rasen vor der Cafeteria.

Wendischs »Pollen«-Gruppe besteht aus drei im Durchmesser etwa 120 Zentimeter großen, kugelförmigen Objekten aus gegossener, ziselierter und farbig patinierter Bronze. Die haptisch ansprechende Oberflächentextur soll zum Anfassen animieren, wie überhaupt Berührung und das Sitzen auf den Plastiken durchaus erwünscht sind. Die ohne Sockel auf dem Weg aufliegenden, dabei fest verankerten, überdimensionierten Pollen setzen sich bei aller Artifizialität bewusst naturhaft und organisch gegen die von Quadern und rechten Winkeln beherrschte Architektur ab und bilden auf der längsrechteckig bepflasterten Zuwegung auch dadurch einen klaren Kontrapunkt, dass sie die Möglichkeit von Bewegung andeuten.

ENTSTEHUNG
2006
PROJEKTKOSTEN
108 200 Euro
WEITERE KÜNSTLER
Günter Grohs: Glasgestaltung, Fassade des Foyers und Magistrale, 2006

TRAK Wendisch

1958 geboren in Berlin
1977–82 Studium der Malerei an der Hochschule für Grafik und Buchkunst in Leipzig bei Dietrich Burger und Bernhard Heisig
1985 Meisterschüler an der Hochschule für Bildende Künste Dresden bei Gerhard Kettner
Lebt und arbeitet in Berlin.

AUSSTELLUNGEN (AUSWAHL)

2007 ▸ Kunstverein Art Gluchowe, Schloss Forderglauchau
▸ Galerie Rothamel, Frankfurt am Main
2006 ▸ TammenGalerie, Berlin
▸ KunstRaum Syltquelle, Rantum/Sylt
▸ Kunsthalle Arnstadt
▸ Galerie Cornelia Kamp, Keitum/Sylt
▸ »Deutsche Bilder aus der Sammlung Ludwig«, Kunstverein Oberhausen/Schloss Oberhausen, Oberhausen
2005 ▸ »Reflexionen«, Art Center Berlin Friedrichstraße, Berlin
▸ Galerie Scheffel, Bad Homburg
2004 ▸ Skulpturenausstellung, Kurpark Seligenstadt
▸ »One-Artist-Show«, KunstRai, Amsterdam
▸ Galerie Scheffel, Bad Homburg
▸ Galerie Peter Borchardt, Hamburg
▸ Buschlen Mowatt Galleries, Palm Desert
2003 ▸ »Mauersprünge – Kunst und Kultur der 80er Jahre in Deutschland«, Martin-Gropius-Bau, Berlin
▸ »Kunst in der DDR. Eine Retrospektive der Nationalgalerie«, Neue Nationalgalerie, Berlin
▸ Galerie Dom Arte, Rosendaal/Rotterdam
▸ »Blickachsen 4«, Kurpark Bad Homburg
2002 ▸ »Wahnzimmer Deutschland«, Museum der bildenden Künste Leipzig
▸ Museum Folkwang, Essen
▸ Galerie Peter Borchardt, Hamburg
▸ Buschlen Mowatt Galleries, Vancouver
2001 ▸ Städtische Galerie Sonneberg
▸ »Seiltänzer«, Skulptur für das Auswärtige Amt, Berlin
▸ Galerie von Braunbehrens, München
▸ Galerie Netuschil, Darmstadt
2000 ▸ Galerie Peter Borchardt, Hamburg

STANDORTE KUNST AM BAU

Vor dem an der Südwestecke des Gebäudekomplexes markant hervortretenden und von einem Seerosenbecken umspielten Eckbau mit der Cafeteria und der Bibliothek erhebt sich das sechs Meter hohe »Feld« aus 1,6 Zentimeter starken Edelstahlrundstangen. Zu dem in Dämmerung und Dunkelheit angeleuchteten »Hauptfeld«, das sich aus einer leicht geneigten, fünf Quadratmeter großen armierten Betonplatte und 83 Halmen zusammensetzt, gesellen sich zwei etwas abseits liegende kleine »Inseln« mit sieben beziehungsweise vier Halmen, die direkt aus dem Boden zu wachsen scheinen. Mit den gekrümmten und im Winde leicht wogenden Halmen vermittelt das Werk Eindrücke kinetischer Kunst. Es suggeriert die elastische Festigkeit tektonischer Strukturen, begibt sich aber ebenfalls in einen klaren Kontrast zur Statik und orthogonalen Oberflächenstruktur der Architektur.

»Die Grundidee meines Entwurfs« – so TRAK Wendisch – »handelt von der Ambivalenz der Manipulation überhaupt. Ich stelle die Frage nach den Grenzen des Designs im Zeitalter des Designs.« Dazu hat er das Feld in einen weiten Kontext gestellt. In der keinerlei Abweichung vom artifiziellen Einheitsmaß zulassenden Gleichförmigkeit korrespondiert es mit der künstlichen Hypertrophie der Pollen, wobei die dritte, auf der Rasenfläche liegende Polle die Verbindung zwischen beiden Werken unterstreicht. Auch mit den Gräsern, die um den Teich vor der Cafeteria wachsen sollen, wird das Feld ein Verhältnis eingehen, das ebenso spannungsreich ist wie das mit den fünf unterschiedlichen L- und U-förmigen Formationen »hoher Gräser«, die neben und zwischen den Gebäuderiegeln der einzelnen Forschungsinstitute angelegt sind.

Auch der quadratische Grundriss des changierenden Feldes ist eine Abstraktion, die noch einmal grundsätzlich die Frage von Natur, Kunst und Künstlichkeit anrührt. Dem Glauben an eine vom Menschen herzustellende und kontrollierbare Perfektion scheinen schon die beiden direkt aus dem Boden wachsenden wilden Abkömmlinge der beiden Halme-»Inseln« zu widersprechen. In diesem Sinne macht die vom Weg abgekommene dritte Polle wohl deutlich, dass es sich bei Pollen um von Tieren, Wasser oder wie hier vom Wind verbreitete und vom Menschen nicht einfach zu kontrollierende Phänomene handelt.

Damit wird TRAK Wendischs Arbeit wie jede gelungene Kunst am Bau mehreren Bedürfnissen gerecht. Sie verbindet eine formal schöne und interessante Gestaltung mit einem stringenten Bezug zur Architektur und zur Nutzung des Baus, für die sie bestimmt ist.

Jörg-Tilmann Hinz
Pendel, 2000

Jörg-Tilmann Hinz

Pendel, 2000

Die nach der deutschen Einheit in Wernigerode angesiedelte Außenstelle des Robert Koch-Instituts fügt sich am Fuße des Schlossbergs harmonisch ins Bild der Altstadt. Nach Plänen des Braunschweiger Architekturbüros KSP Engel und Zimmermann entstand nach sechs Jahren Umbau und Sanierung ein 2003 fertiggestelltes vierteiliges Gebäudeensemble, das neben typischen Wernigeroder Fachwerkhäusern, die zum Büro- und Verwaltungstrakt zusammengezogen wurden, auch das ehemalige Stadtpalais des Grafen Stolberg-Wernigerode sowie einen Laborbau im Innenbereich des annähernd quadratischen Grundstücks umfasst. Dieser mit den L-förmigen Bestandsgebäuden über zwei Brücken verbundene spektakuläre Neubau, in dem sich für 80 mit der Überwachung und Prävention bakterieller Krankheiten beschäftigte Mitarbeiter neueste Labortechnik befindet, umschließt mit einer Stahl-Glas-Hülle eine denkmalgeschützte Brauerei aus dem 18. Jahrhundert.

Für die in einem offenen, auf die neuen Bundesländer beschränkten zweistufigen Wettbewerb ausgelobte Gestaltung der Bereiche Cafeteria, Lichthof und Foyer bewarben sich 62 Künstler. Konnte sich die Jury bei ihrer Sitzung im Februar 2002 für das Foyer zu keiner Empfehlung durchringen, so beauftragte sie für die Cafeteria die Zwickauer Künstlerin Regina Franke mit einer abstrakten lichten Wandmalerei.

Beim Lichthof des Laborneubaus überzeugte die Jury der Vorschlag des 1947 in Halberstadt geborenen Metallgestalters Jörg-Tilmann Hinz aus Domnitz bei Halle. Hinz hat an der oben offenen Dachkonstruktion ein über die vier Geschossebenen des überdachten Lichthofs hinweglaufendes, zwölf Meter langes, schwingendes Pendel angebracht. Der ästhetische Reiz der von den umlaufenden verglasten Galerien zu sehenden Arbeit, die von unten beleuchtet werden kann, rührt von mehreren Eindrücke her. Dazu gehören die offen sichtbare konstruktive Logik des sich mittels einer elektromechanischen Steuerung immer wieder selbst aufziehenden Werkes und die industrieästhetische Anmutung des Gangwerks, der Pendelführung und des seitlich im Sechs-Stunden-Rhythmus auf- beziehungsweise absteigenden Zuggewichtes. Dazu gehört auch die ausgeprägte Materialästhetik, die sinnliche Attraktivität der verwendeten Metalle Chrom, Nickel, Stahl, Bronze und Messing, auf die Jörg-Tilmann Hinz, der vor seinem Studium in der Fachklasse Metall eine Ausbildung

Architektur

BAUMASSNAHME
Sanierung und Umbau der Außenstelle Wernigerode des Robert Koch-Instituts mit Laborneubau

BAUHERR
Bundesrepublik Deutschland, vertreten durch das Bundesministerium für Verkehr, Bau- und Wohnungswesen, vertreten durch das Staatshochbauamt Halberstadt der Oberfinanzdirektion Magdeburg

NUTZER
Robert Koch-Institut-A Berlin/Wernigerode

STANDORT
Burgstraße 37, 38855 Wernigerode

ARCHITEKTEN/PLANUNG
KSP Engel und Zimmermann, Braunschweig

BAUZEIT
1998–2003

PROJEKTKOSTEN
21 Mio. Euro

Kunst am Bau

VERFAHREN
offener, zweistufiger Wettbewerb für bildende Künstler mit Wohnsitz in den Bundesländern Sachsen-Anhalt, Brandenburg, Mecklenburg-Vorpommern, Sachsen, Thüringen oder Berlin
Standorte: Lichthof, Cafeteria, Foyer (nicht realisiert)

STANDORT
Lichthof

KÜNSTLER
Jörg-Tilmann Hinz, Domnitz

TITEL/WERK
»Pendel«

MATERIAL/TECHNIK
12 m hoch, verschiedene Metalle

ENTSTEHUNG
2002

PROJEKTKOSTEN
32 400 Euro

WEITERE KÜNSTLER
Regina Franke, Zwickau: »Strukturelle Wandmalerei« (Cafeteria)

zum Gold- und Silberschmied absolviert hat, besonderen Wert legt. Seit über dreißig Jahren schafft Jörg-Tilmann Hinz architektur- und freiraumbezogene Werke, bei denen Bewegung die Hauptrolle spielt. Auch das perfekt auf den Lichthof abgestimmte und dessen Atmosphäre prägende »Pendel« in Wernigerode lebt von Bewegung. Dabei entwickelt die Arbeit, die sich in einem bakteriologischen Sicherheitsbereich befindet und daher der Öffentlichkeit nicht zugänglich ist, thematisch keinen Ortsbezug. Das Pendel und seine Schwingfrequenz sind nicht aus Arbeitsabläufen im Robert Koch-Institut oder sonstigen ortsspezifischen Bewandtnissen abgeleitet oder darauf bezogen. Vielmehr macht die Installation in einem allgemeinen Sinn deutlich, dass auch noch so spezialisiertes Forschen dem unentrinnbaren Faktor Zeit unterworfen ist. Mehrere Aspekte kommen dabei zum Tragen. Zum einen das gleichmäßige Intervall des Pendelschlags selbst. Dann verkörpert das mechanisch angetriebene Pendel in Abgrenzung sowohl von dem sichtbar wesentlich älteren Mauerwerk als auch von der modernen Stahl-Glas-Umbauung eine dazwischenliegende eigene Zeitdimension mit historischen und atmosphärischen Komponenten, die an alte Wand- und Standuhren oder Glockenzüge denken lassen. Wie der aus einem alten Kern und einer neuen Hülle bestehende Laborbau selbst, so versprüht das Pendel eine im Kontrast zum Gemäuer und zur Glashaut postmodern angehauchte Aura. »Das Pendel«, so der Künstler, »wird zum Zeichen und Symbol für den unaufhaltsamen Fortgang der Zeit, dem das Alte wie auch das Neue gleichermaßen unterworfen sind.«

Den ursprünglich vorgesehenen Pendelschlag von vier Metern Länge hat Jörg-Tilmann Hinz der größeren Ruhe und der angenehmeren Wirkung wegen bei der Ausführung der Arbeit reduziert. Die wiegende Bewegung und der bei geöffneten Fensterlamellen auch hörbare Rhythmus des mechanischen Antriebes scheint tatsächlich die Zeit zu strecken und wirkt beruhigend wie ein leise vernommener Herzschlag. So gewinnt das Pendel dem abgeschirmten, nur über Brücken zugänglichen Laborbereich symbolisch auch ein Stück Lebenszusammenhang zurück.

Jörg-Tilmann Hinz

1947 geboren in Halberstadt
1965–67 Ausbildung zum Gold- und Silberschmied
1967–72 Studium an der Hochschule Burg Giebichenstein Halle, Fachklasse Metall
seit 1975 eigene Werkstatt
Lebt und arbeitet in Domnitz.

PREISE/STIPENDIEN

2002 ▸ Preisträger Kunst am Bau Landesarbeitsamt Sachsen-Anhalt/Thüringen und Robert Koch-Institut
1998 ▸ 1. Preisträger im internationalen Stahl-Skulpturenwettbewerb der Stadt Greiz
1994 ▸ Stipendium des Kolloquiums Nordrhein-Westfalen
1992 ▸ Stipendium der Stiftung Kulturfonds Berlin
1991/92 ▸ Stipendium des Landes Sachsen-Anhalt
▸ Preisträger des Wettbewerbs zur Gestaltung des südlichen Stadtzentrums Magdeburg
1986 ▸ Preisträger der IV. Internationalen Quadriennale des Kunsthandwerks sozialistischer Länder

ARBEITEN IM ÖFFENTLICHEN RAUM

Arbeiten im öffentlichen Raum unter anderem in Halle, Magdeburg, Dessau, Eisenach, Erfurt, Leipzig, Stendal, Wernigerode, Jena, Wolfen, Aurich, Celle, Essen und Berlin.

PROJEKTE (AUSWAHL)

2006 ▸ Drei schwimmende Mobiles, Krankenhaus Martha-Maria Halle an der Saale ▸ »Archipel MM«
2004/05 ▸ Kinetische Skulptur, Krankenhäuser St. Elisabeth und St. Barbara, Halle
2003 ▸ Hochaltar, Magdeburger Dom
2000/01 ▸ Landschafts-, Farb- und Lichtprojekt, KW Erfurt-Kühnhausen
seit 1996 ▸ Realisation und Aufstellung weiterer großformatiger Arbeiten für öffentliche Standorte
1996 ▸ Mitglied der Expo 2000 Kunstkommission Kulturlandschaft Goitzsche
seit 1995 ▸ zahlreiche Projekte für öffentliche Standorte, kinetische Objekte
1994 ▸ Realisierung einer Großplastik in den Thyssen-Werken Duisburg, ausgestellt im Kunstpalast Düsseldorf und bei ARBED in Luxemburg
1992 ▸ Kinetische Großplastik, Hannovermesse

STANDORT KUNST AM BAU

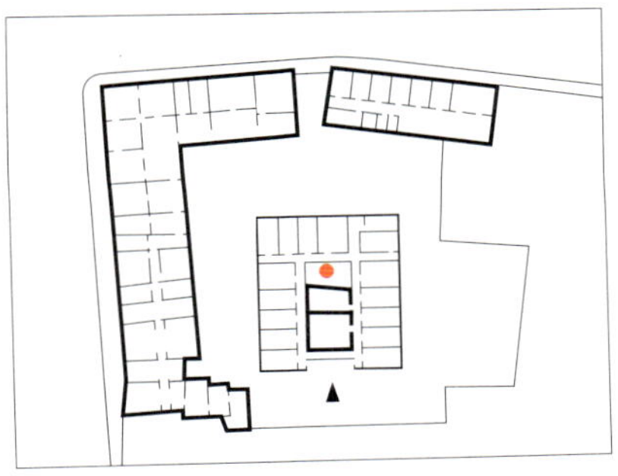

Stefanie Busch
Flussstück, 2004

Stefanie Busch

o. T. (Landschaften und Vogelschwarm), 2004

Architektur

BAUMASSNAHME
Neubau der Deutschen Botschaft, Kiew
BAUHERR
Bundesrepublik Deutschland, vertreten durch das Bundesministerium für Verkehr, Bau- und Wohnungswesen, vertreten durch das Bundesamt für Bauwesen und Raumordnung
NUTZER
Auswärtiges Amt, Deutsche Botschaft, Kiew
STANDORT
Botschaft der Bundesrepublik Deutschland
Wul. Bohdana Chmelnytzkoho 25, 01901 Kiew
ARCHITEKTEN/PLANUNG
Martini + Grossmann Architekten, Rosenheim
BAUZEIT
2000–02
VERFAHREN
Wettbewerb 1999

Kunst am Bau

VERFAHREN
einstufiger beschränkter Realisierungswettbewerb mit acht geladenen Teilnehmern
STANDORT
Paneelwand im Atrium, Wandnische im Eingangsflur, Glasfassade des Eingangs zur Visastelle im rückwärtigen Gartenhof
KÜNSTLER
Stefanie Busch, Dresden
TITEL/WERKE
o. T. (Flussstück, »Dnipro«)
Paneelwand
o. T. (Waldlandschaft, »Lesja Ukrajinka«)
Wandnische
o. T. (Vogelschwarm, »unterwegs«)
Glasfassade
MATERIAL/TECHNIK
verschiedene Techniken
ENTSTEHUNG
2005
PROJEKTKOSTEN
65 000 Euro

Die Auflösung der Sowjetunion zog die Einrichtung zahlreicher neuer Auslandsvertretungen nach sich. So auch in der Ukraine. Im Jahre 2000 begannen Martini + Grossmann Architekten aus Rosenheim mit dem Neubau der Deutschen Botschaft in Kiew, die sich nun in der Altstadt gegenüber der Oper selbstbewusst als Solitär positioniert, ohne sich in den Vordergrund zu drängen. Der um ein lichtdurchflutetes, überdachtes Atrium herumgebaute freistehende Kubus ist nur den Botschaftsangehörigen zugänglich, während sich auf der Gebäuderückseite die separate Schalterhalle der Kanzlei mit der stark frequentierten Visastelle befindet.

Für die Kunst am Bau, das heißt für eine dreiteilige Paneelwand im Atrium und eine im Eingangsflur gegenüber befindliche Wandnische sowie für die Glasfassade des Eingangskubus zur Visastelle im rückwärtigen Gartenhof, wurde 2004 ein einstufiger beschränkter Realisierungswettbewerb mit acht geladenen Teilnehmern ausgeschrieben. Die Kunst sollte den zwischengesellschaftlichen Dialog weiterführen und auf die Besonderheiten der Architektur eingehen. Dabei schwebte den Auslobern von vornherein eine gewisse Leichtigkeit und Verständlichkeit der Kunst vor. »In der von Zukunftspessimismus beherrschten Ukraine«, so ihre in der Ausschreibung formulierte Leitidee, »soll Kunst in der Botschaft hoffnungsvolle und positive Signale aussenden. Dunkle Farben in der deutschen Botschaft sind für das Publikum der Botschaft, das sich in aller Regel Unterstützung in Themenbereichen wie Demokratie, Rechtsstaatlichkeit, Menschenrechte, Toleranz, europäische Einigung und sozialem Schutz erhofft, nicht verständlich.«

Die aus dem Wettbewerb siegreich hervorgegangene Dresdener Künstlerin Stefanie Busch realisierte im Frühjahr 2005 für die vorgesehenen Standorte ein ins Stützenraster des Atriums eingefügtes dreiteiliges Bild einer ukrainischen Flusslandschaft, eine hinterleuchtete Waldlandschaft und für die Glasfassade der Visastelle einen weißen

Vogelschwarm. Die in verschiedenen Techniken angefertigten Bilder sind wie immer bei Stefanie Busch nach Fotos entstanden.

Der von außen per Schalter bedienbare Lichtkasten der Wandnische zeigt ein als Siebdruck in mehreren Graustufen auf Glas gebrachtes Waldstück (»Lesja Ukrajinka«), das auf der Montage verschiedener Aufnahmen in der Westukraine und in Kiew basiert. Zu sehen sind landestypische Bäume: Linden, Birken und Kastanien.

Die dreiteilige Schablonenmalerei der Flussansicht geht auf ein Foto des Dnjepr zurück, das die Künstlerin südlich von Kiew aufgenommen hat. In neuer Technik ist ein Landschaftsbild entstanden, das sich mit schnittartig kantigen Konturen und mit einer druckgrafischen Grauabstufung in die große Tradition der Landschaftsmalerei mit all ihren thematischen Konnotationen des Fließens, Verbindens und Trennens, des Werdens und Vergehens einreiht. Der hohe Augenpunkt des Betrachters scheint mit dem Relief des Vogelschwarms zu korrespondieren, das Stefanie Busch als »Bild einer Spiegelung von Vögeln« – je nach Größe der Vögel tiefer oder weniger tief – in die Glasfassade der Visastelle geätzt hat.

Stefanie Busch

1977 geboren in Dresden
1998 Studium der Malerei/Graphik an der Hochschule für Bildende Künste Dresden
Fachklasse Malerei bei Prof. Ralf Kerbach
Projektklasse Neue Medien bei Prof. Lutz Dammbeck
2003 Diplom an der Hochschule für Bildende Künste Dresden
2003–05 Meisterschülerin bei Prof. Lutz Dammbeck
seit 2005 Mitarbeit beim Projektraum »7. Stock«, Dresden
Lebt und arbeitet in Dresden.

PREISE/STIPENDIEN

2007▸Grafikpreis für Junge Kunst in Sachsen
2006▸Arbeitsstipendium der Stadt Dresden für Cleveland
▸Förderpreis der Stadt Dresden für die Arbeitsgruppe »7. Stock«
2005▸Arbeitsstipendium der Kulturstiftung des Freistaates Sachsen
2004▸Hegenbarthstipendium der Kulturstiftung der Stadtsparkasse Dresden
2002▸Penta Park Fotopreis/Sonderpreis

EINZELAUSSTELLUNGEN/PROJEKTE (AUSWAHL)

2007▸»Storylines«, Galerie Baer, Dresden
2006▸»Inland«, Delikatessenhaus, Leipzig (mit Sandra Schmidt)
2005▸»Lesja Ukrajinka«, Deutsche Botschaft, Kiew
2004▸»Terranova«, Wismar (mit Juliane Köhler)
▸»Reviere«, Galerie Baer, Dresden (mit Lage Opedal)

GRUPPENAUSSTELLUNGEN/PROJEKTE (AUSWAHL)

2007▸»holy garden«, Galerie Oben, Chemnitz
▸»face to face«, galerie hamburger kunstprojekt, Hamburg
2006▸»COOP«, Zeitungsprojekt Dresden, Berlin
▸»small world«, Zygote Press, Cleveland/Ohio
▸»Lost Highway Expedition«, Ljubljana, Zagreb, Novi Sad, Belgrad, Skopje, Priština, Tirana, Podgorica und Sarajevo, School of Missing Studies and Centrala Foundation
▸»fifty/fifty«, Neuer Sächischer Kunstverein, Dresden

▸»Faszination Fußball«, Pfalzgalerie Kaiserslautern
▸»experiments«, galerie hamburger kunstprojekt, Hamburg
▸»Soziale Einheit«, Galerie Baer, Dresden (mit Jan Brokof, Jenny Rosemeyer und David Buob)
▸»Irritation und Verfremdung«, Kunstsammlung Neubrandenburg
2005▸»profile«, Galerie Baer, Dresden
▸»Kir Royal«, Schickeria, Berlin
▸»Let's go Lanke«, Schloss Lanke, Berlin
▸»boofe L.E.«, Delikatessenhaus, Leipzig
▸»transrapid«, Künstlerhaus FRISE, Hamburg
▸»Saxony in UK«, onedotzero filmfestival, London
2004▸»Ausschnitt«, Galerie Rekord, Berlin
▸»Wir können auch anders«, Kunsthaus Dresden
▸»Fax«, Schickeria, Berlin, München, Dresden, Antwerpen
▸»Dresden – Ostrava 4 : 4«, Ostrava
▸»Dresden – Prag«, Kunstforum Ostdeutsche Galerie, Regensburg
▸»Observatory«, Ausstellung »Palais des arts«, Dresden
2003▸»New York Expo«, Anthology Film Archive, New York
▸»14 Tage«, temporärer Ausstellungsraum, Dresden
▸»profiler«, Galerie Baer, Dresden
▸»lichtung_01«, Illumination mit Lumopol, DRESDEN Postplatz
▸»Erinnerung geschönt«, Diplomausstellung, Hochschule für Bildende Künste Dresden
2002▸»Kopfarbeit«, Galerie Brotfabrik, Berlin
▸»O. m. U.«, temporärer Ausstellungsraum, Dresden
2001▸»screenings 8«, Museum für Moderne Kunst, Frankfurt am Main

STANDORTE KUNST AM BAU

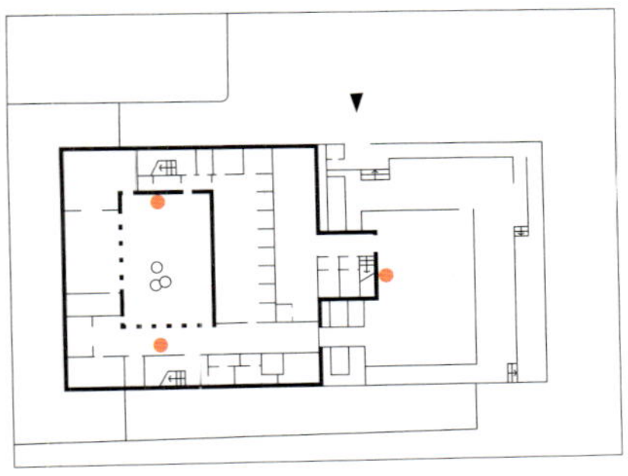

Stefanie Buschs Arbeiten weichen im Punkt der Farbigkeit deutlich von der Vorstellung der Auslober ab. Statt Farbenfreude entwickeln Buschs Arbeiten eine grafische, im Fehlen differenzierter Farbverläufe fast skulpturale Anmutung. Von Optimismus, der durch helle und warme Farben zustandekommt, kann weder bei der Schablonenmalerei und dem Leuchtkasten noch bei der weißen Ätzung für die Glasfassade die Rede sein. Dennoch ist man schnell angetan von der zwischen Natur- und Heimatthematik ohne alle Rührseligkeit positiv gestimmten Bildwelt, für die die nur um ein paar Grautöne bereicherte Schwarz-Weiß-Technik gerade das geeignete Ausdrucksmittel ist.

Die Motive des in den Wald eindringenden Lichts, der ruhigen Weite der Landschaft und der frei umherziehenden Vögel sind leicht und eingängig. Bäume und Flüsse sind nicht nur Versatzstücke im Repertoire der Kunst- und Kulturgeschichte, wenn es um Heim- und Fernweh oder ums ewige Fließen der Zeit und um Vergänglichkeit geht. Sie sind als assoziationsstarke, emotionsgeladene und identitätsstiftende Phänomene im kollektiven Bewusstsein fest verwurzelt und ohne Vorkenntnisse und Zusatzinformationen aus sich heraus verständlich.

Das trifft ebenso auf die flächig aufgelösten, klar konturierten und abstrakt entrückten Bilder der fotografierten Naturansichten im nicht öffentlichen Atrium zu. Noch stärker gilt das für das aus allen länderspezifischen Verankerungen herausgelöste Bild der Zugvögel. Stefanie Busch nennt das Bild »unterwegs« und behandelt das Sujet mit größter Leichtigkeit und einer Allgemeinheit, die auch ein Publikum erreicht, das nicht aus Kunstsammlern besteht, sondern aus Menschen, die hier oft zu Hunderten mehrere Stunden für ein Visum anstehen.

Renate Wolff
Große Reise (Raummalerei), 2006

Renate Wolff

Große Reise (Raummalerei), 2006

Malerei versetzte die Wände schon in Schwingungen, als es den Begriff »Kunst am Bau« noch gar nicht gab. Die Gemälde und plastischen Bildwerke vergangener Zeiten sprengten den angestammten architektonischen Rahmen und überwucherten die Decken und Wände der Kirchen und Paläste. Nach Epochen barocker und postbarocker Bilderflut hielt man sich lange bedeckt. Doch die neuen globalen ästhetischen Trends zu integralen Ausschmückungen sind nicht zu übersehen. Selbst Architekten kehren häufig wieder zum Dekor zurück und überziehen ihre Fassaden mit unterschiedlichsten Patterns oder sogar mit gegenständlichen Bildern.

Renate Wolff, die 2005 den Wettbewerb für die Gestaltung des Foyers des vom Berliner Büro Staab Architekten neugebauten und im April 2007 eingeweihten Kanzleigebäudes der Deutschen Botschaft in Mexiko City gewann, nimmt mit ihrer Raummalerei eine Zwischenstellung ein. Halb gegenständlich und halb abstrakt spielt die in Berlin lebende Künstlerin mit Formen und Farben. Mit großer Leichtigkeit und Eleganz bringt sie abstrakte Flächen und gegenständliche Darbietungen von stilisierten Eichenblättern, Löwenzahn und Blättern von Apfel- und Birnbäumen zusammen und schafft mit hellem Grün und Gold eine fast pastoral-heitere Atmosphäre.

Architektur

BAUMASSNAHME
Deutsche Botschaft, Mexiko, Kanzleineubau

BAUHERR
Bundesrepublik Deutschland, vertreten durch das Bundesministerium für Verkehr, Bau- und Stadtentwicklung, vertreten durch das Bundesamt für Bauwesen und Raumordnung

NUTZER
Auswärtiges Amt, Deutsche Botschaft, Mexiko

STANDORT
Kanzlei: Horacio 1506, Col. Los Morales, Sección Alameda, 11530 México, D. F.

ARCHITEKTEN/PLANUNG
Staab Architekten BDA

BAUZEIT
2005–07

VERFAHREN
VOF-Verfahren (Verdingungsordnung für freiberufliche Leistungen)

PROJEKTKOSTEN
6 Mio. Euro

Kunst am Bau

VERFAHREN
beschränkter Realisierungswettbewerb mit sechs Teilnehmern für die künstlerische Gestaltung des Foyers

STANDORT
Wand- und Deckenfläche des Foyers

KÜNSTLER
Renate Wolff, Berlin

TITEL/WERK
vegetative und abstrakte Malerei

MATERIAL/TECHNIK
Raummalerei, Farben und Blattgold

ENTSTEHUNG
2006

PROJEKTKOSTEN
39 000 Euro

Ausgangspunkt des Schaffens von Renate Wolff, die an der Düsseldorfer Kunstakademie Malerei und Bildhauerei studierte, ist nicht die freie Setzung. Renate Wolff beschreibt ihren künstlerischen Ansatz so: »Im Zentrum meiner künstlerischen Arbeit stehen Farben und Licht sowie ihre vielfältigen Manifestationen im Raum. Im Ordnen von Formen und Linien und dem Setzen von Farben im Raumkörper erfahre ich in meiner Malerei die räumlich-visuelle gleichsam ontologische Begründung. Ausgangspunkt jeder Arbeit ist die Architektur, die mir als visuelles geistiges Koordiatensystem die Welt im utopischen wie im realen Sinn begreifbar macht.«

Doch ordnet sich Wolffs künstlerisches Konzept der Architektur des Botschaftsfoyers nicht einfach unter. Die Malerei geht mit der Architektur und gegen sie. Sie folgt den Vorgaben der Wandabschnitte und der Decke, definiert aber die Größe der Farbflächen selbst. Die geometrisch-abstrakten

Renate Wolff

1956 geboren in Trier
1977–86 Studium der Malerei und Bildhauerei an der Kunstakademie Düsseldorf bei Prof. Norbert Tadeusz, Prof. Karl Bobek und Prof. Ulrich Rückriem
2002 Workshop »Kunst am Bau«, Burg Giebichenstein, Hochschule für Kunst und Design, Halle an der Saale
2002–04 Lehrauftrag »Kunst und Architektur im öffentlichen Raum«, Burg Giebichenstein, Hochschule für Kunst und Design, Halle an der Saale
2003/04 Lehrauftrag »Kunst und Architektur im öffentlichen Raum«, Hochschule für Bildende Künste Hamburg
seit 2003 Lehrauftrag »Figur als Ausgangspunkt zeichnerischer Darstellung«, Europäische Akademie für Bildende Kunst, Trier
2003/04 Lehrauftrag »Kunst und Architektur«, Johann Wolfgang Goethe-Universität, Institut für Kunstpädagogik, Frankfurt am Main
2004–06 Mentorin im Modellprojekt »Mentoring für Bildende Künstlerinnen« des Kulturbüros Rheinland-Pfalz, Mainz
2005 Gründung der Künstlergruppe Grünanlage
seit 2006 Workshops »Gestaltung«, Marc Bloch-Institut, Berlin
Lebt und arbeitet seit 1997 in Berlin.

PREISE/STIPENDIEN

2006 ▸ Stipendium Künstlerhaus Schloss Balmoral, Bad Ems
2005 ▸ Stipendium der Civitella Ranieri Foundation, New York
2003 ▸ Stipendium der Pollock-Krasner Foundation, New York
2000 ▸ –Arbeitsstipendium der Stiftung Kunstfonds, Bonn
1999 ▸ Goldrausch-Stipendium, Berlin
1997 ▸ Stipendium der Kunststiftung NRW
1996 ▸ The Pennsylvania Project Fellowship, Easton
1994 ▸ Sonderpreis des Deutschen Kunstpreises 1994/95 der Volks- und Raiffeisenbanken für NRW

KUNST AM BAU (AUSWAHL)

2006 ▸ Deutsche Botschaft in Mexico City
2005 ▸ U-Bahnstation Weberwiese/ Karl-Marx-Allee (U4), Berlin
1996 ▸ Landesbank Hessen – Thüringen, HELABA, Offenbach
1995 ▸ Niederschlesische Sparkasse, Görlitz
▸ VEBAcom, Düsseldorf, Gestaltung eines Büroraums

EINZELAUSSTELLUNGEN (AUSWAHL)

2006 ▸ »downstairs«, Zagreus Projekt, Berlin
2005 ▸ »Raumarbeiten«, Galerie Deutscher Werkbund, Frankfurt
▸ »in between«, Project-Room, Dinter Fine Art, New York
2004 ▸ »Giro d'Oro«, 2yk Galerie, Berlin
▸ »in motion«, Kunstverein Würzburg, Kunstschiff Arte Noah
▸ »Gelbsicht«, Galerie Florian Sundheimer, München

▸»Genter Traum«, Galerie Croxhapox, Gent
2002▸»Framing Spaces«, Kunstverein Trier
▸Projektraum G 35, Berlin
2000▸Galerie Haus Schneider, Karlsruhe

GRUPPENAUSSTELLUNGEN (AUSWAHL)
2007▸»›Kunst am Bau‹. Ausstellung von Wettbewerbsarbeiten«, Auswärtiges Amt, Berlin
2006▸»Bildertausch«, Museum Ritter, Waldenbuch
▸»playmobil«, Künstlerhaus Schloss Balmoral, Bad Ems
▸»Eine Gegenüberstellung. Daxenberger – Wachter – Wolff«, Galerie Sundheimer, München
2005▸»Kitsch«, Kunsthalle der Europäischen Akademie für Bildende Kunst, Trier
2004▸»European Triangle«, Dinter Fine Art, New York
▸»Wheeling!« Cell, Project Space, London
▸»Elementar«, Kunsthalle der Europäischen Akademie für Bildende Kunst, Trier
▸»Klare Sachen«, Bildraum im Yosetti-Haus, Berlin
2003▸Prix D'Art Robert-Schuman, Villa Vauban/Galerie d'Art de la Ville de Luxembourg und Musee d'Histoire de la Ville de Luxembourg
▸»Ubi bene – ibi patria«, Kunsthalle der Europäischen Akademie für Bildende Kunst, Trier
2002▸»Vor Ort«, Kunstverein Baruth
▸»Wheeling!«Galerie Jette Rudolph, Berlin; Galerie Natalie de Ligt, Frankfurt am Main; POST-LA Gallery, Habib Kheradyar, Los Angeles
2001▸»Stadt–Landschaft–Fluss«, Neuer Kunstverein Aschaffenburg
▸»Now!«, The Kosova Art Gallery, Priština
2000/01▸»Snapshot«, Contemporary Museum, Baltimore; Aldrich Museum of Contemporary Art, Ridgefield; Arcadia University Art Gallery, Glenside
2000▸»Nicht ruhen bis die Erde quadratisch ist. Die Sammlung Marli Hoppe-Ritter«, Kunstverein Mannheim
▸»Goldrausch 11 – Unterwegs«, Kunstbunker, Nürnberg; Kunstraum Düsseldorf; Halle für Kunst, Lüneburg; Art Forum Berlin

Farbfelder überspielen keine Ecken und Mauerstreifen, keine Vor- und keine Rücksprünge, sondern sie betonen diese. Die gegenständlichen Motive wiederum werden wie eine Tapete durch die Türrahmen abgeschnitten oder um die Ecke gezogen.

Das dem Personal und Besuchern der Botschaft zugängliche Foyer ist ein zweigeschossiger, in den Flurbereichen eingeschossiger Verteilerraum, von dem aus sich Büros, Besprechungsräume und auch drei Innenhöfe erschließen. Renate Wolffs Malerei tritt mit den geschlossenen Flächen, den Wandöffnungen und Unterzügen des Foyers in einen Dialog und lässt ein eigentümlich gespanntes optisches Kontinuum aus Realraum und geistig-assoziativem Raum entstehen.

Dabei ist die Kunst des Botschaftsgebäudes auf eine Tonlage eingestimmt, die formale Leichtigkeit mit thematischer Eingängigkeit verbindet. So leichtfüßig sie auch daherkommt, Renate Wolffs Malerei ist doch komplex und ausgeklügelt. Wie schon das verantwortliche Berliner Büro Staab Architekten beim Entwurf seiner klaren Architektur etwa im Einbezug von Innenhöfen ortsbezogen vorging und für Mexiko typische Materialien verwendete, so hat auch Renate Wolff die Malerei auf das Gebäude in seinen architektonischen und funktionalen Aspekten abgestimmt. Die Motive und auch die Farben schlagen – der Aufgabe Botschaft entsprechend – Brücken des Dialogs.

Nationale Identitäten begegnen sich natürlich nicht in offiziellen Hoheitssymbolen, sondern im Bild von landestypischer Vegetation und im Blattgold, das die Inka-Vergangenheit Mexikos in Erinnerung bringt. Dabei entstammt die zeitgemäße Pflanzensymbolik nicht nur der Beobachtung der heimischen Flora, sondern ist auch aus den Tiefen der deutschen Kultur geschöpft: »Der Archetypus vom Gold der Azteken und die Märchenwelt der Brüder Grimm ist nicht fern, wenn der Besucher staunend dem übergroßen Löwenzahn begegnet, oder sich vom Glanz des Goldes angezogen fühlt.« (Renate Wolff)

Die Bezüge lassen sich noch weiter fassen und auf verschiedene Kunstströmungen ausdehnen. So steht in Renate Wolffs Malerei das Abstrakt-Geometrische neben dem Gegenständlichen und erinnert an die Tradition der in den zwanziger Jahren in Mexiko entstandenen Wandmalerei (Muralismo) sowie gleichzeitig an die Farbfeldmalerei der New York School aus den fünfziger Jahren und an Formen des 1960 begründeten Nouveau Réalisme.

Im Nebeneinander von Konzept und Dekor wirkt Renate Wolffs Arbeit wie ein Kalkül, das die Erfahrungen von dekorloser Moderne und dekorativer Gegenmoderne abwägt und sich selbst eine ästhetische Kur zwischen Verzicht und Hingabe verordnet hat.

STANDORT KUNST AM BAU

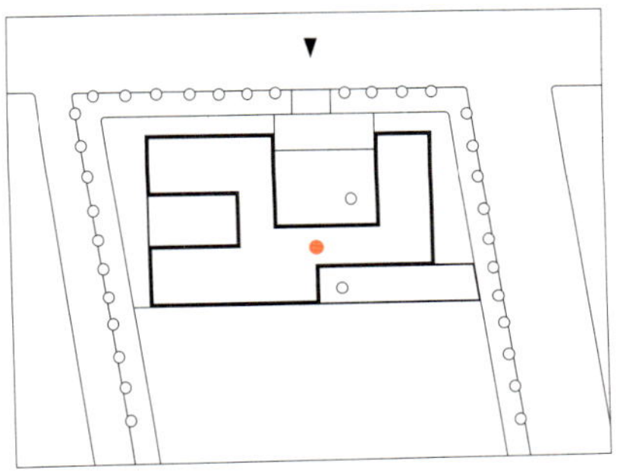

Anna Werkmeister
o. T. (Schilfhalme), 2005

Anna Werkmeister

o. T. (Schilfhalme), 2005

Das alte Kanzleigebäude der im Wohn- und Geschäftsviertel gegenüber dem Tokioter Arisugawa-Park gelegenen Deutschen Botschaft in Tokio aus dem Jahre 1956 war mit der Zeit zu klein geworden. Zudem stellte sich in verschärfter Form die Frage der Erdbebensicherheit. Eine Sanierung der Kanzlei erwies sich als zu kostspielig. Also schrieb man einen Wettbewerb für einen Neubau aus, den die Stuttgarter Architekten Mahler Günster Fuchs mit einem Vorschlag für einen 2005 fertiggestellten fünfgeschossigen Kubus mit großflächig verglaster Rasterfassade aus Stahl gewannen.

Für die Stirnwand des rund 200 Quadratmeter großen überdachten Atriums, des Zentrums der Botschaft, wünschten die Auslober des einstufigen, beschränkten Realisierungswettbewerbs mit sechs geladenen Teilnehmern eine dezidiert auf Ausgleich und Harmonie bedachte Auseinandersetzung mit der klaren skulptural durchfensterten Räumlichkeit bei gleichzeitiger thematischer Referenz an das Gastland.

Der Gestaltungsvorschlag der Wettbewerbssiegerin Anna Werkmeister entspricht dieser Vorstellung vollauf. Die in Berlin lebende Künstlerin brachte an der querrechteckigen unverputzten Betonwand am Unterzug ein großes titelloses Tableau an, das bei einer Gesamtlänge von 8,5 Metern und einer Höhe von 1,6 Metern auf fünf annähernd quadratischen Tafeln sanft bewegte Schilfhalme zeigt. Die den Raum ästhetisch klar akzentuierende, aber doch nicht dominierende Bildsequenz ist das Ergebnis eines eigentümlichen Medientransfers. Anna Werkmeister ist Malerin, Bildhauerin und Videokünstlerin. Ausgangspunkt ihrer Gemälde und Skulpturen sind der Minimalismus und die konkrete Kunst. Seit ein paar Jahren übersetzt die Künstlerin ihre auch in Acrylglasmalereien und Lichtobjekten aus Plexiglas, Metall und Holz erprobten Gestaltungsprinzipien in konstruktivistische Naturfilme. Ein solcher Film ist Ausgangspunkt der fünfteiligen Arbeit für die Deutsche Botschaft.

Das im Winter 2002/03 in der in der Seenlandschaft der Uckermark aufgenommene Video »Still

Architektur

BAUMASSNAHME
Neubau des Kanzleigebäudes der Deutschen Botschaft, Tokio

BAUHERR
Bundesrepublik Deutschland, vertreten durch das Bundesministerium für Verkehr, Bau- und Wohnungswesen, vertreten durch das Bundesamt für Bauwesen und Raumordnung

NUTZER
Auswärtiges Amt, Deutsche Botschaft, Tokio

STANDORT
4-5-10, Minami-Azabu, Minato-ku, Tokio 106-0047

ARCHITEKTEN/PLANUNG
Architekturbüro Mahler Günster Fuchs, Stuttgart

BAUZEIT
2004–05

VERFAHREN
Wettbewerb

PROJEKTKOSTEN
ca. 19 Mio. Euro (Gesamtprojektkosten)

Kunst am Bau

VERFAHREN
einstufiger, beschränkter Realisierungswettbewerb mit sechs Teilnehmern

STANDORT
Kanzlei, Foyer

KÜNSTLER
Anna Werkmeister

TITEL/WERK
o. T. (Schilfhalme)

MATERIAL/TECHNIK
Tableau (850 x 160 cm) aus fünf quadratischen Tafeln mit Videostills

ENTSTEHUNG
2005

PROJEKTKOSTEN
21 800 Euro

in move 3« fokussiert knapp eineinhalb Minuten lang Schilfrohre, die sich im Wind hin- und her bewegen, während die Künstlerin langsam und leise Farbe und Ton verändert. Die daraus für die Deutsche Botschaft entnommenen jeweils nur leicht variierten Videostills leben von vielerlei Gegensätzen. Die Halme sind Halme, aber auch abstrakte Struktur. Deren Vertikaltendenz konkurriert mit der durch die Reihung der Tafeln entstehenden Horizontalen. Man sieht Bewegung und Stillstand und die kühleren rötlichvioletten Einsprengsel, die sich gelegentlich unter die wärmeren Gelb- und Ockertöne mischen. Man nimmt die grafischen Eindrücke des klar konturierten Vordergrunds gegen das Malerische des verschwimmenden Hintergrunds ebenso wahr wie den durch ausgeprägte Tiefen-Unschärfen erzeugten räumlichen Illusionismus, der sich gegen die Flächigkeit der hinter Glas kaschierten Bilder absetzt.

Wie es bei Kunst am Bau sein sollte, ist die Wandarbeit keine autonome Setzung. Auch mit der Solidität und Transparenz verkörpernden Architektur geht sie ein vielschichtiges Verhältnis ein. Durch die verdeckte Hängung und die Ruhe suggerierende Wiederholung der Motive fügt sie sich in minimalistischem Purismus den architektonischen Gegebenheiten des Unterzugs – und widersetzt sich doch gleichzeitig den durch die Fugen vorgegebenen Achsen der Wand. Folgt die Fünfteiligkeit des Tableaus dem Rhythmus der Fenster im Innenhof, so werden andererseits die warme Farbigkeit

Anna Werkmeister

1949 geboren in Dingelstädt/Eichsfeld
1971–75 Studium der Kunsterziehung in Erfurt
Lebt und arbeitet in Berlin.

STIPENDIEN/PREISE/FÖRDERUNGEN

2005 ▸ Stipendium Künstlerhaus Hooksiel
2004/05 ▸ 1. Preis und Realisierung des Kunst am Bau-Wettbewerbs für die Deutsche Botschaft, Tokio
2003 ▸ Arbeitsstipendium der Albert Köchlin Stiftung Luzern in der Stadtmühle Willisau
1996 ▸ Goldrausch Künstlerinnenprojekt
1994 ▸ Buchprojektförderung »Wo das Nichts explodiert«, Edition Mariannenpresse, Berlin (mit Elke Erb)
▸ »Changeant«, Katalog- und Ausstellungsförderung, Kulturamt Potsdam
1993 ▸ Arbeitsstipendium der Stiftung Kulturfonds, Berlin
1990 ▸ Katalogförderung für freie Gruppen, Senat Berlin
1989 ▸ Arbeitsstipendium in Civitella D' Agliano

und die Natürlichkeit des Sujets zum sinnlichen Ereignis. Mit einem naturpoetischen Bekenntnis bereichert Anna Werkmeister die von Beton, Stahl und Glas und von minimalistisch verknappten Formen geprägte Architektur, ohne die Gegensätze ideologisch auszuschlachten oder sie kontrapunktisch zu verkitschen. Sie bringt sie vielmehr miteinander in Einklang, so dass aus Gemeinsamkeit und Verschiedenheit Harmonie entsteht.

Angeregt wurde das Video durch ein zentrales Motiv aus dem fast vierzig Jahre alten, in deutscher Fassung nur in der DDR gezeigten japanischen Film »Die blinde schwertschwingende Frau«. Das Video auf DVD ist Bestandteil und Erweiterung der Wandarbeit und kann zusätzlich projiziert werden. Auch wenn nur die allerwenigsten Betrachter diese japanische Inspiration des Tableaus nachvollziehen können, so sind die transportierten Stimmungswerte von ganz allgemeiner Bedeutung und können in ihrer verbindlichen Symbolik jederzeit und von jedermann verstanden werden. Das Motiv strahlt Ruhe aus; es thematisiert in der Sequenzialität und unterschiedlichen Fokussierung auch die Wahrnehmung von Wirklichkeit und Zeit. Es taucht in tiefere Bewusstseinsschichten ein und setzt vage Erinnertes und dabei auch Gefühle von Geborgenheit und ursprünglicher Behausung in abstrakte Bilder um.

Verbunden mit solchen archetypischen Assoziationen bringt Anna Werkmeister Schilf auch als eines der ältesten Baumaterialien ins Spiel, das in seiner Elastizität und Widerstandsfähigkeit das japanische Dauerthema Erdbebengefährdung anklingen lässt. Mit dem Uckermark'schen Schilf bringt die Künstlerin aber auch ein Stück Heimat in die Fremde, in der jener Spielfilm entstand, der seinerzeit das Video und die Bildsequenz anregte. Wie schon bei der Gestaltung des Foyers der Botschaft in Mexiko (siehe S. 168–171), begegnen sich hier zwei Nationen im Spannungsfeld künstlerischer Natursymbolik.

EINZELAUSSTELLUNGEN (AUSWAHL)

2006 ▸ »aggregate«, Museum Junge Kunst, Frankfut an der Oder
2005 ▸ »sea light«, Künstlerhaus Hooksiel
2004 ▸ »turning points«, Galerie im Kunsthaus Erfurt
2003 ▸ »light affairs 2«, Stiftung für Konkrete Kunst, Roland Phleps Freiburg ▸ »die zeit läuft«, Stadtmühle Willisau
2002 ▸ »bee real«, Projektraum sensor.k, Berlin ▸ »light affairs«, Zumtobel Staff Lichtzentrum Berlin
1998 ▸ Bildhauer-Foyer im Constanze Pressehaus Berlin ▸ Galerie Brigitte Moser, Baar
1995 ▸ Galerie im Kunsthaus Erfurt
1993 ▸ Max-Planck-Institut, Berlin
1992 ▸ Galerie Die Schmiede, Aying

FESTIVALS/GRUPPENAUSSTELLUNGEN (AUSWAHL)

2007 ▸ Videoprojektion, Konzert und Podiumsdiskussion über Bild und Ton von Anna Werkmeister und Mayako Kubo zum »Elektronischen Frühling«, Alte Schmiede/Kunstverein Wien ▸ »Gabriele Münter Preis 2007«, Ausstellung, Martin-Gropius-Bau, Berlin
2006 ▸ »bio-morph«, Galerie Forum Amalienpark, Berlin ▸ »klanglabor:zeit«, Klangkunst-Festival/Ausstellung, Galerie Nord/Kunstverein Tiergarten, Berlin ▸ »Dialog – Analog – Digital«, Willy-Brandt-Haus, Berlin
2005 ▸ »Vertikal in Fläche und Raum«, Kunstverein Wiligrad, Lübstorf ▸ »Goldenes Zeitalter«, Galerie Nord/Kunstverein Tiergarten, Berlin
2004 ▸ »Gabriele Münter Preis 2004«, Ausstellung, Martin-Gropius-Bau, Berlin; Frauenmuseum Bonn ▸ »Lichte Orte«, Gebauer Höfe, Berlin
2003 ▸ »10 Jahre Forum Konkrete Kunst Erfurt«, Forum Konkrete Kunst Erfurt ▸ »tapes and talk«, Stadtmühle Willisau ▸ »Deutsche Video-Kunst 2000–2002«, Kunsthalle Erfurt
2002 ▸ »10. Marler Video-Kunst-Preis«, Ausstellung, Skulpturenmuseum Glaskasten Marl ▸ Filmfest München – Video Art & Experimentalfilm
2002–07 ▸ Goethe-Institut Inter Nationes, Tournee mit Videoarbeiten des 10. Marler Video-Kunst-Preises
2001 ▸ »Konstruktiv Konkret. Positionen deutscher Gegenwartskunst«, Forum Konkrete Kunst, Erfurt ▸ »100 Selbstporträts«, Kunsthaus Erfurt ▸ »pieces of mind«, Haus am Kleistpark, Berlin
2000 ▸ 10. Gmundener Symposion, Kammerhofgalerie Gmunden ▸ »lux lumen«, Galerie Pankow, Berlin
1999 ▸ »Experiment Mensch«, Naturkundemuseum Berlin ▸ »Die Invasion der siebenhäutigen Königin«, ACC Galerie Weimar
1998 ▸ »Das Konkrete: Licht-Farb-Schatten-Räume«, Kunsthaus Erfurt
1997 ▸ »Goldrausch VIII«, Kunstamt Kreuzberg Berlin ▸ Neues Kunsthaus Guttenberg Ahrenshoop
1996 ▸ Ceglie-Messapico und Museo Nuova Era, Baril ▸ »Über Grenzen«, Künstlerbahnhof Westend, Berlin
1995 ▸ Verein Berliner Künstlerinnen, Berlin ▸ »und zwei ist eins«, KunstRaum Berlin
1990 ▸ »Zeichen Raum Zeichen«, Galerie Christoph Weber, Berlin

STANDORT KUNST AM BAU

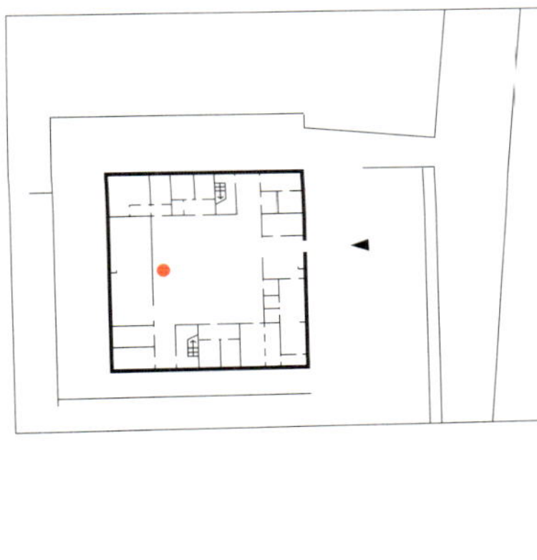

Inges Idee
Teekannenkuckucksuhr, 2002
(nicht realisiert)

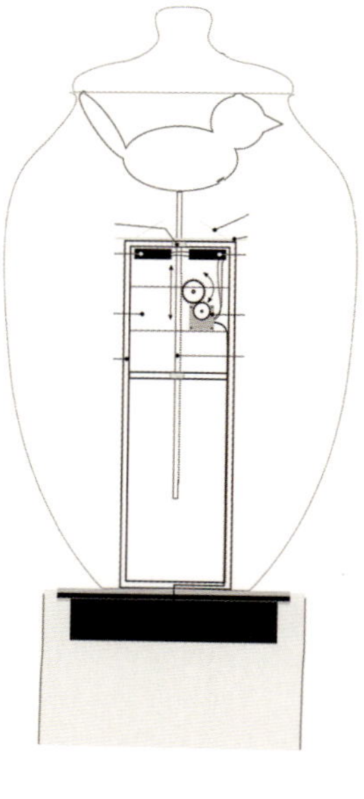

Deutsche Botschaftsschule, Peking

Inges Idee

Teekannenkuckucksuhr, 2002 (nicht realisiert)

Als das Hamburger Architekturbüro von Gerkan, Marg und Partner 1998 mit dem Bau der Deutschen Botschaftsschule, Peking, beauftragt wurde, reagierte es auf die von Hochhäusern und von der verkehrsreichen Liangmaquiao-Lu-Straße geprägte städtebauliche Situation in Pekings 3. Diplomatenviertel und schottete die Anlage gegen die Umgebung ab. Schule, Wohnkomplex, Schulgarten und die Sportflächen sind inselhaft aufeinander bezogen. In ihrem Mittelpunkt steht der Pausenhof. Für den Wettbewerb zu dessen künstlerischer Gestaltung entwarf die vierköpfige Künstlergruppe Inges Idee die »Teekannenkuckucksuhr«: eine aus Styropor und Gips modellierte, in Bronze gegossene und mit außenfester Lackierung versehene 1,4 Meter hohe Kanne, die auf einen Sockel montiert werden und sich im Stundenrhythmus um die eigene Achse drehen sollte. Mit jeder vollen oder mit jeder Schulstunde würde sich – so das Konzept der (bisher) nicht realisierten Plastik – der Deckel heben und eine bronzene Kuckucksfigur erscheinen, während dazu ein von einer Menschenstimme erzeugter Kuckucksruf ertönt.

Die im April 2002 zusammengetretene Jury favorisierte schon in der ersten Bewertungsrunde des auf sechs Teilnehmer beschränkten einstufigen Realisierungswettbewerbs den Vorschlag der seit 1993 bestehenden Künstlergemeinschaft, der die in Berlin, Düsseldorf beziehungsweise Schweden lebenden und jeweils auch als Solisten wirkenden Künstler Hans Hemmert, Axel Lieber, Thomas Schmidt sowie Georg Zey angehören. Inges Idee hätte, so die einhellige Meinung der Juroren, die Aufgabe, ein Kunstwerk als zentralen Punkt des Schulhofes zu entwerfen, das den Ort beleben und die Nutzung des Gebäudes für Schul- und Kindergartenkinder unter-

Architektur

BAUMASSNAHME
Neubau Deutsche Botschaftsschule, Peking

BAUHERR
Bundesrepublik Deutschland, vertreten durch das Bundesministerium für Verkehr, Bau- und Wohnungswesen, vertreten durch das Bundesamt für Bauwesen und Raumordnung

NUTZER
Auswärtiges Amt, Deutsche Botschaftsschule Peking

STANDORT
Deutsche Botschaftsschule Peking
49 A, Liangmaqiao Lu
100016 Beijing, China

ARCHITEKTEN/PLANUNG
Architekten von Gerkan, Marg und Partner, Hamburg

BAUZEIT
1999–2001

VERFAHREN
beschränkter Realisierungswettbewerb unter fünf ausgewählten Bürogemeinschaften 1998

PROJEKTKOSTEN
ca. 46,8 Mio. D-Mark

Kunst am Bau

VERFAHREN
einstufiger, beschränkter Realisierungswettbewerb
Aufgabe: Künstlerische Gestaltung einer Skulptur für den Schulhof

STANDORT
Schulhof

KÜNSTLER
Inges Idee

TITEL/WERK
»Teekannenkuckucksuhr«

MATERIAL/TECHNIK
1,4 m hohe, in Bronze gegossene und lackierte Kanne mit bronzenem Kuckuck

ENTSTEHUNG
nicht realisiert

streichen sollte, am besten erfüllt: »Die Idee der drehenden Teekanne, aus der zur vollen Stunde ein Kuckuck ähnlich einer Kuckucksuhr erscheint, vermittelt einen komplexen Humor. Sie stellt sich autonom, intelligent und einfach lustig dar, ohne plakativ und folkloristisch zu erscheinen. In ihrer Dynamik appelliert sie an die Intelligenz der Kinder und lässt der Phantasie freien Raum. Sie legt nichts fest und löst viele positive Emotionen aus. Eine Idee, die befreiend wirkt und zudem perfekt durchdacht ist.«

Die Entwürfe von Inges Idee lassen erkennen, dass sich die surreal anmutende Teekanne an der westlichen Platzkante des Pausenhofs in der Hauptachse des Schulgebäudes faszinierend gut ausnehmen würde. Die Kanne ist ein wohlgeformtes, in ihrer Silhouettenwirkung schönliniges Gebilde. Das trifft auf die Wettbewerbsfassung mit der eher an eine Kaffeekanne erinnernden länglichen Form ebenso zu wie auf die »teekannentypischere« bauchig-runde Form, die die Jury aus thematischen Gründen anregte. Ohne Blickachsen zu verstellen, würde das kindshohe Objekt zur Architektur der Gebäude und zu den seitlichen Betonschotten einen geschmeidigen Kontrapunkt bilden. Die durch die Lackierung vorgetäuschte Materialanmutung von Porzellan verleiht der Teekanne eine weiße Eleganz, die sich gegen das Farbkonzept der in kaiserlichem Rot gehaltenen Betonfassade des Schulgebäudes deutlich, dezent und angenehm absetzen würde.

Gegen die Aufstellung der »Teekannenkuckucksuhr« und gegen die Juryentscheidung sprach sich allerdings der Schulverein als Träger der Schule und entscheidender Akteur des Bauprozesses aus. Inges Idee und Verantwortliche des Bundesamtes für Bauwesen und Raumordnung garantierten zwar die Dauerhaftigkeit des mit elektronischen und mechanischen Teilen ausgestatteten Werkes für zehn Jahre. Doch angesichts des Pekinger Wetters, das extreme Temperaturwechsel und auch Sandstürme mit sich bringt, blieben seitens des Schulvereins erhebliche Bedenken hinsichtlich der Funktionstüchtigkeit bestehen. Auch thematische Gründe und Zweifel an der künstlerischen Nachhaltigkeit wurden von verschiedenen Seiten vorgebracht.

Als eigentlich nur maßstäblich veränderter Gegenstand des Alltags lässt die Arbeit traditionelle Erhabenheit vermissen und bedient sich stattdessen einer populären künstlerischen Bildsprache. Dabei verknüpft sie mehrere Darstellungsabsichten und Erwartungshaltungen zu einem schon im Titel »Teekannenkuckucksuhr« verdichteten Konzept. So evoziert sie inmitten der Hektik Pekings die – vom Kuckucksruf freilich selbst wieder gestörte –

Inges Idee

Inges Idee wurde als projektbezogene Künstlergemeinschaft 1992 gegründet. Der Gruppe gehören die in Berlin, Düsseldorf beziehungsweise Schweden lebenden und jeweils auch als Solisten wirkenden Künstler **Hans Hemmert** (Jahrgang 1960), **Axel Lieber** (Jahrgang 1960), **Thomas Schmidt** (Jahrgang 1960) sowie **Georg Zey** (Jahrgang 1962) an.

REALISATIONEN (AUSWAHL)

2006 ▸ »Beschränkte Haftung«, Hochschule für Physik Greifswald
▸ »Parcour«, Primarschule Eschen, Liechtenstein
▸ »Stretching«, Otto-Hahn-Oberschule, Berlin
▸ »Snowman, Vivo City«, Public Art and Street Furniture Project, Singapore
▸ »Growing Gardener«, Art Village Osaki Art Project
▸ Avenue Jean-Jaurès, 19ème arrondissement, Paris
2005 ▸ »Flaneur«, Bremerhaven-Wulsdorf (Direktauftrag)
2003 ▸ »3D2«, Berufsschulzentrum München
▸ »Zebra«, Jugendvollzugsanstalt Wriezen
▸ »Durch Dick und Dünn«, Mensa der Hochschule Wismar
2002 ▸ »Hohe Kante«, Bundesministerium der Finanzen, Berlin
▸ »Schmuck«, Parkhaus am Carlsplatz, Düsseldorf
▸ »On Tour«, Konzerthausvorplatz in Vara
2001 ▸ »In internationalen Gewässern«, Marinetechnikschule Parow, Stabsgebäude, Innenbereich Foyer
▸ »Im selben Boot«, Marinetechnikschule Parow, Park

Idylle einer Teezeremonie und das Bild ruhig dahinfließender Zeit. Darüberhinaus wirbt sie für das deutsch-chinesische Verhältnis und reflektiert dieses auch. Denn Kuckucksuhr und Teekanne sind als klischeebehaftete Versatzstücke zweier Kulturkreise in ein Spannungsverhältnis gebracht: Als »kultureller Re-import« (Inges Idee) in ihr chinesisches Ursprungsland entpuppt sich die Teekanne als Trojaner, in dem die Kuckucksuhr und der Kuckucksruf, der an das Volkslied »Kuckuck, Kuckuck ruft's aus dem Wald« erinnert, nach China geschmuggelt werden. Wie das Kuckucksweibchen seine Eier in fremde Nester legt, so verkehrt der als Inbegriff deutscher Heimatlichkeit eingeschleuste Bronze-Kuckuck die von der Kanne verkörperte Geste des Dialogs ironisch in einen Akt latenter Gebietsaneignung. Dabei bewahrt sich die aufmüpfig-witzige »Teekannenkuckucksuhr« jenen versöhnlichen und intelligenten Humor, der ohne weiteres auch Kindern zugänglich wäre.

▸»Der lange Bänker«, Deka Bank Luxembourg (in Zusammenarbeit mit Sassan Philipp Haschemi & Associates, Direktauftrag)
▸»Doppelgänger«, Innenstadt, Fürstenwalde
▸»Sprinter«, Justizvollzugsanstalt, Cottbus
▸»Bolzplatz«, Emsdetten, Mühlbach, Skulptur Biennale Münsterland
▸»Piercing«, Rathaus Heidenheim/Brenz
▸»Das Basketballfeld«, Bundesgartenschau Potsdam
2000▸»Leute«, Foyer der Berliner Verkehrsbetriebe, Berlin
▸»Wooden Top«, Dachgarten, Shizuoka University, Hamamatsu
▸»Langer Mann«, 43. Grundschule Berlin-Spandau
1999▸»Farbe bekennen«, Bürohochhaus Dürerplatz, Wiesbaden
1998▸»Die Laterne«, Bahnhofsvorplatz, Linkøping
▸»Die Elstern«, Landeszentralbank Berlin-Brandenburg, Potsdam
1997▸»Reservoirs«, Quartier Chopin, Landau in der Pfalz
1995▸»Einrichten«, Magazinstraße 15, Berlin Mitte
1994▸»Tattoo«, Berlin-Wedding
1993▸»Erzählungen«, Heinrich Zille Grundschule, Berlin

AUSSTELLUNGEN (AUSWAHL)

2006▸SCAPE 2006 Biennial of Art in Public Space, Christchurch
▸»Globus Dei. Der Ball und die Kunst«, Josef Albers Museum, Quadrat Bottrop
2005▸»Dein Problem«, Urban Art Stories, Alexanderplatz Berlin
2004▸»Schmuck und Kunst«, Haus der Kunst, Meran
2000▸»Fahrrad«, Positionen junger Kunst und KulturSatellit, Berlin Pavillon, Berlin
▸»Temp. Installation«, Linkøping Konsthall, Linkøping
1999▸»Die lange Bank. Installation«, Orangerie Körnerpark, Berlin
▸»Quobo«, Wanderausstellung, Installation für »Kunst in Berlin 1989–99«, Institut für Auslandsbeziehungen, Stuttgart

AUSSTELLUNGSBETEILIGUNG (AUSWAHL)

2006▸Muzej istorije Jugoslavije, Beograd, Serbien und Montenegro
▸Galerie des bulgarischen Künstlerverbandes, Sofia
2004▸Museo de Artes Visuales, Santiago Centro
2003▸Van Ho Exhibition Center, Hanoi
▸Museo de Arte Carrillo Gil, San Ángel, Mexiko City
2002▸Sungkok Art Museum, Seoul
▸Museum of Contemporary Art, Tokio
2001/02▸Waikato Museum of Art and History, Hamilton
2001▸Nationalgalerie im Hamburger Bahnhof, Berlin
▸Museum National Jakarta
2000▸Pao Galerie, Hongkong

GEPLANTER STANDORT KUNST AM BAU

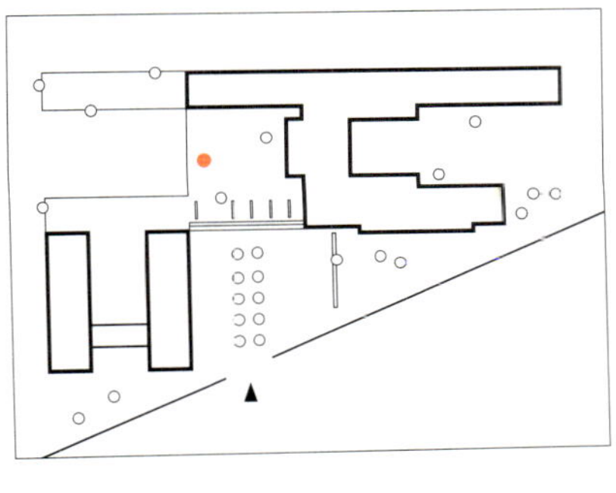

Autoren

Dr. Ute Chibidziura studierte Kunstgeschichte, Archäologie und Philosophie an den Universitäten Graz und Köln. Seit 1996 arbeitet sie als Autorin und Ausstellungskuratorin; sie verfasste zahlreiche Beiträge über Architektur, Denkmalpflege und Stadtentwicklung. Nach mehrjähriger Tätigkeit für ein Kölner Architekturbüro und den Kölner Stadtkonservator übernahm sie 2003 die Geschäftsführung des Bundes Deutscher Architekten BDA, Köln. In dieser Funktion hat sie die Gründung und den Aufbau des Kölner Hauses der Architektur maßgeblich mitbestimmt. Seit 2006 ist Ute Chibidziura beim Bundesamt für Bauwesen und Raumordnung als Projektleiterin im Referat Architektur, Städtebau und Baukultur tätig.

Peter Conradi studierte Sozialwissenschaften in den USA und Architektur in Stuttgart. Ab 1963 war er als Regierungsbaumeister für die Hochbauverwaltung Baden-Württemberg tätig, zuletzt 1969 bis 1972 als Leiter des Staatlichen Hochbauamts I in Stuttgart. 1972 wurde er in den Deutschen Bundestag gewählt; dort waren Architektur, Stadtplanung und Bodenrecht seine Arbeitsschwerpunkte; daneben setzte er sich als Mitglied im Kunstbeirat des Deutschen Bundestags für Kunst am Bau besonders ein. Von 1999 bis 2004 war Peter Conradi Präsident der Bundesarchitektenkammer. Als engagierter Streiter für Architektur und Baukultur wurde er im September 2007 in den Stiftungsrat der Bundesstiftung Baukultur berufen.

Beate Hückelheim-Kaune studierte Architektur und Städtebau in Braunschweig und Hannover. Nach dem Referendariat übernahm sie die Leitung der Planung und des Wettbewerbswesens im Bundesamt für Bauwesen und Raumordnung. Unter ihrer Regie wurden seit 1992 zahlreiche Realisierungswettbewerbe im In- und Ausland durchgeführt. Ab 1998 war sie verantwortlich für die Umsetzung des Kunstkonzepts, das vom Kunstbeirat der Bundesregierung für die Baumaßnahmen in Berlin vorgelegt wurde. Von 2000 bis 2004 war sie darüber hinaus Leiterin für den Bereich Architektur und Baukultur. Seit 2004 leitet sie das Referat Projektentwicklung, Planung, Wettbewerbe, Zuwendungsmaßnahmen, zu dem auch der Bereich Kunst am Bau gehört.

Prof. Dr. Florian Matzner ist Professor für Kunstgeschichte an der Akademie der Bildenden Künste in München. Er promovierte über Staatsikonografie in der italienischen Renaissance. Von 1991 bis 1998 war er Kurator am Landesmuseum Münster. Zahlreiche Publikationen und Ausstellungen zur zeitgenössischen Kunst mit dem Schwerpunkt »Kunst im öffentlichen Raum« entstanden: So war er unter anderem Co-Kurator des Deutschen Pavillons auf der Biennale in Venedig (1993), Projektleiter der »Skulptur. Projekte in Münster« (1997) sowie zuletzt Kurator der Ausstellung »Zurück zur Figur« in der Hypo-Kunsthalle München (2006). Seit 2002 ist Florian Matzner Vorsitzender der Kommission für Kunst am Bau und Kunst im öffentlichen Raum der Stadt München.

Dr. Martin Seidel studierte Kunstgeschichte, Komparatistik und Italianistik in Tübingen und Bonn sowie Kulturelles Management als Zusatzstudium an der Verwaltungs- und Wirtschafts-Akademie Köln. Seit 1990 verfasste er wissenschaftliche und publizistische Beiträge zur Architektur der Renaissance, zur Kunst und Kunsttheorie des Manierismus, zum Expressionismus sowie zur zeitgenössischen Kunst. Neben der Mitarbeit in der Kunstinventarisation im Erzbistum Paderborn ist Martin Seidel für verschiedene Zeitschriften als Kunst- und Architekturkritiker tätig, unter anderem als Korrespondent für »Kunstforum International« und seit 2000 als Redakteur von »Der Architekt«, der Zeitschrift des Bundes Deutscher Architekten BDA.

Prof. Dr. Rita Süssmuth lehrte Erziehungswissenschaften an den Universitäten Bochum, Dortmund und Göttingen. Zwischen 1985 und 1988 war sie Bundesministerin für Jugend, Familie und Gesundheit, später auch für Frauen. 1988 bis 1998 war sie Bundestagspräsidentin und Mitglied des CDU-Präsidiums. Sie leitete die unabhängige Zuwanderungskommission und war Mitglied der UN-Weltkommission für Internationale Migration, jetzt hat sie den Vorsitz der High-Level-Group der Europäischen Kommission zur besseren Integration ethnischer Minderheiten in den Arbeitsmarkt inne. Als Bundestagspräsidentin saß sie dem Kunstbeirat des Deutschen Bundestags vor, der für den Ankauf von Kunstwerken sowie für die künstlerische Planung und Ausgestaltung des Bundestags in Berlin zuständig war.

Dr. Heinrich Wefing studierte Jura und promovierte über Parlamentsarchitektur. Seit 1996 arbeitet er für die »Frankfurter Allgemeine Zeitung« (FAZ), zunächst in Frankfurt am Main. Von Anfang 1997 bis Ende 2001 war er Kulturkorrespondent in Berlin, anschließend für zwei Jahre Korrespondent an der amerikanischen Westküste. Seit 2004 ist er Leitender Feuilletonkorrespondent der FAZ in Berlin. Die journalistische Arbeit Heinrich Wefings wurde vielfach ausgezeichnet, unter anderem mit dem Kritikerpreis der Bundesarchitektenkammer (1998), dem Publizistenpreis »Politik und Kultur« (2005) sowie dem Preis für Architekturkritik des BDA (2006). Seit 2006 gehört Heinrich Wefing zum Sachverständigenkreis Kunst am Bau beim BMVBS.

Renate Wolff studierte Malerei und Bildhauerei an der Kunstakademie Düsseldorf bei Norbert Tadeusz, Karl Bobek und Ulrich Rückriem, ab 1984 als Meisterschülerin. Ab 2002 hatte sie Lehraufträge zu Kunst und Architektur unter anderem in Halle an der Saale, Hamburg, Frankfurt am Main und Trier inne. Von 2004 bis 2006 war sie Mentorin im Modellprojekt Mentoring für Bildende Künstlerinnen des Kulturbüros Rheinland-Pfalz in Mainz. Die in Berlin lebende Künstlerin erhielt zahlreiche Stipendien und Auszeichnungen. In ihrer Arbeit nimmt Kunst am Bau einen wichtigen Raum ein; ihre jüngsten Projekte sind die Raummalereien in der Deutschen Botschaft in Mexico City (2006) und die U-Bahnstation Weberwiese/Karl-Marx-Alle (U4) in Berlin (2005).

Künstlerregister

Kursiv gesetzte Seitenzahlen verweisen auf Abbildungen.

Orts- und Standortregister

Kursiv gesetzte Seitenzahlen verweisen auf Abbildungen.

Bildnachweis

© die jeweiligen Künstler
8, 12, 16, 26, 36, 37, 46, 80–83, 84–87, 103, 104, 105, 109, 110–113, 134–137, 150–151, 152–155, 160–163, 164–167, 176–179

© VG BILD-KUNST, Bonn 2007
11, 18, 25, 30, 34, 37, 38, 39, 41, 42, 45, 46, 50–53, 54–56, 58–61, 62–64, 64–67, 68–75, 76–79, 88–91, 92–94, 96–99, 100–102, 107, 108, 114–117, 118–121, 122–125, 126–129, 130–133, 138–141, 142–145, 146–149, 156–159, 168–171, 172–175

Courtesy
APB Architekten, Hamburg 127
caesar, Bonn 77
Architekturbüro Eckl + Partner, Regensburg 147
gpb architekten, München 153
Büro Heinle, Wischer und Partner, Köln 81
KSP Engel und Zimmermann Architekten, Braunschweig 161
Galerie Löhrl, Mönchengladbach 147
Oberfinanzdirektion Karlsruhe 89
sauerbruch hutton architekten, Berlin 93
Peter W. Schmidt Architekt BDA, Pforzheim/Berlin 63
Staatsbauamt Erfurt 123
Umweltbundesamt Dessau 94

Fotografen
Rolf Abraham 150
Stephan Baumann, Karlsruhe 134–137, 138, 142–145
Jan Bitter, Berlin 93 oben
Felix Borkenau, Hamburg 110–113, 111, 114–117, 118–121
Stefanie Busch, Dresden 164–167
caesar, Bonn 77
Martin Classen, Köln 12
Martin J. Duckek, Ulm 153
Architekturbüro Eckl + Partner, Regensburg 147
Stephan Erfurt, Berlin 16, 18, 26, 30
H. G. Esch, Hennef 37
Monika Fielitz, Berlin 37
Bernhard Friese, Pforzheim 127
Elisabeth Heindl, München 98–99
B. Hiepe, Berlin 172–175

Impressum

Kunst am Bau. Projekte des Bundes
2000–2006

Werner Huthmacher, Berlin 41
Inges Idee 176–179
André Kirchner, Berlin 39, 38, 55 oben, 59 oben
Birgit Knappe, Berlin 45, 46
Bernhard Kroll, Hamburg 8
Dieter Leistner, Würzburg 126–129, 130–133, 89 oben
Andreas Meichsner, Berlin 64–67
Kohshi Miwa, Kawasaki 173
Christiane Möbus, Berlin 122–125
Waleri Morushenka, Kiew 165
Stephan Müller, Berlin 36, 50–53, 63
Rainer Rehfeld, Bonn 68–75
Oltmann Reuter, Berlin 34
Christian Richters, Münster 168-171
Friedrich Rosenstiel, Köln 11
Frank Alexander Rümmele, Köln 81 oben
Hans-Christian Schink, Leipzig 100, 101, 102, 103, 104, 105, 107, 108, 109
Martin Seidel, Bonn 51 unten, 53 unten, 55 unten, 56 oben, 61, 62–64, 68, 70 unten, 72, 74, 76, 78–79, 84–87, 92–94, 96–98, 109, 113, 116, 129, 133, 139–141, 146–149, 150–151, 156–159, 160–163
Rainer Splitt, Berlin 42
Frank Springer, Bielefeld 161
Anett Stuth, Berlin 147
Jan Svenungsson, Berlin 80–83
UBA, Dessau 94
Elisabeth Wagner, Hamburg 88–91
Uwe Walter, Berlin 25
Antonia Weisse, Berlin 58, 61 oben
TRAK Wendisch, Berlin 158
Renate Wolff, Berlin 171
Micha Zalewski, Berlin 152–155

Lagepläne
Daniel Steps, Berlin

Die Herausgeber haben sich bis Produktionsschluss intensiv bemüht, alle Inhaber von Abbildungsrechten ausfindig zu machen. Personen und Institutionen, die möglicherweise nicht erreicht wurden und Rechte an verwendeten Abbildungen beanspruchen, werden gebeten, sich mit dem Bundesamt für Bauwesen und Raumordnung in Verbindung zu setzen.

Herausgeber
Bundesministerium für Verkehr, Bau und Stadtentwicklung (BMVBS)
Referat B 13
Invalidenstraße 44, 10115 Berlin

Konzeption und Koordinierung
Bundesamt für Bauwesen und Raumordnung (BBR)
Referat II 3
Dr. Ute Chibidziura
Deichmanns Aue 31-37, 53179 Bonn

Gestaltung und Satz
Matthias Wittig und Jonas Vogler, fernkopie, Berlin

Lektorat
Annette Vogler, Berlin

Druck und Verarbeitung
DruckVerlag Kettler, Bönen

Stand
Dezember 2007

1. Auflage Dezember 2007

ISBN 978-3-939825-73-9

Die im Buch genannten Namen der Ministerien, Behörden und Institutionen entsprechen den offiziellen Bezeichnungen der 16. Wahlperiode.

Bibliographische Information der Deutschen Bibliothek
Die Deutsche Bibliothek verzeichnet diese Publikation in der Deutschen Nationalbibliographie;
detaillierte Angaben sind im Internet über **http://dnb.ddb.de** abrufbar.

Umschlagabbildungen
Georg Herold: o. T. (2003), Bundesgerichtshof, Karlsruhe
Jan Svenungsson: Der Schlüssel zum Text (2002), Bundesinstitut für Arzneimittel und Medizinprodukte, Bonn
Markus Lüpertz: Bundesadler (2005), Bundesgerichtshof, Karlsruhe
Via Lewandowsky: Roter Teppich (2003), Bundesministerium der Verteidigung, Berlin – Säulenhalle
Christiane Möbus: Beiboot (2001), Bundesanstalt für Wasserbau, Ilmenau
Elisabeth Wagner: Das Pendant (2000), Truppenunterkunft Graf-Zeppelin-Kaserne, Calw – Neubau Wirtschafts- und Betreuungsgebäude

Olf

Karsten Krause

Nils-R. Schultze

Veronika Kellndorfer

Sokari Douglas

Thomas Stricker

Klaus Kinold

Matt Mullican

Markus Lüpertz

Sasc

Lutz Fritsch

Via Lewandowsky

Elisabeth Heindl

Rémy Zaugg

Jürgen Partenheimer

Anett Stuth

Svetlana u

Erich Wiesner

Katharina Grosse

Georg Herold

Stephan Balkenhol

Lothar Baumgarten

Dieter Krieg